赣南师范大学学术著作出版专项经费资助项目

宁都方言研究

黄小平 / 著

RESEARCH ON
NINGDU DIALECT

中国社会科学出版社

图书在版编目（CIP）数据

宁都方言研究／黄小平著 . —北京：中国社会科学出版社，2024. 3
ISBN 978 - 7 - 5227 - 3314 - 2

Ⅰ.①宁…　Ⅱ.①黄…　Ⅲ.①客家话—方言研究—宁都县　Ⅳ.①H176

中国国家版本馆 CIP 数据核字(2024)第 058017 号

出 版 人	赵剑英	
责任编辑	许 琳　姜雅雯	
责任校对	周 昊	
责任印制	郝美娜	

出　　版	中国社会科学出版社	
社　　址	北京鼓楼西大街甲 158 号	
邮　　编	100720	
网　　址	http://www.csspw.cn	
发 行 部	010 - 84083685	
门 市 部	010 - 84029450	
经　　销	新华书店及其他书店	

印刷装订	北京君升印刷有限公司	
版　　次	2024 年 3 月第 1 版	
印　　次	2024 年 3 月第 1 次印刷	

开　　本	710×1000　1/16	
印　　张	13.5	
插　　页	2	
字　　数	222 千字	
定　　价	78.00 元	

目　　录

第一章

导　论

一　人文地理概况与历史沿革

宁都位于江西省东南部，赣州市北部，地处北纬26°05′18″—27°08′13″，东经115°40′20″—116°17′15″之间。东与石城、广昌县交界，南与瑞金市、于都县为邻，西与兴国、永丰县相连，北与乐安、宜黄、南丰3县接壤。其南北长117.2千米，东西宽61千米，总面积4053.16平方千米。2003年，全县有耕地面积58.48万亩，林业用地440.1万亩，水田23万亩。宁都属赣南中低山丘陵区，地貌以丘陵、山地为主，全县有丘陵1407平方千米，占总面积的34.73%；山地1788平方千米，占总面积的44.13%。概称"七山半水一分田，半分道路和庄园"。境内北部多山，中部丘陵起伏。西、北、东三面高，中间低，自北向南依次下降。西、北部边界为雩山山脉，地势较高；东部属武夷山山脉的分支，连绵不断；中、南部是丘陵、岗地及纵贯南北的梅江河冲积平原。

宁都属中亚热带季风湿润气候区。气候温和，四季分明，日照充足，雨量充沛，冬无严寒，无霜期长，适宜于亚热带作物的正常生长。气温年平均气温在14—19℃之间。年降水量在1500—1700毫米之间。

考古资料证明，在原始社会晚期，宁都已有人类居住。春秋属吴国，战国初属越。后楚灭越，全境属楚。秦统一后，始皇二十六年（公元前221年）分天下为三十六郡，宁都属九江郡，西汉属豫章郡。高祖六年（公元前201年）始置雩都县。宁都为雩都县地，属庐陵郡。

三国属吴。孙权嘉禾五年（236年）分庐陵郡立南部都尉于雩都，析雩都县东北陂阳乡白鹿营（今黄石镇营底村）置阳都县。此为宁都建县之始。西晋太康元年（280年），改阳都为宁都（因境内有太平里，以安宁之意而名为宁都）。此为"宁都"县名之始。迁县治于阳田营（今石上镇王田营村）。太康三年（282年）改南部都尉为南康郡（治雩都）。东晋永和五年（349年），南康郡移治赣县（今赣州）。宁都隶之。

南朝宋永初元年（420年）改南康郡为南康国。宁都隶之。大明五年（461年），析宁都虔化屯（今东山坝镇大布村）置虔化县（旧志载：县西五里有石状如虎，传由虎化为石。虎为凶物，改为虔，故名虔化，县以此得村名），并属南康国。南朝齐永明元年（483年）南康国复为南康郡。宁都、虔化均属南康郡。隋开皇九年（589年）灭陈，改南康郡为虔州。虔化并入宁都，隶虔州。开皇十三年（593年），陂阳县（今石城县西）并入宁都县。

开皇十八年（598年），改宁都为虔化县，隶属如前。迁县治于雪竹坪（今梅江镇）。唐武德五年（622年），虔化属洪州总管府虔州。贞观元年（627年），分天下为十道。虔化属江南道虔州。开元二十一年（733年）分江南为东西道。虔化属江南西道虔州。元和六年（811年），升虔州为上州，虔化为上县。咸通七年（866年），升虔州为节镇，号百胜军。虔化隶之。五代十国时，南唐保大十一年（953年），析虔化之石城场置石城县。宋至道三年（997年），分天下为十五路。虔化属江南路虔州。天禧四年（1020年），分江南路为东、西路。虔化属江南西路虔州。宋大观元年（1107年），升虔州为望郡，虔化为上县。宋绍兴二十三年（1153年），改虔州为赣州，虔化为宁都。元至元十四年（1277年），置江西行中书省，改赣州为路。宁都属赣州路。元元贞元年（1295年）十一月，升宁都县为州，辖石城县，属赣州路。明洪武二年（1369年），改赣州路为府，改宁都州为宁都县。洪武九年（1376年），宁都县属江西布政使司赣州府。清初沿明制。乾隆十九年（1754年），升宁都县为直隶州，辖瑞金、石城二县。

1913年，宁都复改为县。1914年，全国行政区划设省、道、县三级。江西设四道，宁都县属赣南道。1926年，废道，宁都县直属江西省政府。1929年，宁都为中央苏区属县。1931年9月，宁都县分为宁都、彭湃两县。1932年2月，宁都、彭湃两县复并为宁都县。1933年1月8日，赵博生在南城金溪黄狮渡战役牺牲。同月13日，为纪念赵博生，宁都县改为博生县。1933年7月，根据中华苏维埃共和国中央人民委员会《关于重新划分行政区划的决定》，宁都分为博生、洛口、长胜三县。隶属如前。1934 年 10 月，红军长征北上抗日，仍为宁都县，属江西省第十二行政区，并为专署驻地。1935 年 4 月，江西省政府将全省改划为八个行政区，宁都属第八行政区，仍为专署驻地。

1949 年 8 月 27 日，中国人民解放军解放宁都县城，29 日成立宁都县人民政府。同年 9 月，省人民政府决定设瑞金分区，后未成立，改为宁都分区（1951 年 6 月改称宁都专区）。宁都县隶之，并为专署驻地。1952 年 8 月 29 日，撤销宁都专区，并入赣州专区。宁都县属赣州专区。1954 年 6 月，改赣州专区为赣南行政区。宁都县隶之。1964 年 5 月，改赣南行政区为赣州专区，1971 年 2 月改称赣州地区。宁都县隶之。1999 年 7 月 1 日赣州撤销赣州地区，设立地级赣州市。宁都县属于之。

本书记录的方言是笔者的母语——宁都县田头镇的方言，田头镇位于宁都县城梅江镇以南 20 千米处，其方言与县城方言基本相同。宁都方言为客家方言宁龙片的代表点之一，也是宁石客家话的代表点之一。

李如龙、张双庆（1992），刘纶鑫（1999），谢留文（2003）都对宁都县城方言进行了研究。其中，谢留文还详细记录了同音字汇。

二 方言内部差异

宁都方言以县城为界，分为上三乡片和下三乡片，上为北下为南，县城基本同于下三乡片。上三乡片语音近于赣语抚广片，阴平为升调；[①] 透定母洪音读 h；知三章洪音读 t/tʰ；个别乡镇知二精组的初崇、清从母字读 tʰ；知二庄组一般与精组合并，读 ts/tsʰ；见组部分字没腭化，一部分乡镇腭化后洪音读 t/tʰ；一些乡镇阴去为中平调，阳去调为高平调，不同于赣语抚广片，县城的阳去调同于上三乡片的一些乡镇。

下三乡片阴平为高降调。透定母读 t/tʰ。知三、章、见组（三等）读为 tʃ/tʃʰ（或 tɕ/tɕʰ），因为知三、章、见组（三等）是洪音，在县城演变为 ts/tsʰ。[②] 知二庄读 ts/tsʰ；精组洪细音都读 ts，但县城细音读 tʃ。[③] 阳去 35 调与县城 55 调稍有差异。

---

① 抚广片一些方言为低升调。南城、黎川、资溪等的阴平演变为低降型。上三乡片中升调。
② 下三乡片知三、章、见组（三等）声母字都读为洪音。
③ 本文记为 tʃ，刘纶鑫《客赣方言比较研究》（第 77 页）记为 tɕ。

三 本书所用的音标符号

1. 辅音。

本书使用国际音标标音，书中用到的主要音标有：

表 1 – 1　　　　　　　　　　　本书所用辅音音标

发音方法		发音部位	唇音		舌尖前音	舌尖中音	舌叶音	舌面后音	喉音
			双唇音	唇齿音					
塞音	清音	不送气	p			t		k	
		送气	pʰ			tʰ		kʰ	
塞擦音	清音	不送气			ts		tʃ		
		送气			tsʰ		tʃʰ		
擦音		清音		f	s		ʃ		h
		浊音		v					
鼻音			m			n		ŋ	
边音						l			

2. 元音。依据元音第一共振峰和第二共振峰，绘出宁都方言的声学元音图。宁都方言有 5 个单元音，分别是 a、o、ɯ、i、u。我们选取 25 个例字，单元音 5 个，选字时尽量选取零声母字或声母为塞音 p、t、k 的字。例字如下：

表 1 – 2　　　　　　　　　　　25 例字读音

医	痹	低	姨	易
i⁵¹	pi³¹	ti⁵¹	i³²⁴	i³⁵
嘚	嗝	呃1	呃2	呃3
tɯ³²⁴	kɯ³⁵	ɯ³¹	ɯ³²⁴	ɯ³⁵
嘎	爸	叭	嫁	啊
ka³⁵	pa³¹	pa³⁵	ka³¹	a³⁵
噗	古	雇	赌	布
pu³⁵	ku²¹⁴	ku³¹	tu²¹⁴	pu³¹
喔	喔	剁	过	簸
o³²⁴	o³¹	to³¹	ko³¹	po³¹

（1）宁都方言声学元音椭圆图

我们先取出 25 个例字的 F1、F2 值，见下表：

表 1–3 25 例字的 F_1、F_2

	医	痹	低	姨	易
F1	238.97	253.82	265.86	260.53	308.34
F2	2268.61	2223.91	2342.52	1989.89	2094.06
	嘚	嘱	呃1	呃2	呃3
F1	360.31	334.41	392.06	319.17	358.16
F2	1083.05	1104.04	1147.65	1106.93	1142.53
	嘎	爸	叭	嫁	啊
F1	583.09	592.21	571.57	674.66	772.25
F2	1071.25	1044.64	1099.20	1131.97	1099.76
	噗	古	雇	赌	布
F1	384.58	339.45	322.66	361.33	334.66
F2	984.39	773.34	754.78	750.68	853.11
	喔	喔	剁	过	簸
F1	389.12	501.25	431.75	424.33	430.16
F2	665.33	957.14	771.48	735.09	723.29

然后根据以上数值画一个元音声学椭圆图。每个椭圆的中心便是这个元音的中心值，椭圆范围是 5 个例字偏离中心的程度。

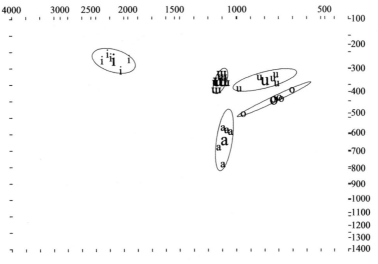

图 1–1 5 个元音的声学散点椭圆图

下面是略去椭圆内 5 个数值的声学元音椭圆图。

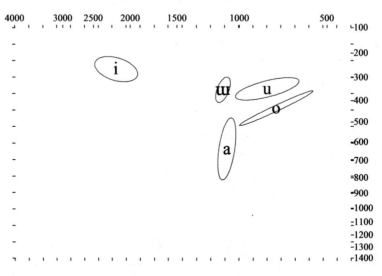

图1-2 5个元音的声学椭圆图

（2）声学元音椭圆图分析

①通常方言中圆唇、不圆唇元音的对立出现在前高位置，而宁都客家话方言出现在后高位置。

②单元音按舌位高低可以分为三层：i、ɯ、u 一层，o 一层，a 一层。按舌位前后可以分为三层：i 一层，ɯ、a 一层，u、o 一层。

③一般情况下，方言的单元音多集中在前面，宁都客家话的单元音多集中在后面。

3. 声调。以五度制数字法表示调值。调类有时也用数字表示，通常 1、3、5、7 代表阴平、阴上、阴去、阴入，2、4、6、8 代表阳平、阳上、阳去、阳入。宁都方言没有阳上调，因此少 4。有时也会采用调型符号，如阴平 [ˋ] 51，阳平 [ˇ] 324，上声 [˙] 214，阴去 [ˋ] 31，阳去 [ˊ] 35，阴入 [˧] 2，阳入 [˦] 5。调值、调类符号在本书中一般采用上标形式。

第二章

宁都方言语音

第一节　宁都方言的音系

一　声韵调分析

（一）声母

宁都话共有声母 20 个（包括零声母）：

p 本闭蔽宝	pʰ 披饭盆白	m 马庙袜磨	f 火花方凤	v 禾话弯卫
t 答当赌	tʰ 天驮道第	n 泥惹扭侬		l 雷流力六
ts 子榨租桌	tsʰ 茶巢坐次		s 散衫先柴	
ʧ 追几纸专	ʧʰ 锤倚传裙		ʃ 收丘船尝	
k 高家过敢	kʰ 抠康开掐	ŋ 饿瓦咬岸	h 坑厚痕哈	∅ 夜一安以

说明：ʧʰ、ʧʰ、ʃ可接洪音和细音，接洪音时舌叶色彩较明显，接细音时为龈后音非腭前音（舌面音）。

（二）韵母

宁都话共有韵母 61 个（包括自成音节的m̩、ŋ̍）：

ɯ 子字此事	i 姊糍椅里	u 步虎雨数
a 马牙化话	ia 爷夜野也	
o 多过错茄	io □差劲、差	
	□sio³²⁴：～眼（斜眼瞧）	
	ie 女洗猪书	

		iu 于流徐取	
ai	街牌泥怪		ɔi 台海害媒
ei	煤係杯来		ui 块雷桂锤
ɔu 考闹好吵	iɔu 条小噍椒		
eɯ 走沟厚瘦	ieɯ 有友右油		
am 贪蚕减衫	iam 厌盐炎店	ɔm 赣感敢暗	
em 金含揞琴	iem 阴饮音甜		
	im 林寻品心		
an 饭扳难万	ian 烟燕延演	ɔn 竿算短满	
en 很勤真跟	ien 田线边钱		
	in 新停灯兵	un 顿滚孙准	
aŋ 坑行彭成	iaŋ 影赢醒晴		
ɯŋ 绳盛曾形	iɯŋ 英蝇婴应		
ɔŋ 帮帐黄糠	iɔŋ 羊杨秧痒		
uŋ 蓬猛梦冻	iuŋ 容绒用童		
ap 答杂甲鸭	iap 叶立集帖	ɔp 合喝	
ep 急湿吸汁	iep 叠猎袭捷	ip 粒笠	
at 法挖辣八	iat 乙	ɔt 刮括脱割	
et 失桔日质	iet 别雪铁一		
	it 笔滴密七	ut 骨突出卒	
ak 百客吓尺	iak 锡笛历日~		
ɯk 食识德墨	iɯk 益译翼		
ɔk 博择脚角	iɔk 削雀药略		
uk 屋木肉玉	iuk 育筑粟绿		
m̩ 姆	ŋ̍ 五唔		

说明：①ɔi、ɔn、ɔm、ɔt、ɔp 的音值有时近于 uai、uan、uam、uat、uap。

②ut 的实际音值是 uⁱt。

③–m、–p 老辈有此发音，年青一代已没有。如"钳呃食（夹菜吃）"，老辈说"钳嘤（mei）食"，年轻人说"钳呐（nei）食"。

④ie、ien、iem、iet（非零声母）的 e 实际音值近于 ɛ。零声母时 iet 实际音值是 ⁱət。

⑤iu、iuk 配零声母时，i 为过渡音，u 为主元音，实际音值是 ⁱu、ⁱuk；配其他声母时，i 为主元音，u 为过渡音，实际音值是 iᵘ、iᵘk。

⑥除了零声母，iam/iem 一般可换读，iap/iep 一般也可换读。

（三）声调

宁都话共有声调 7 个：

阴平〔˥˩〕51　刀风拖哥坐毛咬　　阳平〔˧˨˦〕324　皮云行鹅桃寒闲

上声〔˨˩˦〕214　水左可把假远雨

阴去〔˧˩〕31　破霸过课露～水妹　　阳去〔˧˥〕35　汗饭路稗队重～要

阴入〔˨〕2　铁切节一雪木脉　　阳入〔˥〕5　绝实凿月狭列麦

说明：阳平和上声有混淆的迹象，特别是当两个没有本字或无普通话对应的字放在一起听辨时，几乎分辨不出，但在连读变调中能区分它们。口语里很多单字的上声读成阴去，这是读成连读变调的变调音，但文读的单字音时还是上声。

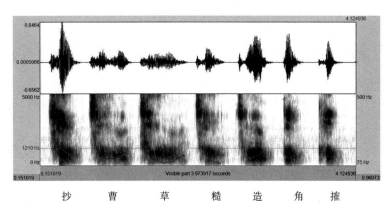

抄　曹　草　糙　造　角　推

图 2–1　各声调比较

二 声韵调配合关系

（一）声韵配合关系

宁都方言声母韵母的配合关系较为复杂。下面按声母的发音部位和韵母的四呼进行配对列表。表中上面第一行是韵母的四呼之一部分，即开口呼、齐齿呼、合口呼，宁都方言无撮口呼。表左边第一列和第二列是按发音部位分列的各类声母，分为 [p pʰ m]、[f v]、[t tʰ n l]、[ts tsʰ s]、[tʃ tʃʰ ʃ]、[k kʰ ŋ h]、[ø] 七组。"+"表示该类声母和韵母能够全部或部分相拼，空白表示不能相拼。

表 2 - 1　　　　　　　　　　宁都方言声母韵母配合

声母 ＼ 韵母		开口呼	齐齿呼	合口呼
双唇音	p pʰ m	+	+	+
唇齿音	f v	+	+	+
舌尖中音	t tʰ n l	+	+	+
舌尖前音	ts tsʰ s	+	+	+
舌叶音	tʃ tʃʰ ʃ	+	+	+
舌面后音	k kʰ ŋ h	+	+（少数）	+
零声母	ø	+	+	+

1. 从声母的角度看，宁都方言中声母和韵母的配合关系有以下一些特点：

（1）双唇音 [p] 组声母能拼开口呼、齐齿呼、合口呼韵母，拼合口呼韵母时，不仅可以拼元音 u，还可以拼韵头是 u 的一些韵母。

（2）唇齿音 [f v] 能拼开口呼、齐齿呼、合口呼韵母。拼齐齿呼时，不仅可以拼元音 i，还可以拼韵头是 i 的一些韵母。

（3）舌尖中音 [t tʰ n l] 能拼开口呼、齐齿呼、合口呼韵母。

（4）[ts] 组舌尖前音能拼开口呼、齐齿呼、合口呼韵母。

（5）[tʃ] 组舌叶音能拼开口呼、齐齿呼、合口呼韵母。拼齐齿呼时，只可以拼元音 i，不可以拼其他韵母。

（6）［k］组舌面后音能拼开口呼、合口呼韵母。通常不拼齐齿呼，少数无字有音的音节可以拼个别齐齿呼韵母。如"□［kie214］：缩短、蜷曲；□［kʰie51］：揩；□［ŋie35］：挨、擦"。

（7）零声母［Ø］能拼所有韵母。

2. 从韵母的角度看，宁都方言的声母和韵母的配合关系有如下特点：

（1）开口呼韵母能与各组声母相拼。合口呼韵母能与各组声母相拼。齐齿呼除了不与舌面后音相拼外（个别无字有音的字除外），能与其他各组声母相拼。

（2）韵母［m̩］、［ŋ̍］自成音节的声化韵，只能拼零声母。

（二）声韵调配合关系

宁都方言声调与声母、韵母的配合关系也较为复杂。以下是反映宁都方言声韵调配合关系的《宁都方言音节表》。上头第一行和第二行是韵母和声调。左端第一列是声母。每个声母、韵母、声调相拼的音节以一个例字表示。无字可写的音节或有字但需做音义说明的用数码表示，并在表下加注。

（下列表格的序号：一、二、三、四、五、六、七、八、九、十表示正常的1—10，一、二、三、四、五、六、七、八、九表示11—19，一、二、三、四、五、六、七、八、九表示21—29，一、二、三、四、五、六、七、八、九表示31—39，一、二、三、四、五、六、七、八、九表示41—49，一、二、三、四、五、六、七、八、九表示51—59，廿、卅、卌表示二十、三十、四十，Ⅴ表示五十）

表 2－2　　　　　　　　　宁都方言音节（一）

声母	ɯ					i					u					a				
	阴平	阳平	上声	阴去	阳去	阴平	阳平	上声	阴去	阳去	阴平	阳平	上声	阴去	阳去	阴平	阳平	上声	阴去	阳去
	˅	˦	˩	˩	˧	˅	˦	˩	˩	˧	˅	˦	˩	˩	˧	˅	˦	˩	˩	˧
p						碑		比	闭		妇		补	布	步	疤		把	坝	稗
pʰ						被	皮	彼	屁	鼻	铺	扶	摹	普		六	爬		怕	七
m						尾	迷	米		媚			母	墓		马	麻	码		骂

续表

	ɯ					i					u					a				
	阴平 ˅	阳平 ˊ	上声 ˅	阴去 ˋ	阳去 ˊ	阴平 ˅	阳平 ˊ	上声 ˅	阴去 ˋ	阳去 ˊ	阴平 ˅	阳平 ˊ	上声 ˅	阴去 ˋ	阳去 ˊ	阴平 ˅	阳平 ˊ	上声 ˅	阴去 ˋ	阳去 ˊ
f						飞		毁	废	汇	呼		虎	裤	户	花	华		化	画
v						威	围	伟	亿	位		湖				洼				话
t						一	知	里		地	都		赌		度			打		
tʰ						堤	题	体	屉			徒	土	吐		它				惹
n												奴	努	怒	鹭		哪			
l					□（三）	李	离	理		利		炉	鲁		路					拉（八）
ts	资		子					挤	醉		租		组			抓			榨	
tsʰ	疵	瓷	此	次	字	妻	脐	荠			初	锄	楚	醋	助	叉	茶		岔	□（九）
s	梳	辞	使		柿	牺		死	四		酥			四（序号）		沙		洒	晒	
tʃ						机		纸	计	技	珠	柱	主	句	住	遮		者	蔗	
tʃʰ						倚	奇	启	汽			除		处		车	□	扯	□	□
ʃ						希	时	屎	市	戏	舒	殊	许	庶	树	赊	蛇	鼠		射
k											姑		古	雇		家		假	嫁	
kʰ											枯		苦	库		夸		垮		
ŋ													五			丫	牙	瓦	研	
h																	蛤	下	□	下
∅	儿	尔				医	移	椅	意	异						哑			亚	□

注：一：知 [tiˇ]：白读。

二：肚 [tʰuˇ]：肚子。

三：□ [luˇ]：锈。

四：数 [suˇ]：动词。

五：跍 [kuˇ]：蹲。

六：□ [pʰaˇ]：为某事而奔波、劳累。攀爬。

七：□ [maˇ]：密集，满当。

八：拉 [laˇ]：~屎。拉东西的"拉"读 [laiˇ]。

九：□ [tsʰaˇ]：~扫（竹扫把）；或用竹扫把扫。

十：□ [tʃʰaˇ]：手残、脚残。可能为"据"的同族词。

二：□ [tʃʰaˇ]：挠痒，搔痒。~痒（挠痒）。

二：□ [tʃʰaˇ]：跨，迈。

三：丫 [ŋaˇ]：张开。

四：研 [ŋaˇ]：塞，塞住。

五：下 [haˇ]：动词。

六：□ [haˇ]：往手指上哈气，然后咯吱别人使人痒。

七：下 [haˇ]：方位词。

八：□ [aˇ]：表疑惑或意外的语气词。

表2-3　　　　　　　　　宁都方言音节（二）

	ia					o					io					ie				
声母	阴平	阳平	上声	阴去	阳去	阴平	阳平	上声	阴去	阳去	阴平	阳平	上声	阴去	阳去	阴平	阳平	上声	阴去	阳去
p				一		波			簸									瘪	八	
pʰ	二					颇	婆		破							批		卅		
m				三				磨										九		
f								火	货										肺	
v			四			窝	和			祸										屝
t	爹		五			多		朵	剁	惰						低		底		
tʰ		六				拖	驮	妥								弟		啼	替	
n										糯							鱼	女		
l						啰	挼	裸		攞							犁		滤	二
ts	七		姐	借				左	做										祭	
tsʰ	八	斜	且	笪	谢	坐			错							蛆	齐		砌	
s	九		写	泻	十	蓑		锁		六			一					洗	岁	
ʧ								七								猪		煮	蔗	
ʧʰ							茄		廿							苎		六	去	
ʃ								靴		八						书		四		
k						歌		果	过									七	锯	
kʰ						科		可	课											
ŋ							俄		三	饿								八		
h							河		四	贺										九
∅	野	爷	也		夜	屙		五		哦	七						廿	一		

注：一：□［pia∧］：拟声词。人、动物大便时的声音。

二：□［pʰiaˇ］：拟声词。响亮清脆的落物声或击打声。

三：□［miaˇ］：摸。动作慢。

四：挖［viaˇ］：文读。

五：嗲［tiaˇ］：嗲声嗲气以求宠。

六：提［tʰiaˇ］：白读。拎，提。

七：□［tsiaˇ］：叽叽喳喳的尖叫声。

八：□［tsʰiaˇ］：拟声词。铙钹叫作"□［tsʰiaˇ］子"。

九：奢［siaˇ］：张开、打开。

十：谢［siaˇ］：文读。如谢谢。

二：摸 [mo˗]：文读。

二：磨 [mo˧]：名词。石磨，磨子。

三：□ [to˧]：往下垂，往下坠。

四：□ [no˗]：a. 浪费。b. 来回踩。前一义可能来源于来回踩的"□ [no˗]"。

五：裸 [lo˗]：文读。词语中念阴去。

六：□ [tsʰo˧]：把钵、罐等放在座架上煮。（被迫）接受，受下。可能是阴平"座"的四声变义现象。

七：□ [ʧo˗]：a. 把柴火绕圈扎起。b. 外地人学本地话学得不像，叫"~声"。

八：□ [ʧo˧]：水、血等大量滴下的样子。如水~~落。

九：□ [ʧʰo˗]：水、血等大量滴下。如水~~落。

廿：□ [ʧʰo˗]：a. 滑倒。b. 往锅里倒少量水。后一意义可能来自前一意义。

二：□ [ʃo˗]：用巴掌扇脸、打脑袋。

二：□ [kʰo˧]：拟声词。咳嗽声。

三：□ [ŋo˗]：傻、蠢。

四：□ [ho˗]：拟声词。驱赶家畜的声音。

五：□ [o˗]：语气词。表示意外、惊讶。

六：□ [sio˗]：眯着眼斜瞥。

七：□ [io˗]：质量差。能力差。

八：□ [pie˗]：耗费、浪费精力。~神气浪费精力。

九：□ [mie˗]：修饰词，表程度深。~黑，~乌。

卅：□ [mie˗]：形容眼睛无神。眼睛~是得：眼睛无神。

一：挖 [vie˗]：又读。

二：□ [tie˧]：撒娇。同"嗲"有关。

三：咧 [lie˗]：吐舌头，舔舌头。

四：□ [ʧie˗]：~板：纠缠，难缠。

五：扯 [ʧʰie˗]：又读。

六：□ [ʃie˗]：~得去：厚着脸皮去。□ [lie˗] [lie˗]~~（轻声）：脏，邋遢。

七：□ [kie˗]：蜷着、曲着脖子。~起股颈：曲着脖子。可能同"据"有关。

八：□ [kʰie˗]：揩，擦。接触面较大。

九：□ [ɲie˗]：揩，擦、蹭。接触面较大。

卅：□ [ie˗]：叹词。表高兴。

一：□ [ie˗]：纠缠于某事，不爽快。~鳖：纠缠。

表 2-4　　　　宁都方言音节（三）

	iu 阴平	iu 阳平	iu 上声	iu 阴去	iu 阳去	ai 阴平	ai 阳平	ai 上声	ai 阴去	ai 阳去	ɔi 阴平	ɔi 阳平	ɔi 上声	ɔi 阴去	ɔi 阳去	ei 阴平	ei 阳平	ei 上声	ei 阴去	ei 阳去
p	一							跛	拜	败	九			背					贝	
pʰ	二					派	牌				三坏	赔				杯	呸		配	倍
m	三				谬		埋	买		卖	五灰			煤	妹			尾		谜
f						淮	怀白					灰		煨	吠		肥		回	会
v									十					四	六坏			七	六	八

续表

	iu				ai					ɔi					ei				
	阴平	阳平	上声	阴去	阴平	阳平	上声	阴去	阳去	阴平	阳平	上声	阴去	阳去	阴平	阳平	上声	阴去	阳去
	∨	ˊ	∨	∨	∨	ˊ	∨	∨	ˊ	∨	ˊ	∨	∨	ˊ	∨	ˊ	∨	∨	ˊ
t	丢				呆			带		胎		碓 七	代						
tʰ	偷	头		豆				太	大		台 八								
n						泥		奶	奈										
l	溜	刘	柳	四			五		侎							来			
ts			酒	五	斋		七			栽		九	财						
tsʰ	秋		取	趣	猜		彩	蔡		卅		菜 一		在					
s	修		秀	序	筛			赛	八	摔			八						
tʃ	八				鸡		九			嘴									
tʃʰ								契			睡		税				九		冊
ʃ			舐				世												
k					街		解	界	廿	改		盖 二						一	个
kʰ					揩		楷	快		凯 二三									
ŋ					我		捱	艾					外 三四						
h					二		鞋			海 三四			害			二			係
ø	淤	于	与	预	挨		二	隘					爱	五				三	四

注：

一：□［piu∨］：拟声词。开枪（或水枪）射击的声音。

二：□［pʰiu∨］：拟声词。开枪（或水枪）射击的声音。

三：□［miu∨］：拟声词。模仿猫叫。

四：□［liu∨］：诱惑，引诱。

五：□［tsiu∨］：涝，深深渗透；潜水。落~雨下连阴雨，钻~汆潜水。

六：□［tsʰiu∧］：拧，扭。或是"皱"的四声变义词。

七：□［siu∧］：慢慢往上爬。可能是"徐"的活用。

八：□［tʃiu∨］：拟声词。开枪（或水枪）射击的声音。

九：□［pai∨］：跛的变音词。常用于1词中。

十：□［vai∨］："号（哭）"的变音词，因忌讳而说。不单独说，常固定说"打（底下）都会~去，意思是，这下不好了"。

十一：□［tʰai∧］：投、漂洗衣服。有时候念阴平。

十二：□［nai∨］：慢，磨蹭。可能与"萎"有关。

十三："奶、乃"口语里多读阴去。

十四：□［lai∨］：伸舌头、舔。

十五：□［lai∧］：躺、躺下。本字可能为"离"。

十六：赖［lai∧］：耍赖、赖着。如赖死、赖菢鸡。"赖"用于姓氏时读阴去。

七：载 [tsai˥]：年载。几年八载。也可念阴去。

八：□ [sai˥]：做事拖拉。也可读阳平、阴去调。多组成嵌 l 词。lai˥ (lai˧) sai˥ (sai˧)

九：□ [tʃai˥]：白粉虱，菜叶上的小虱子。

廿：拐 [kai˥]：走路一瘸一拐。为"拐"的四声别义现象。组成嵌 -l 词时变调为阳去。lai˥ kai˥ lai˥ ksai˥.

一：□ [hai˧]：叹气声。也可念阴去调。

二：□ [ai˥]：掰、折、拗。

三：□ [pɔi˧]：玩、弄、戏弄。本字可能为"诶"。

四：背 [phɔi˧]：背诵。白读。文读为 [phei˧]。

五：霉 [mɔi˧]：名词。白读。生~。

六：□ [mɔi˥]：用屁股磨、蹭。

七：退 [thɔi˧]：退落。~水。

八：□ [nɔi˥]：揉、搓痛处。

九：载 [tsɔi˧]：盛、装。~饭，~沙。

卅：□ [tʃhɔi˥]：端、蹬。~一脚。

一：帅 [ʃɔi˧]：文读。白读 [sai˧]。

二：会 [khɔi˧]：会计。

三：外 [ŋɔi˧]：~公、~婆。

四：娭 [hɔi˧]：玩、嬉戏。

五：□ [ɔi˧]：应答声。

六：悔 [fei˧]：口语音。书面音为上声。

七：喂 [vei˧]：打招呼、呼喊。

八：会 [vei˥]：会、能。

九：□ [tʃhei˥]：轰赶狗的声音。

卅：□ [tʃhei˥]：疑问词，可引起正反问。是"□ [tʃi˧] 係"的合音，最初意思是"是不是"，后扩大功能可引起其他正反问。~要？~好？

一：□ [kei˧]：指示代词"那"。本书通常写作"嗰"。

二：□ [hei˧]：招呼声、呼喊声。

三：□ [ei˧]：招呼声、呼喊声、应答声。

四：□ [ei˥]：突然醒悟发出的声音。

表 2-5　　　　　宁都方言音节（四）

	ui					ɔu					iɔu					eu				
	阴平 ∨	阳平 ∧	上声 ∨	阴去 ∨	阳去 ∧	阴平 ∨	阳平 ∧	上声 ∨	阴去 ∨	阳去 ∧	阴平 ∨	阳平 ∧	上声 ∨	阴去 ∨	阳去 ∧	阴平 ∨	阳平 ∧	上声 ∨	阴去 ∨	阳去 ∧
p						包		饱	报		标		表	七		亩	谋	某		
pʰ						三		右	泡		飘	瓢	瓢	票						
m						毛		卯	菢	帽		苗	秒	猫	庙			浮		贸
f																				
v								四												九

续表

	ui					ɔɯ					iɔɯ					eɯ				
	阴平	阳平	上声	阴去	阳去	阴平	阳平	上声	阴去	阳去	阴平	阳平	上声	阴去	阳去	阴平	阳平	上声	阴去	阳去
t	堆			兑	队	刀	桃	岛	到	道	雕			钓	掉	兜		抖		□[廿]
tʰ	推			退			涛	讨	套		挑						投		透	
n					内	□[六]	饶	脑						尿			牛	扭		
l	□[一]	雷	蕊		泪		牢	老		撩 [七][八][九]					了		楼			陋[三]
ts	锥			最	罪	糟	曹	早	灶	造	蕉					邹		走		揍[六]
tsʰ	催	随		脆		操		草			锹		巧						凑	
s	鳃		髓	碎	隧	擤		嫂	扫	□[十二]	硝		小	笑		搜	愁		瘦	
tʃ	追					招		饺	叫							州		九	救	
tʃʰ	吹	锤			坠	超	桥	翘		轿							求	丑	臭	旧
ʃ		谁	水	瑞			韶	晓	少							收	仇	手	嗅	寿
k	归		鬼	贵		高		搞	窖							钩		狗	够	
kʰ	亏	魁	跪	块	柜				靠							抠			扣	
ŋ		危			魏		熬	咬		傲										
h							毫	好		号							猴	口		厚
ø							拗		奥	□[四]	腰	摇	舀	要	耀	欧		呕	沤	

注：
一：□ [lui∨]：滚、滚动。
二：屡 [lui⌐]：词语中的读音。书面音为上声。
三：泡 [pʰɔɯ∨]：水泡。"泡"另读阴去。
四：□ [vɔɯ⌐]：哭。常写作"号"或"嚎"。
五："唔要：不要"合音为 [mɔɯ⌐]。另外，"唔好：不好"合音为 [mɔɯ⌐]。
六：□ [nɔɯ∨]：（抬头）看。与"抬头"义的"□ [ŋɔɯ⌐]"有关。
七：□ [lɔɯ⌐]：用手扒拢、扫拢；或用手抓回、捞回物体。
八：□ [lɔɯ⌐]：稀疏、间距大。本字为"藑"。
九：□ [lɔɯ⌐]：用棍子击、打。
十：□ [tsʰɔɯ∨]：用手推，以使动。
十一：擤 [sɔɯ∨]：用笊篱或竹器等捞东西。
十二：□ [sɔɯ⌐]：游荡、散步。
十三：□ [kʰɔɯ⌐]：狗吠、狗叫。
十四：□ [ŋɔɯ⌐]：抬头、仰头。
十五：好 [hɔɯ⌐]：应答、认同某人、某事。也可念上声。
十六：袄 [iɔɯ]："袄"不单独出现，"袄子"读同阴平，"棉袄"读为55调。人们常取阴平调。
十七：俵 [piɔɯ⌐]：散发、分给。
十八：鸟 [iɔɯ⌐]：交合、交媾。
十九：否 [feɯ∨]：口语读音。书面读音为上声。
廿：□ [teɯ⌐]：拼凑、拼接。

一：歒 [tʰeɯ∨]：歒气、呼吸。

二：丑 [neɯ∨]：口语里上声字常读阴去。

三：扭 [neɯˊ]：扭动。常带消极义。

四：搂 [leɯ∨]：挖、抠。作"搂抱"义，则读上声。

五：□ [tsʰeɯ∨]：掺水、兑水。可能为"凑"的变调。

六：□ [seɯˊ]：撕、撕开。

表 2 – 6　　　　　　　宁都方言音节（五）

	ieɯ					am					iam					ɔm				
	阴平∨	阳平ㄟ	上声ㄥ	阴去ㄥ	阳去ㄟ	阴平∨	阳平ㄟ	上声ㄥ	阴去ㄥ	阳去ㄟ	阴平∨	阳平ㄟ	上声ㄥ	阴去ㄥ	阳去ㄟ	阴平∨	阳平ㄟ	上声ㄥ	阴去ㄥ	阳去ㄟ
p																				
pʰ																				
m																				
f																				
v						帆	凡			犯										
t						担		胆		一			点	店						
tʰ						淡	潭	二	探	验	添	甜	舔							
n							南													
l						拈														
ts						鸽		斩	三	赚	尖							二		
tsʰ						参	蚕	惨			签	潜								
s						三			四											
tɕ						沾		捡	占											
tɕʰ						谦	钳		欠	俭										
ɕ						五	嫌	险	六											
k						监		减	嵌							柑		感		
kʰ						七		砍								堪		坎		
ŋ							岩			撼										
h						八	咸	九	喊	陷							函			憾
ø	有	油	友	幼	右(十)						腌	盐		厌	二	庵			暗	

注：一：□ [tamˊ]：垂下、耷拉下。

二：毯 [tʰam∨]：文读音。口语念阴平。

三：站 [tsamㄥ]：站立。文读音。另外"车站"的"站"读 [tsʰamˊ]。

四：杉〔tsʰam∨〕：杉树。白读。另读〔sa∨〕。

五：□〔ʃam∨〕：侧眼怒视。

六：闪〔ʃam∨〕：口语音。"闪"不单说，常取阴去调。活用作动词"闪倒"念阴平。

七：□〔kʰam∨〕：a. 水位低，不满。b. 倒下、压下。

八：□〔ham∨〕：缸、水缸。

九：喊〔hamˊ〕：文读音。

十：□〔am∨〕：沙子等尖锐物硌脚。

二一：渐〔tsʰiamˊ〕：新文读，旧读〔ʧʰamˊ〕。

二二：敪〔iamˊ〕：撒、散。

表 2 - 7　　　　宁都方言音节（六）

	em					iem					im					an				
	阴平	阳平	上声	阴去	阳去	阴平	阳平	上声	阴去	阳去	阴平	阳平	上声	阴去	阳去	阴平	阳平	上声	阴去	阳去
	∨	ˊ	∨	∨	ˊ	∨	ˊ	∨	∨	ˊ	∨	ˊ	∨	∨	ˊ	∨	ˊ	∨	∨	ˊ
p								贬			禀		品			班		板		饭
pʰ																				
m																	蛮			慢
f																翻	矾	反		幻
v																弯		晚	二	万
t				一												单	三	四	五	蛋
tʰ																摊	坛	六	炭	
n																蔫	年	七	八	愿
l												林				懒	拦			烂
ts	二													浸	七			展	赞	栈
tsʰ		参		渗							侵	寻	寝	九		餐	残	铲		
s											心					山		伞	廿	
ʧ	今		枕	三												肩		卷	见	件
ʧʰ		沉														牵	拳	遣	劝	
ʃ	深		审	甚													贤		扇	善
k			四													间		拣	惯	
kʰ	五																		摆	
ŋ																	顽	眼		岸
h			六														闲			限
ø	揞					阴	淫	八	饮	任						三				

注：一：□ [tem˩] ：遇见、碰见。

二：□ [tsem˩] ：梨枣（又称金钩子）的果实，叫"人□ [tsem˩ˀ] 子"。

三：禁 [tʃem˩] ：禁止。另外"耐用、耐穿"义读为阴平。

四：颖 [kem˩] ：a. 盖、盖住。b. 弯腰。

五：□ [kʰem˩] ：以头撞地。

六：含 [hem˩] ：白读音。文读为 [hɔm˩]。

七：□ [tsiem˩] ：a. 踮脚。b. 水沸腾、涌起。

八：饮 [iem˩] ：文读音。口语音读阴去。

九：[tsʰim˩] ：a. "寝" 口语音。文读上声。b. 低着头、往下躲着头。

十：拌 [pʰan˩] ：把物体摔打在硬物上。

一：还 [van˩] ：还给、还原。"还是"的"还" 读 [fei˩]。

二：□ [van˩] ：挂、挂起。

三：掸 [tan˩] ：文读音。

四：□ [tan˩] ：清水煮肉，不用大火，以去油腻。

五：□ [tan˩] ：弹牛筋、弹丝线等。

六：坦 [tʰan˩] ：文读音。口语音读阴去。

七：碾 [nan˩] ：文读音。

八：□ [nan˩] ：乳房、乳汁。

九：□ [tsʰan˩] ：a. 调皮、戾气。b. 皮肤病，皮肤呈鳞状，闪闪发光。本字可能为"灿"。

廿：散 [san˩] ：动词，散开。另外作形容词时读上声。

一：显 [ʃan˩] ：文读音。词语里读阴去。

二：□ [ŋan˩] ：a. 咽饭，硬咽下去，有往下积、压的意思。b. 积蓄力量用拳头打人。

三：a. 晏 [an˩] ：晚、迟。b. □ [an˩] ：沤、腌东西，可用石头压着。也念 ŋ 声母。~粪沤粪，~擦菜腌酸菜。

表2-8　　　宁都方言音节（七）

	ian					ɔn					en					ien				
	阴平	阳平	上声	阴去	阳去	阴平	阳平	上声	阴去	阳去	阴平	阳平	上声	阴去	阳去	阴平	阳平	上声	阴去	阳去
	∨	⌐	◿	⌐	⌐	∨	⌐	◿	⌐	⌐	∨	⌐	◿	⌐	⌐	∨	⌐	◿	⌐	⌐
p						搬			半		奔		本	粪		边		扁	变	便
pʰ						伴	盘		判	二	喷	盆		二	二	偏	便	便	骗	便
m							瞒	满			蚊	门	粉	问	闷		棉	免	面	面
f						欢	桓	三	缓	患	分	文	稳	奋	混	掀		远	怨	四
v						四	完	碗		换	温	魂			三	冤	丸			
t						端		短	五					缎		癫		典	垫	电
tʰ						断	团						五 六			天	田	腆		电
n						软						银	忍 七		韧			辇		
l							卵	六	乱								连			练

续表

	ian					ɔn					en					ien				
	阴平	阳平	上声	阴去	阳去	阴平	阳平	上声	阴去	阳去	阴平	阳平	上声	阴去	阳去	阴平	阳平	上声	阴去	阳去
	˅	ˊ	˅	˅	ˊ	˅	ˊ	˅	˅	ˊ	˅	ˊ	˅	˅	ˊ	˅	ˊ	˅	˅	ˊ
ts / tsʰ / s						钻余酸		攥	七窜算	贼		九	八	廿		煎千仙	前涎	剪浅癣	荐线	践县
tʃ / tʃʰ / ʃ						砖川	传船	转	八串	转	真近身	尘神	紧	震趁	阵肾					
k / kʰ / ŋ / h						官宽九旱		秆款十寒	灌看汉	汗	跟	痕	恳很二	恨二						
∅	烟	沿	一	燕		安			案		恩					因	寅	瘾	印	

注：一：演［ian˅］：文读音。口语音读阴去。

二：办［pʰɔn˰］：在"办公室、办公"等词中念本调。在"办法"中念［pʰan˰］。

三：缓［fɔn˅］：文读音。口语音读阴去。

四：□［vɔn˅］：a. 抱小孩。b. 抱养小孩。

五：□［tɔn˰］：判定、料定。分段、砍断。

六：□［nɔn˅］：旋转着砍断小木棒。

七：钻［tsɔn˅］：a. 钻子，名词。b. 形容词，形容机灵、能见机行事。"钻"做动词时念阴平。

八：转［tʃɔn˅］：转身。作"转身""回去"解时也可读上声。作"转圈圈"解时，读送气音、阳去调。

九：□［ŋɔn˅］：压、轧、碾。本字可能为"研"。也能读阳平。

十：□［ŋɔn˅］：轧、碾。本字可能为"研"。文读音。

十一：份［pʰen˅］：（野）猪拱地。

十二：份［pʰen˰］：占一份子，多含贬义。

十三：浑［ven˅］：口语音。文读音为［fen˰］。

十四：［ven˰］：a. "问"的文读音。常用于"问题、疑问"中。b. 抱住、箍住。

十五：□［ten˅］：笨、不能干。

十六：□［tʰen˅］：（水）渗透、浸洇。

十七：凌［len˰］：（慢慢伸进）掏。《仓颉篇》凌：侵也。

十八：盏［tsen˰］：用鸡罩罩住。鸡罩像倒着的"杯盏"，活用作动词。

十九：抧［tsʰen˅］：用力压住、抓住。

廿：□［tsʰen˅］：到达顶点，程度深。累~呃，晒~呃。

二：□ [ken˅]：a. 筋脉突起。b. 因发怒而暴起（欲往前冲）。

三：□ [hen˅]：手脚因接触蛇毒、蜘蛛毒等而肿起来。

三：免 [mien˅]：口语音。

四：县 [vien˧]：老年人读音。年轻人常读 [sien˧]。

表 2-9　　　　　　　　　　宁都方言音节（八）

	in					un					aŋ					iaŋ				
	阴平 ˅	阳平 ˦	上声 ˧	阴去 ˅	阳去 ˧	阴平 ˅	阳平 ˦	上声 ˧	阴去 ˅	阳去 ˧	阴平 ˅	阳平 ˦	上声 ˧	阴去 ˅	阳去 ˧	阴平 ˅	阳平 ˦	上声 ˧	阴去 ˅	阳去 ˧
p	兵		秉	聘	并						抨	彭		进		兵		饼	九	
pʰ	拼	平																坪		病
m	璺	民	敏	永								廿				明				命
f	璺																			
v	晕	云			运							横				兄				
t	灯		等	凳	邓	墩			顿									顶	四	
tʰ	汀	藤	艇	五		吞	臀			九	听									定
n						捻		嫩	论				卅							
l	六	邻			另	轮		十			岭							零	五	六
ts	晶		七	进		遵					争			撑	五	精	晴			净
tsʰ	亲	秦		静	迅	村	蹲		寸			橙				青		请	八	
s	新	巡		信		孙		二	损		生		六	七		腥		醒	姓	
tʃ						准	圳				惊	城	颈	镜	八					
tʃʰ						春	蠢				轻									
ʃ						二	纯		三	顺	声									
k				四			坤	棍		困	九		梗		一					
kʰ												三								
ŋ								捆			坑		册		硬					
h												六								
ø											七					赢		影		

注：一：并 [pin˅]：合并、并拢。也可念送气阳去调。
二：敏 [min˅]：文读音。口语音读阴去调。
三：奋 [fin˅]：甩水或甩脱别的事物。

四：允 [vin˧]：文读音。口语音念阴平调，不单说。

五：挺 [tʰin˧]：互相挺着、耗费工夫。另文读上声，意思为"支持、支撑"。

六：领 [lin˧]：接受、取得。

七：□ [tsin˥]：一直、持续（做某事）。变调时调值为−55。

八：□ [tun˥]：拦截、堵住。

九：□ [tʰun˥]：突然停顿，停滞。

十：□ [lun˧]：a. 慢慢吐出。b. 偷偷地、轻轻地溜出。

二：损 [sun˧]：文读音。口语音读阴去。

二：熏 [ʃun˧]：文读音。

三：训 [ʃun˧]：文读音。

四：□ [kun˥]：以物换取商品。

五：捞 [paŋ˧]：拔、拔起来。

六：□ [paŋ˧]：在词语～～pi˧pi˧中出现，指皮肤病或不卫生导致皮肤不舒服。

七：□ [pʰaŋ˧]：萝卜或树木等空了心。本字为"胖"。

八：□ [pʰaŋ˥]：下陷、陷下去。为"胖"的四声别义现象。

九：□ [maŋ˧]：（长度）长；有时指身高。本字为"孟"。

廿：□ [maŋ˧]：否定副词，没、没有。～去。

一：□ [maŋ˧]：用在"～係不是"中，表否定。

二：□ [maŋ˥]：扔、摔。

三：□ [faŋ˧]：a. 挥动手、甩动手，含贬义。b. 甩巴掌。

四：□ [vaŋ˧]：拟声词，轰轰响。

五：□ [vaŋ˥]：扔、摔。

六：□ [taŋ˧]：垂下、飘荡。

七：□ [taŋ˥]：组成词语"tuŋ˥～"，意思是"糊涂"。

八：迎 [naŋ˧]：举、举起。

九：□ [naŋ˧]：（长度）短。

卅：□ [naŋ˥]：用力踢（人、物）。

一：□ [naŋ˥]：绊、绊倒（别人）。

二：□ [laŋ˧]：a.（小孩戴的）手环、脚环。b. 走圈。c. 环绕着倒水等。本字可能为"环"。

三：□ [laŋ˧]：组成词语"打～（狗交配）"。

四：撑 [tsʰaŋ˧]：文读音。口语音读阴去。

五：撑 [tsʰaŋ˥]：撑饭。含贬义。

六：管 [saŋ˧]：米升、量米筒。

七：□ [saŋ˧]："～席草"，指抓出好的（编草席的）席草。

八：做 [tʃʰaŋ˥]：爱惜、爱护；忌口。

九：□ [kaŋ˧]：～婆寡妇。

卅：□ [kaŋ˧]：a. 触碰。b. 用触碰的方式捞鱼。c. 搅动。d. naŋ˥～（或 naŋ˥naŋ˥～～），指绊倒、妨碍别人。为"梗"的四声别义现象。

一：□ [kaŋ˥]：拌嘴。为"梗"的四声别义现象。

二：□ [kʰaŋ˧]：食物进入气管、呛着。

三：□ [kʰaŋ˥]：a. 拟声词，拌嘴时发出的声音，由狗打架时发出的声音引申而来。b. 较为激烈的拌嘴。

四：□ [ŋaŋ˧]：砍。由阳谈部通转推断，本字可能为"砍"。

五：□ [ŋaŋ˥]：拟声词，由狗打架时发出的声音引申而来，指拌嘴或打架时发出的声音。

六：茎 [haŋ˧]：量词，根。

七：罂 [aŋ˧]：罐子、坛子。

八：□ [piaŋ˥]：拟声词，模仿枪声。

九：屏 [piaŋ˧]：躲、藏。

Ⅴ：坊［pʰiaŋ˅］：一块，一片。

一：平［pʰiaŋ˅］：歪着脑袋；平放某物。是"平"的四声别义现象。

二：□［miaŋ˅］：揹～捉迷藏。其中一个人蒙住眼睛。

三：钉＝［tiaŋ˅］：扔、抛。

四：□［tiaŋ˅］：花生、豆子等撒种时种子放入某个窝。

五：□［liaŋ˅］：炫耀、诱惑。

六：□［liaŋ˥］：a. 一垄（菜地）。b. 抛在一边不管。

七：□［tsiaŋ˅］：～人、～耳朵，指声音刺耳。

八：□［tsʰiaŋ˅］：拟声词，模仿敲打铙钹发出的声音。也可念阴去。

九：□［iaŋ˅］：a. "影"的口语音。文读音读上声。～子、～电影放电影。b. 萦：纺织，绕线。c. 挥动。～手。

表 2 – 10　　　　　　　　　宁都方言音节（九）

	ɯŋ					iɯŋ					ɔŋ					iɔŋ				
	阴平 ˅	阳平 ˧	上声 ˨	阴去 ˩	阳去 ˥	阴平 ˅	阳平 ˧	上声 ˨	阴去 ˩	阳去 ˥	阴平 ˅	阳平 ˧	上声 ˨	阴去 ˩	阳去 ˥	阴平 ˅	阳平 ˧	上声 ˨	阴去 ˩	阳去 ˥
p											帮		绑	棒		卅		一		
pʰ		朋										旁		胖	八					
m		盟	二	猛	一							忙	网		望					
f											方	房	谎	放	晃				九	
v											汪	王			旺					
t	灯				三						当		挡	当	荡					
tʰ	四	腾									汤	塘	躺	烫	宕					
n		能			五							廿	壤		让					
l	冷				认							狼			浪			粮	三	亮
ts	六		七		赠						装			壮	撞	浆		奖	酱	
tsʰ	睁	层	九	衬	十						仓	床		创		枪	墙	抢	四 五	像
s	八		省		十						霜		爽	丧		箱	祥	想		象
tʃ	蒸		景	正							张		掌	丈					四	六
tʃʰ	二	程	肯	庆	三							肠	尝	唱					五	上
ʃ	升	绳		胜	剩						伤		响	向	上					

续表

	ɯŋ 阴平 ˅	ɯŋ 阳平 ˊ	ɯŋ 上声 ˋ	ɯŋ 阴去 ˎ	ɯŋ 阳去 ˊ	iɯŋ 阴平 ˅	iɯŋ 阳平 ˊ	iɯŋ 上声 ˋ	iɯŋ 阴去 ˎ	iɯŋ 阳去 ˊ	ɔŋ 阴平 ˅	ɔŋ 阳平 ˊ	ɔŋ 上声 ˋ	ɔŋ 阴去 ˎ	ɔŋ 阳去 ˊ	iɔŋ 阴平 ˅	iɔŋ 阳平 ˊ	iɔŋ 上声 ˋ	iɔŋ 阴去 ˎ	iɔŋ 阳去 ˊ
k	庚		耿	更							七			广	八					
kʰ				四	五						康	狂			九					
ŋ		六										昂		仰						
h	七	衡									糠	杭			巷					
ø						英	蝇		应		肮					痒	羊	养		六

注：一：□ [pʰɯŋ˅]：靠、碰某物。

二：猛 [mɯŋˊ]：文读音。口语音读阴去。

三：□ [tɯŋˋ]：往下拽、扯。

四：□ [tʰɯŋˊ]：相互挺着、耗费工夫。~翻：耗得对方支撑不住。在词语中也可变调为阴去。

五：□ [nɯŋ˅]：大声喊叫。

六：争 [tsɯŋ˅]：少、差。

七：□ [tsɯŋ˅]：大声喊叫。

八：□ [sɯŋ˅]：调皮、捣蛋。

九：□ [sɯŋˊ]：发怒时露出牙齿，面目狰狞。也可指动物。牙齿□ [lɯŋˊ] □ [sɯŋˊ] 地。

十：□ [sɯŋ˅]：撕、撕碎。

十一：□ [tʃʰɯŋ˅]：调皮、捣蛋、好动。

十二：逞 [tʃʰɯŋˊ]：文读音。口语里不单说，"逞能"的"逞"变调为 -55 调。

十三：澄 [tʃʰɯŋ˅]：使液体澄清。

十四：□ [kʰɯŋˊ]：不单说。词语"kʰɯŋ˅ ma ˊ地"表示刚好、刚刚好。

十五：□ [kʰɯŋ˅]：油脂等凝结。

十六：□ [ŋɯŋ˅]：发愣、发呆。

十七：哼 [hɯŋ˅]：（因病痛而）呻吟。

十八：□ [pʰɔŋ˅]：渔鼓或渔鼓发出的声音。

十九：□ [vɔŋˊ]：往、枉的文读音。口语里不单说，词语中读阴去调。

廿：□ [nɔŋˊ]：（得意地）抖动身子。

廿一：□ [nɔŋˊ]：腻、肥腻。

廿二：□ [lɔŋˊ]：晾晒衣服。

廿三：闯 [tsʰɔŋˊ]：口语音，不单说。

廿四：□ [tʃɔŋˊ]：固执。

廿五：厂 [tʃʰɔŋˊ]：文读音。词语里读阴去。

廿六：长 [tʃʰɔŋˊ]：剩下。

廿七：□ [kɔŋˊ]：抬。

廿八：□ [kɔŋˊ]：擦、蹭、磨。

廿九：□ [kʰɔŋˊ]：碰杯。

卅：枋 [piɔŋ˅]：木板。

卅一：榜 [piɔŋ˅]：以菜下饭、下酒。

卅二：两 [liɔŋ˅]：a. 数词，两个。口语音。b. 斤两。

卅三：两 [liɔŋ˅]：数词，两个。文读音。

卅四：□ [tsʰiɔŋ˅]：a. 横贯（木头）锅盖的短木条；箩筐底部横贯对角的两条主要的硬竹片。b. 歪、斜。

卅五：□ [siɔŋˊ]：一节（甘蔗）。

卅六：□ [iɔŋˊ]：a. 热闹、人多。b. 生意好。

表 2－11　　　　　　　　　　宁都方言音节（十）

	uŋ					iuŋ					m̩					ŋ̍				
	阴平˅	阳平˅	上声˄	阴去˅	阳去˄	阴平˅	阳平˅	上声˄	阴去˅	阳去˄	阴平˅	阳平˅	上声˄	阴去˅	阳去˄	阴平˅	阳平˅	上声˄	阴去˅	阳去˄
p	一		捧																	
pʰ	二	蓬	三		碰															
m		蒙	懵		四															
f	风	红		烘	缝															
v	嗡			瓮																
t	五		懂	冻	六															
tʰ	动	铜	桶	痛	洞															
n	七	脓			弄															
l	聋	笼	垄			八	龙													
ts	棕		总			踪				纵										
tsʰ	葱	九	十				九													
s	双			送	二			廿		诵										
tʃ	中		肿	二					众											
tʃʰ	冲	虫		三	众															
ʃ	四	五																		
k	公		拱	贡	六															
kʰ	空		七	孔	共															
ŋ																				
h																				
ø						涌	荣	二	勇	用			二				三	四	五	

注：一：□[puŋ˅]：拟声词，爆炸声。

二：捧[pʰuŋ˅]：灰尘扬起。

三：捧[pʰuŋ˄]：文读音。

四：□[muŋ˄]：组成词语"~tʃʰuŋ˄"，意思是糊涂、不清醒。

五：□[tuŋ˅]：盖住、遮住。

六：□[tuŋ˄]：石头等相互碰撞。

七：俺[nuŋ˅]：我们、我（由我们义转来）。

八：□[luŋ˅]：a. 缝隙中、里面。b. 洞。狗窟窿狗洞。与"窿"有关。

九：从、崇[tsʰuŋ˄]：两字韵母还可以念iuŋ。

十：攃[tsʰuŋ˅]：推、推动。

十一：□[suŋ˅]：耸动（肩膀或身体）。

十二：□[tʃuŋ˅]：a. 恐怕、大概、可能。组成"~係：大概是"。b. 分娩，生小孩。

十三：□[tʃʰuŋ˅]：（气冲冲地）走。

四：春 [ʃuŋ˩]：撞击。

五：□ [ʃuŋ˩]：呵斥、怒斥。

六：□ [kuŋ˩]：搅、搅动。

七：孔 [kʰuŋ˩]：文读音。口语音读阴去。

八：□ [liuŋ˩]：捅、刺。

九：松 [tsʰiuŋ˩]：松树。

廿：□ [siuŋ˩]：丑、难看、差。

二：勇、泳 [iuŋ˩]：文读音。口语音读阴去。

二：□ [m̩˩]：~妈：妈妈。通常写作"姆"。可看作轻声。

三：□ [ŋ̍˩]：招呼声，给予。

四：□ [ŋ̍˩]：不。通常写作"唔"。

五：□ [ŋ̍˩]：a. 应答声。b. 表同意。

表2-12　　　　　　　　　　宁都方言音节（十一）

	ap 阴入	ap 阳入	iap 阴入	iap 阳入	ɔp 阴入	ɔp 阳入	ep 阴入	ep 阳入	iep 阴入	iep 阳入	ip 阴入	ip 阳入	at 阴入	at 阳入
p													八	九
pʰ													廿	
m														
f													发	罚
v	法												挖	滑
t			一		贴 八[序]				跌					二
tʰ	塔		踏				叠		帖	叠			捏	达
n	聂		业										二	月
l	蜡		腊				猎		猎		笠		二	辣
ts	闸		接				三		接		八		擦	杀
tsʰ	插		杂				集		捷		扎			三
s							习							四
tʃ	摺		眨				急						结	
tʃʰ			二				级						缺	五
ʃ	三		十				湿						设	舌
k	甲		四		十[序号]								刮	
kʰ	掐		五				四							
ŋ	六		七		二	盒	五							
h								六					瞎	六
∅	鸭		九	叶	二		七							

注：一：［tap˥］：a. 用手掌轻击别人的脸。b. 奄拉下来。本字可能为"奄"。

二：挟［ʧʰap˩］：用胳膊夹着。

三：胁［ʃap˥］：腋窝。~下：腋下。

四：夹［kap˩］：夹住、夹着。是"夹"的四声别义现象。

五：夹［kʰap˩］：夹住、夹着。是"夹"的四声别义现象。读成送气音。

六：压［ŋap˩］：挤、挤进。是"压"的四声别义现象。

七：□［hap˥］：狗张大口咬人。

八：贴、帖［tʰiap˩］："贴"还可以读［tiap˩］。

九：腌［iap˩］：腌、腌制。

十：合［kɔp˩］：白读音，~伙：合伙。现在常读 hɔp˥。

一：喝［hɔp˥］：喝水等的"喝"。

二：罯［ɔp˩］：捂住、盖住、用手扒拢。又可读 ep˩。

三：戢［tsep˩］：抓、拈。

四：盍［kʰep˩］：盖上、合上、倒下。

五：翕［hep˩］：盖上（焖）；闷。

六：翕［hep˥］：人长期漂泊、待在条件艰苦的某地。

七：罯［ep˩］：盖上、捂住。又读 ɔp˩。

八：□［tsip˩］：吮吸。

九：□［pat˥］：溅水；（在陆地上走）神态像是溅水。

廿：□［pʰat˩］：a. "拔"。b. 溅水；（在陆地上走）神态像是溅水。

一：笪［tat˩］：（晾晒稻谷等的）竹簟、粗竹席。

二：癞［lat˩］：在"癞痢头"中读作此音。在"tsɔ˞˩~子：疥疮"里读作 lai˩。

三：渫［tsʰat˥］：~ka˥ka˥：煮鸡蛋。放在猪食料里煮。

四：铡［sat˩］：用铡刀铡。

五：掘［ʧʰat˥］：鸡、狗等刨地。

六：辖［hat˥］：文读音。

表 2-13　　　　　　　宁都方言音节（十二）

	iat		ɔt		et		iet		it		ut		ak	
	阴入 ˩	阳入 ˥	阴入 ˩	阳入 ˥	阴入 ˩	阳入 ˥	阴入 ˩	阳入 ˥	阴入 ˩	阳入 ˥	阴入 ˩	阳入 ˥	阴入 ˩	阳入 ˥
p pʰ m f v			钵 泼 抹 法	一 末 活 机	二 三 四 窟	二 五	八 撇 搣 血 九	别 灭 穴 越	笔 避	四 密 五			百 拍 脉 一∼ 二∼	冊 白 麦 划 划
t tʰ n l		秩 率	二 脱 三	夺 四	 日		铁 三	廿 踢 裂	六 踢 七	滴 敌 力	卅 二∼	一∼ 突	三∼ 五∼	四∼ 六∼

续表

声母	iat 阴入	iat 阳入	ɔt 阴入	ɔt 阳入	et 阴入	et 阳入	iet 阴入	iet 阳入	it 阴入	it 阳入	ut 阴入	ut 阳入	ak 阴入	ak 阳入
ts			五				节	二	积	八	卒		七	
tsʰ			六	七			切	绝	漆		四		拆	八
s		楔	刷	八	虱		雪	三	惜	九	六		九	V
tʃ					质						出		只	
tʃʰ													尺	
ʃ			九	失								七		石
k			割		咳						格		一·	
kʰ			阔			六				骨	客		二·	
ŋ												八九		
h			十			七					吓			·
ø	乙	曳											三	·

注：一：[pʰɔtˉ]：包圆、全买。

二：□[tɔtˉ]：推。

三：捋[lɔtˉ]：a. 横着抹、揩。捋光揩干净。b. 赢得。捋光：（赌博）把别人的钱全挣光。是常用"捋：捋直"的四声别义现象。

四：捋[lɔtˉ]：捋直，顺着抹、揩。

五：撮[tsɔtˉ]：a. 量词，一撮、一小撮。b. 把东西撮成团。c. 冲在前面，贬义。d. 用手指羞羞脸，动词。

六：撮[tsʰɔtˉ]：a. 撮起，装起。b. 冲在前面，贬义。c. 以蒙混的方法骗人财物。

七：撮[tsʰɔtˉ]：以蒙混的方法骗人财物。

八：□[sɔtˉ]：划火柴。

九：啜[ʃɔtˉ]：喝、大口喝。

十：喝[hɔtˉ]：吆喝、喝彩。

二：□[petˉ]：搅、拌、扒拉。

二：□[petˉ]：因踩踏水溅起来，因搅、拌、扒拉物体往外洒。

三：□[pʰetˉ]：口水往外飞或饭粒往外喷。

四：□[metˉ]：~嘴：闭嘴。

五：[metˉ]：a. 副词"没"的文读音。b. 淹没、没过。这一意义还能读 mɔtˉ。

六：咳[kʰetˉ]：咳嗽。又可读阴入。

七：核[hetˉ]：文读音。如核对等。

八：鳖[pietˉ]：女阴。

九：抉[vietˉ]：挖、抠。

廿：□[tietˉ]：挺起肚子。

二：□[lietˉ]：~结不讲理、纠缠。

三：□[tsietˉ]：（踏水）溅起水花。

三：穴[sietˉ]：穴位。文读。白读 fietˉ、pʰietˉ。

四：□[pʰitˉ]：鱼或小虫在地下翻滚。

五：□[fitˉ]：甩、扔。

六：的[titˉ]："目的、的确良"等的"的"。

七：□[litˉ]：荆棘。

八：□[tsitˉ]：用小木棍、树枝等轻轻捅。

九：席 [sit˥]："主席、坐席"的"席"。

卅：□ [tut˩]：放、搁。

一：□ [tut˥]：用拳头击打。

二：□ [lut˩]：掉落、脱落。

三：□ [tsut˩]：噘嘴。

四：捽 [tsʰut˩]：擦、拭。

五：□ [sut˩]：塞、塞给。

六：□ [sut˩]：蟋蟀或昆虫发出的鸣叫声。

七：□ [ʃut˥]：用拳头打人。

八：□ [kut˩]：骨碌（动）。

九：□ [kʰut˩]：a. 弄、玩。b. 刁钻。

卅：□ [pak˥]：清脆的断裂声。

一：划 [fak˩]：用刀或其他东西把物件分开或从中划过。还可念 fak˥、vak˩、vak˥。

二：划 [vak˩]。

三：搦 [nak˩]：拿。

四：搦 [nak˩]：用力抓。

五：□ [lak˩]：沟、沟壑、缝隙。

六：□ [lak˥]：摇动色子或类似的东西。或者摇动色子或类似的东西时，它们在匣子里碰撞发出的声音。

七：笮（砟）[tsak˩]：压、压住。

八：□ [tsʰak˩]：搀扶。

九：栅 [sak˩]：片状、块状的东西或其量词。

V：栅 [sak˥]：切成一块、一瓣。

一：□ [kak˩]：触碰（干的东西）发出的清脆声音。

二：搭 [kak˩]：卡、坷。

三：□ [ak˩]：编、编织。

表2-14　　　　　　　宁都方言音节（十三）

	iak		ɯk		iɯk		ɔk		iɔk		uk		iuk	
	阴入	阳入	阴入	阳入	阴入	阳入	阴入	阳入	阴入	阳入	阴入	阳入	阴入	阳入
	↓	˥	↓	˥	↓	˥	↓	˥	↓	˥	↓	˥	↓	˥
p	壁	一	北				剥	薄			凸	九		
pʰ	劈		迫				拍				扑	卅		
m					墨		五	膜			木	复		
f					或						福			
v							握	镀			屋			
t	二		得	九			六	七			一	二		
tʰ	三	斧	忒	特			托	择				毒		
n				二			八	弱			肉	玉		
l		四	十	勒			九	廿			三	鹿	六	绿
ts	迹	五	责	二			作			嚼	四		六	七
tsʰ	六	七	测	贼				凿	六	七	五		促	八
s	锡	八	色				索	三	削		缩	浊	粟	俗

续表

	iak		ɯk		iɯk		ɔk		iok		uk		iuk	
	阴入 ˩	阳入 ˥	阴入 ˩	阳入 ˥	阴入 ˩	阳入 ˥	阴入 ˩	阳入 ˥	阴入 ˩	阳入 ˥	阴入 ˩	阳入 ˥	阴入 ˩	阳入 ˥
ʧ ʧʰ ʃ			三四识	直食			脚焯三	二勺			竹菊叔	逐局熟		
k kʰ ŋ h			国克黑				角壳	四五岳学			谷哭			
∅							益	翼恶	约	药				育

注：一：[piak˩]：扇巴掌的声音。

二：□[tiak˩]：a. 搀着老人。b. 把着（小孩大小便）。

三：绡[tiak˩]：捆、绑。

四：劙[liak˩]：切、剖。

五：□[tsiak˩]：叽叽喳喳。

六：撮[tsʰiak˩]：a. 陡、仄。b. 走路歪歪斜斜。c. 斜着冲过来。

七：席[tsʰiak˩]：席子。

八：□[siak˩]：（对女孩）狎昵，（略带非礼地）追女孩。

九：□[tɯk˩]：用手指弹玻璃球等。

十：□[nɯk˩]：掐、掐断菜梗等。

二：□[nɯk˩]：闪着腰、腿等。

二：□[tsɯk˩]：反问时重复别人的啧啧声。

三：[ʧɯk˩]：愁、发愁。

四：□[ʧʰɯk˩]：用力搂、扯。

五：□[mɔk˩]：a. 端、端着。b.（手掌像端东西的样子）扇巴掌。

六：□[tɔk˩]：量词，如一坨、一摊。

七：□[tɔk˩]：a. 把东西堆成坨。b. 砍、剁。

八：□[nɔk˩]：惹。

九：□[lɔk˩]：偷人。

廿：络[lɔk˩]：做动词用。捆绑、用绳索套住。

二：索[sɔk˩]：套上绳索。活用为动词。

二：着[ʧʰɔk˩]：着火、着气生气。

三：谑[ʃɔk˩]：哄、哄孩子。

四：□[kɔk˩]：拟声词。乒乓球等落下的声音。

五：推[kʰɔk˩]：敲、敲击。

六：[tsʰiok˩]：雀、鹊的文读音。"雀"白读 tsiok˩、tsʰiok˩。"鹊"白读 sak˩。

七：□[tsʰiok˩]：a. 挑唆、怂恿。b. 捅。

八：卜[puk˩]：文读。"萝卜"的"卜"念 pet˩。

九：□[puk˩]：拟声词。水泡爆裂、气泡喷出的声音。

卅：伏[pʰuk˩]：伏倒、趴倒。"伏天"的"伏"念 fuk˩。

二：涿[tuk˩]：淋雨。

二：啄[tuk˩]：啄、刺。

三：□[luk˩]：骗、欺骗。

四：□[tsuk˩]：起皱、缩水。

五：□ [tsʰukꜜ]：呛水。

六：筑 [tsiukꜜ]：塞、填。

七：筑 [tsiukꜜ]：用拳头击打。是常用"筑"

的四声别义现象。

八：□ [tsʰiukꜜ]：a. 挑唆、怂恿。b. 捅。

第二节　同音字汇

ɯ

l [ꜜ] 耳_{耳子;木耳} [ꜛ] 而_{白读}

ts [ꜜ] 资姿咨兹滋□_{揪住、抓住某人} [ꜛ] 紫子梓

tsʰ [ꜜ] 疵□_{踩、蹬} [ꜛ] 雌瓷慈磁词随_{白读}—□_{斜、歪} [ꜛ] 此 [ꜜ] 次刺赐 [ꜛ] 自寺字□_{喂(饭)}

s [ꜜ] 梳疏厮斯撕私师狮思丝司 [ꜛ] 辞祠饲 [ꜛ] 史使驶 [ꜜ] □_{"四"的异读} [ꜛ] 祀_{祭祀} 巳_{辰巳}嗣士仕柿事侍似

ø [ꜛ] 儿而_{文读} [ꜛ] 尔

i

p [ꜜ] 碑 [ꜛ] 鄙比 [ꜜ] 闭痹篦痹疕_{结～:结痂}

pʰ [ꜜ] 蓖批披被蓖胚丕 [ꜛ] 皮疲脾琵枇 [ꜛ] 屁庇 [ꜛ] 弊币毙备鼻蔽

m [ꜜ] 尾_{尾巴。不单念,尾巴中变调为31} 美_{在"美国"中读此音} [ꜛ] 迷谜_{文读}弥眉楣糜微_{白读} [ꜛ] 米靡 [ꜜ] 美_{在"美术"中读此音}

f [ꜜ] 非飞挥辉徽恢妃 [ꜛ] 毁 [ꜜ] 废匪_{在"土匪"中读此音} 费 [ꜛ] 惠慧汇_{较老的说法}

v [ꜜ] 危微威 [ꜛ] 为维唯围违伪惟 [ꜛ] 委_{文读}伟萎苇纬 [ꜜ] 委_{词语中的读音}慰_{文读}亿 [ꜛ] 卫为位未味魏胃谓喂畏猬

t [ꜜ] 知_{白读。出现在"唔知懂(不明事理)"里} [ꜛ] 里_{里面}

tʰ [ꜜ] 梯堤 [ꜛ] 题蹄提_{文读} [ꜛ] 体 [ꜜ] 涕屉 [ꜛ] 帝第地递

n [ꜜ] 你耳_{出现在"耳朵"中} [ꜛ] 宜仪尼疑倪艺谊义议腻二贰毅 [ꜛ] 拟 [ꜛ] 艺谊义议二毅 [ꜜ] 耳_{器具两边的抓手}

l [ꜜ] 礼_{白读}李里_{一里}鲤 [ꜛ] 黎离梨篱璃厘狸_{文读} [ꜛ] 礼_{文读}履理 [ꜛ] 例

厉丽荔利痢隶吏

ts〔ˇ〕挤姊〔ˋ〕济脐_{出现在"肚脐眼"中，又可读送气音}醉_{白读}际

tsʰ〔ˇ〕妻凄〔ˋ〕脐_{出现在"肚脐眼"中，又可读不送气音}□_{盲目行进}

s〔ˇ〕牺西_{文读}〔ˋ〕死〔ˋ〕四肆_{数字}

tʃ〔ˇ〕基机□_{女阴}知_{文读}支饥肌讥之芝髻_{髻子}蜘枝肢妓脂稽几_{茶几}〔ˋ〕纸指止址己几_{几个}旨趾〔ˋ〕计继寄致至智志痣纪记季既冀制置杞_{出现在"枸杞子"里}

tʃʰ〔ˇ〕徛欺栖痴〔ˋ〕池驰奇骑迟持其棋旗期岐祈〔ˋ〕启侈企耻岂_{文读}齿起_{文读}〔ˋ〕器气_{气体}汽〔ˋ〕技稚痔治忌弃滞

ʃ〔ˇ〕诗施尸希稀犀_{文读}诗嬉_{文读}熙_{文读}〔ˋ〕匙时〔ˋ〕屎起_{白读}喜始〔ˇ〕豉试戏气_{白读。着气，生气}世势氏〔ˋ〕誓系_{联系、中文系}氏示视市誓逝是_{文读}嗜_{文读}

ø〔ˇ〕医衣依伊〔ˋ〕移姨遗饴沂〔ˋ〕椅已以倚_{文读}〔ˋ〕意忆〔ˋ〕易_{交易、容易}肆异

u

p〔ˋ〕斧_{白读}妇_{白读}〔ˋ〕补谱_{白读}〔ˇ〕布怖埠

pʰ〔ˇ〕铺簿〔ˋ〕菩焙_{~酒：用谷壳烘烤酒，使熟}匏_{匏子：葫芦}匏符_{白读}扶_{白读}蒲〔ˋ〕普辅_{白读}谱_{文读}脯浦捕甫〔ˋ〕部步

m〔ˋ〕模_{模子}模_{模范}摹〔ˋ〕母拇〔ˇ〕墓暮慕募

f〔ˇ〕呼肤乎夫敷□_{油料作物榨油后剩下的渣}〔ˋ〕胡湖糊_{文读}狐壶胡_{胡须}芙扶_{文读}符_{文读}葫俘〔ˋ〕虎府腐斧浒腑俯抚釜〔ˇ〕裤付傅讣富副负_{正负}〔ˇ〕户沪互赋父附负_{负担}妇_{文读}

v〔ˇ〕乌污坞巫诬〔ˋ〕吴蜈梧糊_{白读}〔ˋ〕雨舞武侮鹉〔ˇ〕雾_{文读一}〔ˇ〕芋_{白读}误务雾_{文读二}娱戊又_{白读}悟恶_{可恶}

t〔ˇ〕都_{都城}都_{都是}〔ˋ〕堵赌肚_{牛肚、猪肚}〔ˇ〕□_{嘟嘴}

tʰ〔ˇ〕肚_{肚子}〔ˋ〕屠途涂图徒〔ˋ〕土〔ˋ〕吐兔〔ˇ〕度渡镀炉杜

n〔ˋ〕语_{出现在"语文、语言"等中}〔ˋ〕奴〔ˋ〕努语_{文读}〔ˇ〕怒

l〔ˋ〕镙_锈卤漱_{含水漱口，训读}〔ˋ〕卢炉庐如_{文读}芦鸬虏儒〔ˋ〕鲁辱_{文读}橹_{文读}汝_{文读}〔ˋ〕露_{露水}〔ˇ〕路露_{露出}赂

ts〔ˋ〕租〔ˋ〕祖阻组

tsʰ [丶] 粗初 [丿] 锄 [丿] 楚_{清楚}础 [丶] 醋_楚楚_{楚国} [⼂] 助

s [丶] 苏蔬酥枢漱_{文读} [丿] 数_{名词}所_{文读} [丶] 素所_{白读}数_{动词}

ʧ [丶] 诸居车_{车马炮}诛朱珠拘蛛株驹 [丿] 举主矩 [丶] 著驻注句剧据蛀铸 [⼂]

ʧʰ [丶] 柱竖_{动词、竖起}区趋驱 [丿] 除厨橱雏瞿渠 [丿] 储 [丶] 处_{处所、处理} [⼂] 巨拒距住俱具惧拄就_{白读}

ʃ [丶] 舒虚嘘输竖_{形容词} [丿] 殊 [丿] 暑许署 [丶] 墅庶 [⼂] 树

k [丶] 姑孤箍估 [丿] 跍＝ [丿] 古鼓牯股 [丶] 故固雇顾 [⼂] 跍＝_{蹲缩在某处。为的四声别义现象}

kʰ [丶] 枯 [丿] 苦 [丶] 库 [⼂] 跍＝_{蹲缩在某处。为四声别义现象}

a

p [丶] 巴芭疤 [丿] 把_{介词} [丶] 霸坝把_柄爸

pʰ [丶] □_{为某事而奔波、劳累。与双手抓住某物往前攀登有关} [丿] 爬琶杷耙□_{手～：农民外出劳动擦汗时用的白色长布} [丶] 怕 [⼂] 罢粺□_{走路呈外八字状，似鸭、鹅}

m [丶] 妈_{文读}马 [丿] 麻瘌蟆□_{似鸭鹅般走路，呈外八字状} [丶] 骂 [⼂] □_{密集、满当}

f [丶] 花 [丿] 华_{中华、姓氏}划_{划船、划算}桦 [丶] 化 [⼂] 画

v [丶] 哇洼蛙 [⼂] 话

t [丿] 打□_{额头突出。□脑：额头突出（的人）}

tʰ [丶] 他_{文读}

n [丶] 拿惹 [丿] □_{腻、厌烦} [丶] 哪哪＝_{只、只有}

l [丶] 拉_{拉屎。拉东西的"拉"读[lai丶]}

ts [丶] 渣抓楂炸_{轰炸、爆炸} [丶] 榨诈乍炸_{油炸、文读}

tsʰ [丶] 叉差杈 [丿] 茶搽查茬 [丶] 岔 [⼂] □_{□扫（竹扫把）；或用（竹）扫把往外扫}

s [丶] 沙纱莎杉_{白读一} [丿] 洒_{文读}傻_{文读}耍_{文读} [丶] 晒厦_{大厦、文读}

ʧ [丶] 遮 [丿] 者 [丶] 蔗 [⼂] □_{沿着、顺着}□_{躲在某处出现以吓人时，突然发出的叫声}

ʧʰ [丶] 车 [丿] □_{手残、脚残。可能为"据"的同族词。} [丿] 扯 [丶] □_{挠痒、搔痒} [⼂] □_{跨、迈}

ʃ [丶] 赊社_{社日。社公：社神} [丿] 蛇 [丿] 舍_{舍得}鼠薯 [丶] 赦_{文读}舍_{宿舍} [⼂] 社_{文读}射麝

k [↘] 家加瓜佳痂_{文读}嘉 [↗] 假_{真假}寡贾_{姓氏} [↘] 架嫁价卦褂假_{放假}驾稼_{文读}尬挂 [↗] □_{~~:鸡蛋、蛋状物}

k^h [↘] 夸跨□_{掐脖子} [↘] 垮

ŋ [↘] 丫_{张开嘴等} [↗] 牙芽衙伢涯_{文读}崖_{文读} [↗] 雅瓦 [↘] 亚_{亚洲}□_{硬塞东西给别人} [↗] 砑_{塞、塞住}

h [↘] 下_{下来、下面} [↗] 虾_{不单念。在"虾公"里念此音} 霞 [↘] □_{往手指上哈气,然后略吱别人使人痒} [↗] 厦_{厦门}下_{脚下、桌下}夏_{夏天;姓氏}

Ø [↗] 哑鸦_{鸦鹊:大喜鹊}

ia

p [↗] □_{拟声词。人、动物大便时的声音}

p^h [↘] □_{拟声词。响亮清脆的落物声或击打声}

m [↘] 摸_{摸。动作慢}

f [↘] □_{浪费完、浪费使得化为乌有}

v [↘] 挖_{白读}掩

t [↘] 爹 [↗] 嗲

t^h [↗] 提_{提东西}

ts [↘] □_{叽叽喳喳的尖叫声} [↗] 姐 [↘] 借

ts^h [↘] □_{拟声词。敲击铙钹发出的声音。铙钹叫作"□子"} [↗] 斜 [↗] 且 [↘] 笡_斜 [↗] 谢_{姓氏}

s [↘] 些奢 =_{伸开、张开(手、脚)} [↗] 邪 [↗] 写 [↘] 泻 [↗] 谢_{谢谢}

Ø [↘] 丫_{文读}野 [↗] 爷耶_{文读} [↗] 也 [↗] 夜

o

p [↘] 波菠播玻坡 [↘] 簸

p^h [↗] 颇_{文读} [↗] 婆 [↘] 破

m [↘] 摸_{文读} [↗] 魔磨_{动词}摩 [↗] 磨_{名词}

f [↗] 和_{文读} [↗] 火 [↘] 货获 [↗] 和_{和面}祸

v [↘] 窝倭_{文读}蜗_{文读} [↗] 禾

t [↘] 多 [↗] 朵躲 [↗] □_{(沉重导致)往下垂}

tʰ ［↘］ 拖 ［↗］ 陀驮驼 ［↗］ 妥椭 ［↗］ 惰舵唾_{文读}

n ［↗］ 挪 ［↗］ 糯

l ［↘］ 啰 ［↗］ 罗锣箩萝螺腡骡_{文读} ［↗］ 裸_{文读} ［↘］ 裸_{"裸体"中读此音} ［↗］ 㩟□_{下垂用棍棒横击}

ts ［↗］ 左佐 ［↘］ 做

tsʰ ［↘］ 搓_{文读} 坐 ［↘］ 搓_{白读} 错矬锉措 座_{名词} ［↗］ 座_{动词。把钵、罐等放在座架上煮;(被迫)接受,受下}

s ［↘］ 蓑梭唆 ［↗］ 锁琐

ʦ ［↘］ □_{把柴火绕圈扎起;外地人学本地话学得不像,叫"~声"} ［↗］ □_{水、血大量滴下的样子。如水~~落}

ʦʰ ［↘］ □_{水、血等大量滴下} ［↗］ 茄瘸 ［↘］ □_{滑倒。往锅里倒少量水}

ʃ ［↘］ 靴□_{囫囵吸入、吃入} ［↘］ □_{用巴掌扇脸、打脑袋}

k ［↘］ 哥歌锅 ［↗］ 果裹馃 ［↘］ 过

kʰ ［↘］ 科窠棵颗□_{用锄头等往外耙东西} ［↗］ 可 ［↘］ 课 ［↗］ □_{拟声词。咳嗽声}

ŋ ［↗］ 鹅蛾俄讹_{文读} ［↘］ □_{傻、蠢} ［↗］ 饿卧

h ［↘］ □_{拟声词。驱赶家畜的声音} ［↗］ 何河荷 ［↗］ 贺

ø ［↗］ □_{语气词。表示意外、惊讶} ［↘］ 哦_{表示领悟、明白}

io

s ［↗］ □_{眯着眼斜瞥}

ø ［↘］ □_{质量差。能力差}

ie

p ［↘］ 癙_{文读} ［↘］ □_{耗费、浪费精力。~神气浪费精力}

pʰ ［↘］ 批_{白读}

m ［↘］ □_{修饰词,表程度深。~黑、~乌} ［↘］ □_{形容眼睛无神}

f ［↘］ 肺 ［↗］ 疿_{泼、洒}

v ［↘］ 挖_{又读}

t ［↘］ 低 ［↘］ 底抵 ［↗］ □_{撒娇}

tʰ ［↘］ 弟 ［↘］ 啼 ［↘］ 替剃

n ［↗］ 鱼 ［↗］ 女

l ［↘］咧_{伸舌头}□_{咱们去}　［↗］驴犁　［∨］滤

ts ［↘］祭

ts^h ［↘］蛆　［↗］齐　［∨］砌_{文读}

s ［↘］西_{白读}絮_{水藻}□_{朝某人扔东西，或引申为打人}　［↗］洗　［↘］细岁嗦婿

ʧ ［↘］猪佢_他栀_{"黄栀子"里念此音}　［↗］□_{~板；纠缠，难缠}　［↗］煮

ʧ^h ［↘］芒溪_{较少用}箸_{用于"箸笼(筷子笼)"}　［↗］扯_{又读}

ʃ ［↘］书墟　去_{语气词，相当于了2}　［↗］什_{什么。读音一}　［↘］去_{动词}　［↗］
□_{厚着脸皮或不知耻地求某人}

k ［↘］锯_{名词、动词}　［↗］□_{蜷着、曲着脖子。~起股颈；曲着脖子。可能同"据"有关}

k^h ［↘］□_{揩，擦。接触面较大}

ŋ ［↗］□_{揩，擦、蹭。接触面较大}

ø ［↘］□_{叹词。表高兴}　［↗］□_{纠缠于某事，不爽快。~鳖；纠缠}

iu

p ［↘］□_{拟声词。开枪(或水枪)射击的声音}

p^h ［↘］□_{拟声词。开枪(或水枪)射击的声音}

m ［↘］□_{拟声词。模仿猫叫}　［↗］谬_{文读}

t ［↘］丢

t^h ［↘］偷　［↘］头　［↗］豆逗_{逗号}

l ［↘］溜　［↘］流留刘硫榴琉馏　［↗］柳缕_{文读}铝_{文读}吕_{文读}　［↘］旅铝_{口语}
吕_{口语}□_{诱、骗}　［↗］虑漏

ts ［↗］酒　［↘］□_{涝，深深渗透。落~雨；下连阴雨。潜水。钻~汤；潜水}　［↗］□_{拧、扭}

ts^h ［↘］秋　［↗］取娶　［↘］趣　［↗］聚就袖骤_{文读}

s ［↘］须需修羞　［↗］徐囚□_{慢慢往上爬。可能是"徐"的活用}　［↘］秀绣锈_{文读}　［↗］
序叙绪遂

ʧ ［↘］□_{拟声词。开枪(或水枪)射击的声音}

ø ［↘］淤吁迂　［↗］余于愉於馀愚虞娱盂榆　［↘］与宇禹羽　［↗］预
遇喻逾誉豫寓愈

ai

p ［↗］□_{折断、掰断}　［↗］摆跛　［↘］拜　［↗］□_{崴脚。可能是"跛"的四声别义现象}

pʰ 〔↘〕派口打~：物体失去平衡。lai51lai-31~~：人、物失去平衡 〔↗〕排牌 〔↑〕败

m 〔↘〕买 〔↗〕埋 〔↑〕卖

f 〔↗〕槐淮怀文读

v 〔↘〕歪口"号（哭）"的变音词，因忌讳而说 〔↗〕怀白读

t 〔↘〕呆 〔↗〕戴带

tʰ 〔↘〕拖白读口展开衣服漂洗、投洗 〔↗〕口展开衣服漂洗、投洗口撒开手全身放松 〔↘〕态太泰 〔↑〕大

n 〔↘〕口慢，磨蹭。可能与"菱"有关 〔↗〕奶文读乃文读 〔↘〕奶口语乃口语 〔↗〕泥 〔↑〕耐奈

l 〔↘〕口伸舌头 〔↗〕口躺下口忘记口遗尿、遗屎 〔↘〕俫男孩癞㾦~子：疥疮赖姓氏 〔↑〕赖耍赖

ts 〔↘〕灾斋 〔↗〕宰载年载。文读 〔↘〕债再载年载。口语

tsʰ 〔↘〕猜钗差口~面：揉面 〔↗〕彩采踩睬 〔↘〕蔡

s 〔↘〕筛腮 〔↗〕豺柴 〔↘〕赛率蟀帅 〔↑〕口lai35~：办事拖拉

tʃ 〔↘〕鸡系~鞋带 〔↗〕口白粉虱，菜叶上的小虱子 〔↘〕契地契等。结拜的亲戚

tʃʰ 〔↑〕睡

ʃ 〔↘〕舐口~气：愚蠢 〔↘〕世口~taŋ324：愚蠢 〔↑〕畦—列（宽度六七株）禾苗 口厚着脸皮不知耻地干某事

k 〔↘〕阶街皆乖 〔↗〕解解释拐 〔↘〕介界届戒怪芥疥

kʰ 〔↘〕荷挑东西揩 〔↗〕楷蟹 〔↘〕快筷械

ŋ 〔↘〕我 〔↗〕捱 〔↘〕艾

h 〔↘〕嗨叹气声 〔↗〕鞋孩 〔↘〕嗨叹气声 〔↑〕口给、拿给

ø 〔↘〕挨 〔↗〕矮口掰、折、拗 〔↘〕隘

ɔi

p 〔↘〕诶戏弄、玩弄 〔↘〕背褙糊裱窗户、涂抹墙壁等

pʰ 〔↘〕坯背背诵。白读 〔↗〕赔 〔↑〕吠

m 〔↘〕霉白读 〔↗〕媒口抹、抹墙 〔↘〕妹 〔↑〕口用屁股磨、蹭

f 〔↘〕灰 〔↑〕坏

v 〔↘〕煨口向某处、某人扔去

t 〔↘〕碓对_{白读}

tʰ 〔↘〕胎推_{白读} 〔↗〕台苔腿抬_{文读} 〔↘〕退_{白读} 〔↑〕贷待代袋_{名词}怠_{文读}殆_{文读}袋_{活用为动词,含贬义}

n 〔↗〕□_{揉、搓痛处}

ts 〔↘〕栽 〔↗〕载_{装载、装}

tsʰ 〔↘〕□_{怀揣}□_{踹、蹬} 〔↗〕才材财裁 〔↘〕菜 〔↑〕在寨

s 〔↘〕摔_{文读}帅_{文读}

tʃ 〔↘〕嘴

ʃ 〔↘〕税

k 〔↘〕该 〔↗〕改 〔↘〕盖概_{文读。概率}丐_{文读}

kʰ 〔↘〕开 〔↗〕慨溉凯概_{文读。大概} 〔↘〕会_{会计}

ŋ 〔↘〕外_{外婆} 〔↑〕碍外_{外面}

h 〔↗〕海 〔↘〕娭_{玩、嬉戏} 〔↑〕害亥骇

ø 〔↘〕□_{应答之词} 〔↘〕爱

ei

p 〔↘〕杯悲辈□_{接吻。与"吻"为同族词} 〔↘〕贝背_{背负}

pʰ 〔↘〕背_{背诵。文读}呸 〔↗〕培陪肥裴_{文读} 〔↘〕佩沛配 〔↑〕倍

m 〔↘〕每尾_{尾部、末尾,尾巴,也读mi51} 〔↗〕梅煤枚霉_{文读} 〔↑〕谜昧_{文读}寐_{文读}

f 〔↘〕恢_{文读} 〔↗〕回茴还_{还是、还要} 〔↗〕悔_{文读} 〔↘〕悔_{词语中读此音} 〔↑〕汇会_{开会}绘晦

v 〔↘〕喂_{打招呼、呼喊} 〔↑〕会_{会不会}

l 〔↗〕来_{来去}黎_{姓氏。白读} 〔↘〕来_{语气词,相当于"呢""啊"}

k 〔↗〕嗰_那 〔↘〕个

h 〔↘〕嘿_{招呼声、呼喊声} 〔↑〕係_是

tʃʰ 〔↘〕□_{轰赶狗的声音} 〔↑〕□_{疑问词,可引起正反问}

ø 〔↘〕□_{招呼声、呼喊声、应答声} 〔↗〕□_{突然醒悟发出的声音}

ui

t 〔↘〕堆_{文读} 〔↘〕对_{文读}兑

tʰ [↘] 推文读 [↘] 退文读 [↗] 队蜕文读

n [↗] 馁文读 [↗] 内文读

l [↘] 娄白读。较古老 □滚、滚动 [↗] 雷儡 [↗] 累累计。文读屡文读,单念 蕊垒 [↘] 屡词语中的读音 [↗] 累很累类泪芮锐

ts [↘] 锥 [↘] 最醉文读缀

tsʰ [↘] 催崔炊 [↗] 随白读二 [↘] 脆翠 [↗] 罪

s [↘] 虽衰鳃 [↗] 随文读绥 [↘] 髓 [↘] 碎粹白读 [↗] 隧穗文读

tʃ [↘] 追

tʃʰ [↘] 吹 [↗] 锤槌垂 [↗] 坠

ʃ [↗] 谁文读 [↗] 水 [↗] 瑞

k [↘] 规龟归圭闺 [↗] 鬼轨诡 [↘] 桂贵鳜

kʰ [↘] 盔亏窥 [↗] 魁葵逵奎癸 [↗] 跪傀文读,单念 [↘] 块傀词语中的读音 [↗] 愧柜溃刽桧

ŋ [↗] 危 [↗] 魏

ɔŋ

p [↘] 包胞抱褒 [↗] 保堡宝饱豹词语"豹虎子"中读此音 [↘] 报爆爆胎、爆裂

pʰ [↘] 泡水泡抛 [↗] 刨袍浮白读 [↗] 跑 [↘] 炮泡浸泡 [↗] 暴菢曝爆爆炸

m [↘] 毛 [↗] 无茅矛 [↗] 卯 [↗] 冒帽貌

v [↗] 嚎哭

t [↘] 刀叨 [↗] 倒倒下岛祷 [↘] 倒倒立到

tʰ [↘] 滔涛 [↗] 桃逃淘陶掏萄 [↗] 讨 [↘] 套导白读 [↗] 稻道盗

n [↗] 挠饶 [↗] 脑恼 [↘] □(抬头)看 [↗] 闹绕白读尿□~死:毒死。~药:毒药

l [↘] 捞文读□用手拢、扫拢;或用手抓回、捞回物体 [↗] 劳牢唠捞白读 [↗] 老扰 [↘] 颣稀疏、间距大 [↗] 涝绕文读□用棍子击、打

ts [↘] 糟遭糟 [↗] 早枣爪找虿澡 [↘] 灶罩躁

tsʰ [↘] 操抄钞 [↗] 曹槽巢□(花草)蔫、萎缩 [↗] 草炒吵 [↘] 糙□用力推、掀 [↗] 造皂

s [↘] 臊稍骚梢捎 [↗] 扰捞 [↗] 嫂 [↘] 扫哨 [↗] 滧□游荡、逛

ʧ ［＼］ 朝_{明朝:明天}招沼骄浇昭娇缴饺_{"饺子"中读此音} ［↗］ 饺_{文读,单念} ［＼］ 照叫

ʧʰ ［＼］ 超撬□_{~天:聊天} ［↗］ 潮朝桥乔侨 ［＼］ 翘窍俏 ［↗］ 赵兆轿

ʃ ［＼］ 烧 ［↗］ 韶 ［↗］ 少晓 ［＼］ 少 ［↗］ 召绍

k ［＼］ 高膏糕膏交胶教_{动词}篙羔蒿郊 ［↗］ 稿搞搞□_玩绞狡铰搅 ［＼］ 告教_{名词}较觉窖校_{校对}

kʰ ［＼］ □_{狗吠、狗叫}□_{~手【脚】:交叉着手【脚】} ［↗］ 考烤 ［＼］ 靠敲

ŋ ［＼］ 咬 ［↗］ 熬 ［＼］ □_{抬头、仰头} ［↗］ 傲

h ［↗］ 毫豪壕 ［↗］ 好_{~坏} ［＼］ 好_{应答、认同} ［↗］ 好_{爱~}耗浩号孝校_{~长}效酵

ø ［＼］ 袄 ［↗］ 拗_{对折、掰} ［＼］ 奥澳坳懊

iɔi

p ［＼］ 标彪膘 ［↗］ 表 ［＼］ 俵_{分发}

pʰ ［↗］ 瓢嫖 ［＼］ 票漂

m ［↗］ 苗描 ［↗］ 秒 ［＼］ 猫 ［↗］ 庙妙

t ［＼］ 刁雕貂雕鸟_{鸟儿}刁_{聪明} ［↗］ 鸟_{交媾}□_{悬起手脚。(蚂蚁)悬起尾巴} ［＼］ 吊钓调_{调查}藋

tʰ ［＼］ 挑 ［↗］ 条调 ［＼］ 跳粜 ［↗］ 掉调掉_{摇尾巴、摇头}

l ［＼］ 撩 ［↗］ 疗辽聊僚 ［↗］ 了_{了结} ［＼］ 尥 ［↗］ 廖料

ts ［＼］ 焦蕉椒 ［↗］ 剿□_{绞住、抓住头发、衣服等的末端}

tsʰ ［＼］ 锹缲_{~裤脚}悄 ［↗］ 瞧 ［↗］ 巧 ［↗］ 噍

s ［＼］ 消宵硝销肖萧嚣箫 ［↗］ 小 ［＼］ 笑

ø ［＼］ 妖邀腰要_{~求}妖幺_{老~}吆 ［↗］ 摇谣姚窑肴 ［↗］ 舀 ［＼］ 要 ［↗］ 耀跃鹞

eɯ

m ［＼］ 亩牡 ［↗］ 谋 ［↗］ 某 ［↗］ 茂贸

f ［＼］ 浮_{白读2} ［↗］ 否_{文读} ［＼］ 否_{词语中读此音}

t ［＼］ 兜 ［↗］ 斗_{量词}陡抖 ［＼］ 肘_{~踭:胳膊肘}斗_{~争}□_{拼凑}

tʰ [↘] 敨~气:呼吸 [↗] 投 [↘] 透

n [↗] 牛 [↗] 纽扭~动、拧人 [↘] 丑丑的误读,指脾气、质量等差 [↑]
陌扭扭动。含贬义。"扭"的四声别义现象

l [↘] 搂掏、抠 [↗] 楼柔 [↗] 篓文读搂搂抱 [↑] 陋

ts [↘] 邹 [↗] 走 [↘] 奏皱绉

tsʰ [↘] □揪住□~水:掺水 [↗] 凑吃碗~:再吃一碗 [↘] 凑~数。吃碗~:再吃一碗

s [↘] 搜馊飕 [↗] 愁 [↘] 嗽瘦 [↑] □撕

tʃ [↘] 周舟州洲究纠文读□疑问词,引起正反问句。表示有没有干某事 [↗] 九久韭 [↘]
昼救

tʃʰ [↘] 抽舅 [↗] 绸筹仇求球稠酬 [↘] 臭 [↑] 宙旧

ʃ [↘] 收丘休 [↗] 仇 [↗] 手首守朽 [↘] 兽嗅 [↑] 受寿授售

k [↘] 勾钩沟鸠纠 [↗] 狗苟 [↘] 够构购

kʰ [↘] 抠眍 [↘] 扣叩寇

h [↘] 厚 [↗] 侯喉猴□贪,想得到 [↗] 口吼 [↑] 后候

ø [↘] 欧 [↗] 藕文读偶文读呕殴文读 [↘] 藕词语里读此音偶词语里读此音沤怄

ieɯ

ø [↘] 有优忧悠幽 [↗] 油游尤邮由犹 [↗] 酉文读,单念友文读,单念 [↘]
幼酉词语中的读音友词语中的读音 [↑] 又文读右佑柚

am

f [↘] 帆 [↗] 凡 [↑] 泛范犯

t [↘] 耽担_~□倒下、坍塌 [↗] 胆 [↑] □垂下、奋拉下来

tʰ [↘] 贪探伸手往前够物淡 [↗] 潭坛谈痰 [↗] 毯 [↘] 探~索

n [↘] 染拈 [↗] 南男黏粘严鲇 [↑] 验念

l [↘] 揽 [↗] 蓝篮 [↗] 览榄缆 [↑] 滥

ts [↘] 鸪鸡(鸟)啄人 [↗] 斩 [↘] 站~立

tsʰ [↘] 参参谋搀□前蹄蹄起。双手撑在某处 [↗] 蚕惭谗馋 [↗] 惨 [↘]
杉白读二,较古老 [↑] 暂錾赚站车站

s [↘] 三杉文读衫

ʧ［⟍］沾沾沾自喜兼瞻占~卜［⟋］检白读二［⟍］舰占~领剑

ʧʰ［⟍］谦［⟋］钳蟾文读［⟍］槛欠歉［⟋］渐文读~俭

ʃ［⟍］□侧眼怒视 闪抱小孩时,小孩腰往后倒［⟋］嫌衔文读［⟋］闪文读 险陕

［⟍］闪词语里读此音

k［⟍］监尴［⟋］减碱检白读一

kʰ［⟍］□水位低,水不满。本字可能为"歉"［⟋］砍文读,单念［⟍］嵌砍词语里读此音

ŋ［⟋］岩［⟋］撼

h［⟍］□缸。以阳谈部通转考察,本字为"缸"［⟋］咸［⟋］喊文读［⟍］喊白读［⟋］陷馅

ø［⟍］□沙子等尖锐物硌脚

iam

t［⟋］点［⟍］店

tʰ［⟍］添［⟋］甜［⟋］舔文读

ts［⟍］尖蘸櫼名词、动词

tsʰ［⟍］签□偷看［⟋］潜［⟋］渐文读二

ø［⟍］淹阉掩腌文读［⟋］炎盐檐阎［⟍］厌艳［⟋］敉撒、散

ɔm

k［⟍］甘柑泔［⟋］感敢橄

kʰ［⟍］堪龛勘［⟍］坎田坎

h［⟋］含文读函

ø［⟍］庵［⟍］暗

em

t［⟋］□碰到、遇到

ts［⟍］葚桑~、拐枣(鸡爪连)等

s［⟍］森参人参［⟍］渗

ʧ［⟍］针今金针斟禁耐穿襟□用骨关节敲打头部［⟋］枕锦［⟍］禁~止

ʧʰ［⟍］钦［⟋］沉琴禽擒

ʃ [˥˩] 深 [˧˩] 什~么 [˧˩] 沈审婶 [˥] 甚~至k [˧˩] □盖、盖住

kʰ [˥˩] □以头撞地

h [˧˩] 含白读

ø [˥˩] 揞

iem

p [˧˩] 贬

l [˥˩] □把东西收敛好后，往别处搬 [˧˩] 廉镰帘 [˧˩] 敛文读

ts [˥˩] □踮脚 □~水：开水、沸腾的水

ø [˥˩] 音阴荫 [˧˩] 淫吟 [˧˩] 饮文读。单念 [˥˩] 饮词语里读此音 [˥] 纫文读任白读

im

p [˧˩] 禀

pʰ [˧˩] 品

l [˧˩] 林淋临

ts [˥˩] 浸

tsʰ [˥˩] 鋟低头。低着头乱闯 侵 [˧˩] 寻 [˧˩] 寝 [˥˩] 鋟低着头乱闯。为"鋟"的四声别义现象

s [˥˩] 心

an

p [˥˩] 班扳颁扮斑 [˧˩] 板版 [˥˩] 办文读

pʰ [˥˩] 攀襻□把物体摔打在硬物上 [˥˩] 盼 [˥] 办白读~饭

m [˧˩] 蛮馒 [˥] 慢漫幔熳汗垢、汗泥

f [˥˩] 翻番 [˧˩] 环烦矾繁 [˧˩] 反 [˥] 幻白读

v [˥˩] 弯湾鯇 [˧˩] 还还钱 [˧˩] 晚文读 [˥˩] 腕□挂、挂着 [˥] 万

t [˥˩] 丹单 [˧˩] 掸文读 [˥˩] 旦□用清水炆 [˥] □弹绷紧的线、琴弦等

tʰ [˥˩] 滩摊 [˧˩] 檀坛弹动词 [˧˩] 坦文读。单念 [˥˩] 叹炭坦词语里的读音 [˥] 但弹名词蛋诞

n [˥˩] 蔫研"研究"读此音 [˧˩] 难形容词言年元原源 [˧˩] 碾 [˥˩] □乳房、奶汁

[ˋ] 难名词愿

l [ˋ] 懒□口水 [ˊ] 兰拦栏 [ˋ] 烂

ts [ˊ] 盏展 [ˋ] 赞

tsʰ [ˋ] 餐 [ˊ] 残 蝉文读 禅文读 [ˊ] 铲产 [ˋ] 灿□调皮、乖戾

□皮肤病导致皮肤呈鳞状。闪闪发光。本字可能为"灿"

s [ˋ] 珊山删疝 [ˊ] 散松~伞 [ˋ] 散~伙

tʃ [ˋ] 捐肩绢毡 [ˊ] 茧笕卷试~、~席子 [ˋ] 战建见束眷券

tʃʰ [ˋ] 牵圈 [ˊ] 缠蝉禅权拳乾颧 [ˊ] 遣犬 [ˋ] 劝□踩踏、践踏 [ˋ] 缠件键健倦腱

ʃ [ˊ] 贤舷弦唇 [ˊ] 显文读,单念 [ˋ] 扇名词、动词 显词语里读音 扇植~下去(撑饭),~进去(把楔子、木桩等打进去) [ˋ] 苋羡善宪现献膳

k [ˋ] 艰间奸坚关 [ˊ] 简拣 [ˋ] 惯涧和、与。可能为"间"的四声别义现象

ŋ [ˊ] 颜顽 [ˊ] 眼 [ˋ] □咽饭、吃饭。有往下积、压的意思。含贬义 □积蓄力量用拳头打人 [ˋ] 岸

h [ˊ] 闲 [ˋ] 限

Ø [ˋ] 晏迟了□沤、腌东西,可用石头压着

ian

t [ˊ] 典 [ˋ] 垫读音一。阳声韵

tʰ [ˋ] 垫读音二。阳声韵

ts [ˋ] 荐□~ni31:脊盖

tsʰ [ˋ] 迁 [ˊ] 浅 [ˋ] 践

Ø [ˋ] 烟焉 [ˊ] 然燃延沿萤 [ˊ] 演文读,单念 衍文读,单念 [ˋ] 演词语里读音 衍词语里读音 堰宴燕雁砚 [ˋ] 谚

ɔn

p [ˋ] 搬般 [ˋ] 半

pʰ [ˋ] 潘伴拌藩 [ˊ] 盘 [ˋ] 判叛贩盼 [ˋ] 办白读二

m [ˊ] 瞒 [ˊ] 满

f [ˋ] 欢 [ˊ] 缓桓 [ˋ] 唤患幻文读宦

v 〔↘〕□抱、捧 〔↗〕完 〔↗〕碗挽 〔↘〕腕 〔↗〕换

t 〔↘〕端 〔↗〕短长短。文读 断拦截 〔↗〕锻断料定 □一截一截砍断 □阶梯,石阶等

tʰ 〔↘〕断~了 〔↗〕团 〔↗〕段缎

n 〔↘〕暖软

l 〔↗〕卵男阴 〔↘〕□旋转着砍断小木棒 〔↗〕乱

ts 〔↘〕钻~孔、~洞 〔↗〕纂纂秆:扎稻秆 〔↘〕钻~子

tsʰ 〔↘〕佘蹲吮白读 〔↗〕喘 〔↘〕窜 〔↗〕贱□动物的毛发旋

s 〔↘〕酸拴闩 〔↗〕算蒜

ʧ 〔↘〕专砖 〔↗〕转文读 〔↘〕转词语里读此音

ʧʰ 〔↘〕川穿 〔↗〕传~送 〔↘〕串 〔↗〕传~记转~圈圈

ʃ 〔↗〕船

k 〔↘〕干肝竿冠鸡冠等杆官棺观~看 〔↗〕秆赶管馆杆擀 〔↘〕干~部贯观道观灌罐冠

kʰ 〔↘〕宽刊 〔↗〕款 〔↘〕看

ŋ 〔↘〕研碾压人体 〔↗〕研碾压物品

h 〔↘〕旱 〔↗〕寒韩 〔↘〕汉 〔↗〕汗焊翰

ø 〔↘〕安鞍 〔↘〕按案

en

p 〔↘〕奔 〔↗〕本 〔↘〕粪

pʰ 〔↘〕喷 〔↗〕盆 〔↘〕□(野)猪拱地 〔↗〕份~子:分内的东西 份分一份。活用□~唔动:笨拙走不动

m 〔↘〕蚊 〔↗〕门 〔↘〕问白读 〔↗〕闷

f 〔↘〕分芬昏婚纷荤 〔↗〕坟魂焚 〔↗〕粉 〔↘〕奋 〔↗〕愤份文读

v 〔↘〕分温瘟 〔↗〕浑白读一文纹闻 〔↗〕稳吻 〔↘〕浑白读一 〔↗〕问文读□抱住、搂住

t 〔↘〕□笨、笨拙

tʰ 〔↘〕□渗透

n 〔↗〕人银 〔↗〕忍 〔↗〕韧

l 〔↗〕凌(慢慢伸进)掏

ts ［乀］盏鸡罩。用鸡罩罩住。鸡罩 像倒着的"杯盏",活用作动词

ts^h ［丶］扺用力压住、抓住 ［乀］□到达顶点,程度深。累~呃,晒~呃

tʃ ［乀］珍臻真巾斤贞均君军侦 ［乀］诊紧仅疹谨 ［丶］镇振震

tʃ^h ［丶］近 ［乀］勤芹菌群裙陈尘 ［丶］趁 ［ㄱ］阵~阵、伙伴 勤勤快、勤劳□用力拽下、拉下

ʃ ［乀］身申伸 ［乀］神辰晨臣 ［ㄱ］肾慎

k ［乀］跟根筋 ［乀］□筋脉突起。因发怒而暴起

k^h ［乀］垦恳

h ［乀］痕 ［乀］很 ［丶］□手脚因接触蛇毒、蜘蛛毒等而肿起来 ［ㄱ］恨

Ø ［丶］恩

ien

p ［丶］鞭边辫编文读 ［乀］扁匾 ［乀］变

p^h ［丶］编白读篇偏蝙 ［乀］便~宜 ［丶］骗遍_片 ［ㄱ］辩辨便~利遍~地

m ［丶］免白读 ［乀］绵棉眠 ［乀］免文读 ［丶］面脸、表面 ［ㄱ］面~条、~粉

f ［丶］掀 ［乀］悬玄

v ［丶］冤渊 ［乀］丸圆员缘袁园援铅铅笔 ［乀］远 ［丶］怨 ［ㄱ］ 院县较老的读音

t ［丶］颠癫 ［乀］典读音二

t^h ［丶］天 ［乀］田填 ［乀］腆 ［ㄱ］电殿佃奠

l ［乀］连联怜莲 ［ㄱ］练炼链恋楝□踩、踏

ts ［丶］煎 ［乀］剪 ［丶］箭荐溅

ts^h ［丶］迁千铅金属 ［乀］钱前全泉虔捐 ［乀］浅

s ［丶］仙鲜先宣喧轩 ［乀］涎旋旋转 ［乀］癣选 ［丶］线 ［ㄱ］县文读

Ø ［丶］因姻殷引"引线、引过来"念此音 ［乀］寅 ［乀］引文读隐文读瘾 ［丶］印 洇隐词语中读此音

in

p ［丶］宾冰兵彬槟殡 ［乀］丙秉 ［丶］并合并

p^h ［丶］拼 ［乀］贫频苹凭凭借评瓶萍 ［丶］聘 ［ㄱ］并向……靠拢

m [˦] 民闽鸣铭 [˦] 敏文读皿 [˩] 敏词语中读此音

f [˩] 勋□身上抽打或划过的痕迹 [˩] 训□甩手、甩脱

v [˩] 晕允"允许"中读此音 [˦] 匀云耘 [˦] 允文读永词语中读此音 [˥] 闰韵
运孕润

t [˩] 登订灯白读 [˦] 等鼎 [˩] 凳

tʰ [˩] 汀 [˦] 藤亭停庭廷蜓 [˦] 艇挺文读 [˩] 挺互相挺推脱、耗费功夫
[˥] 邓定白读—

l [˩] 领~东西 [˦] 鳞邻陵灵文读龄磷凌文读 [˦] 领文读 [˥] 令另

ts [˩] 津精晶 [˦] □不停地、一直干某事 [˩] 进晋俊郡靖文读

tsʰ [˩] 亲清文读青文读靖文读 [˦] 秦情□疑问词，问是否曾经做过某事 [˥] 尽
静净文读

s [˩] 辛薪新欣馨 [˦] 询旬循巡 [˦] 笋桦 [˩] 信讯训文读—性文读
[˥] 迅

un

t [˩] 敦墩蹲 [˦] □拦截 [˩] 顿—顿顿踩脚

tʰ [˩] 吞 [˦] 豚臀屯囤 [˥] 盾钝遁□停滞不前

n [˦] □捻 [˥] 嫩

l [˦] 伦轮仑沦 [˩] □慢慢吐出。偷偷地溜出 [˥] 论

ts [˩] 尊遵

tsʰ [˩] 村 [˦] 存蹲因肚子疼等慢慢下蹲 [˩] 寸□用力搓汗泥等

s [˩] 孙 [˦] 损文读 [˩] 损词语里读此音

t͡ʃʰ [˩] 春□石~：地皮癣(本字可能是"菌")

ʃ [˩] 熏 [˦] 纯醇 [˥] 顺舜瞬

t͡ʃ [˦] 准 [˩] 圳

k [˦] 滚□以物换物 [˩] 棍

kʰ [˩] 昆坤葷白读 [˦] 捆 [˩] 困

aŋ

p [˩] 绷捺拔、拉 □拟声词，撞击或爆炸声 [˦] □~~pi31 pi31：皮肤病或不卫生导致皮肤紧绷

不舒服□~汤:饭汤　[↗] 迸白读

pʰ　[↘] 抨用力打,击桌子等　[↗] 庞彭棚　[↘] 胖萝卜虚了、树木空心　[↗] □下陷、陷入
膨膨胀。塞满鬃

m　[↘] 孟长　[↗] 蒙白读　□否定词　[↘] □~係:不是　[↗] □扔、摔

f　[↘] □大幅度甩手,含贬义。用手掌甩人

v　[↘] □轰轰响　[↗] 横白读　[↗] □随意扔、摔

t　[↗] □垂下、飘荡　[↘] □tuŋ35 ~:糊涂

n　[↗] □迎迎接。举起　[↗] □短　[↘] □用力踢　[↗] □绊倒、绊住

l　[↘] □　□~子:佩戴的手圈、脚圈　□~水:沿着锅沿倒水。转圈、团团转　[↗] 铃　□环状物
□打~:狗交配

ts　[↘] 争踭脚跟、胳膊肘

tsʰ　[↘] 撑文读　[↗] 橙　□~伞:打伞　□光线刺眼　[↘] 撑白读　[↗] 郑
撑~饭。四声别义现象

s　[↘] 生牲甥　[↗] 省筲量米筒　[↘] □~席草:顿齐席草,挑出长的、高的那些

tʃ　[↘] 惊正~月　[↗] 颈整治理、修理、治病　[↘] 镜正刚、才

tʃʰ　[↘] 轻　[↗] 儆

ʃ　[↘] 声白读　[↗] 成白读城白读

k　[↘] 更打更庚粳羹白读耕□~婆:寡妇　[↗] 梗菜梗等　[↘] 梗搅拌。用渔网触碰着捞鱼
[↗] 梗绊倒。拌嘴。从中作梗

kʰ　[↘] □哽住、呛着　[↗] □拌嘴

ŋ　[↘] □砍　[↗] □~~叫:狗噤叫,像狗一样噤叫　[↗] 硬

h　[↘] 坑　[↗] 行走路茎(一)根

Ø　[↘] 罂罐子、瓶子

iaŋ

p　[↘] □拟声词。模仿射击声　[↗] 丙饼　[↘] 柄把儿屏藏、躲

pʰ　[↘] 坊—块地方、一片。白读　□拟声词。模仿射击声　[↗] 平坪　[↘] 平歪着脑袋等
[↗] 病

m　[↘] □掮~:蒙着眼捉迷藏　[↗] 明名　[↗] 命

f　[↘] 兄白读

t [˅] 丁疔钉钉＝扔、抛 [˄] 顶 [˩] □花生、豆子等撒种时种子放入某个窝

tʰ [˅] 听厅 [˩] 定白读二

l [˅] 冷白读 领领子 岭 [˄] 灵白读 零盈白读。轻 ~ 饭:轻松得钱的工作 [˅] □炫耀
[˩] □一垄(菜地) □把某人、某物抛在一边不管

ts [˅] 精白读睛 [˄] 井 [˅] □指声音刺耳

tsʰ [˅] 清青□拟声词,铙钹发出的声音 [˄] 晴 [˄] 请 [˩] 净白读

s [˅] 星腥 [˄] 醒 [˅] 姓

ø [˅] 影放映紊 [˄] 赢

ɯŋ

pʰ [˄] 朋 [˩] □碰到、靠着

m [˄] 盟萌 [˄] 猛文读 [˅] 孟文读猛词语里读此音

t [˅] 灯文读登文读□和、与 [˩] □用力拽、扯

tʰ [˅] □把某人力量、精力耗尽。挺翻别人 [˄] 腾誊

n [˄] 能凝文读宁 [˅] □大声喊叫。用力(挣脱、拉出大便等) [˩] 认

l [˅] 冷文读 [˄] 凌~冰

ts [˅] 砧砧板增曾筝睁文读 [˅] 甑□大声喊叫。用力(挣脱、拉出大便等)

tsʰ [˅] 睁白读 [˄] 层曾~经 [˅] 衬 [˩] 赠

s [˅] 僧□调皮、捣蛋 [˄] □发怒时露出牙齿,面目狰狞 [˄] 省 [˩] □撕、撕裂

ʧ [˅] 征蒸京鲸经迥白读 [˄] 劲文读景警整文读拯警 [˅] 境敬竞正政
证症劲文读。过劲:很棒、质量好

ʧʰ [˅] 称卿□调皮、乖戾 [˄] 乘文读程澄惩呈程成文读城文读诚 [˄] 逞
[˅] 秤庆 [˩] □澄清杂质、凝结□用力拽、扯

ʃ [˅] 升兴兴隆 [˄] 乘白读绳塍丞白读承行放~形刑型 [˄] 肯白读 [˅]
胜圣兴高~ [˩] 剩幸盛

k [˅] 庚文读耕文读 [˅] 更更好

kʰ [˄] 肯文读 [˅] □~ma35 地:刚好 [˩] □凝固、凝结

ŋ [˄] □发愣、发呆

h [˅] 哼□病痛导致的呻吟声 [˄] 恒衡□紧绷。轮胎气很满

iɯŋ

ø〔˅〕莺鹦樱英婴缨鹰仍~原引~线□和、与〔˄〕人"人情"中读此音迎文读仁花生~蝇营颖〔˅〕映应答~

ɔŋ

p〔˅〕帮邦〔˄〕榜绑〔˅〕棒

pʰ〔˄〕旁庞〔˅〕胖〔˥〕蚌傍□敲击渔鼓发出的声音

m〔˄〕忙芒茫亡盲岷虹□否定词〔˄〕莽蟒网往白读〔˥〕望白读~忘白读

f〔˅〕荒慌方芳〔˄〕簧皇凰妨房黄文读蝗肪防〔˄〕谎纺仿访〔˅〕放〔˥〕晃

v〔˅〕汪〔˄〕黄白读蟥王〔˄〕往文读〔˅〕枉词语中读此音〔˥〕旺忘文读妄望文读

t〔˅〕当当兵〔˄〕裆文读党挡〔˅〕当当铺裆词语中读此音〔˥〕荡飘荡、闲逛

tʰ〔˅〕汤盪漂洗、投、涮〔˄〕堂唐糖塘棠螳〔˄〕躺〔˅〕烫趟□滑倒〔˥〕宕错过

n〔˄〕囊娘瓤□抖动身子〔˅〕□吃肉腻〔˥〕让酿

l〔˅〕□涮碗〔˄〕郎廊狼螂〔˄〕朗壤攘嚷〔˅〕朗词语中读此音□晾衣服〔˥〕浪

ts〔˅〕赃脏庄装妆桩〔˅〕葬壮

tsʰ〔˅〕仓苍疮〔˄〕藏躲~床〔˄〕闯〔˅〕创闯词语中读此音〔˥〕状撞

s〔˅〕桑霜双文读〔˄〕嗓爽〔˅〕丧

tʃ〔˅〕张章樟疆姜僵缰〔˄〕长涨掌〔˅〕帐胀账障瘴仗杖□固执

tʃʰ〔˅〕丈昌倡腔白读框门框〔˄〕长~短肠场强〔˄〕厂文读〔˅〕畅厂词语中读此音唱〔˥〕长剩下

ʃ〔˅〕商伤上~去香乡〔˄〕常尝偿〔˄〕赏享响〔˅〕向〔˥〕尚上~高：上面

k〔˅〕掆抬刚钢冈缸光江豇纲〔˄〕岗广讲港〔˅〕降杠虹钢蹭、揩

kʰ〔˅〕康筐框慷匡眶〔˄〕狂〔˅〕抗炕矿旷况〔˥〕□碰击、碰杯

ŋ〔˄〕昂〔˅〕仰

h [ˇ] 糠上﹍去 [ˊ] 行航杭降 [ˇ] 上﹍去 [ˊ] 上桌﹍项巷

ø [ˇ] 肮

ioŋ

p [ˇ] 枋木板 [ˊ] 榜以菜下饭、下酒

l [ˇ] 两量词辆 [ˊ] 良凉量动词粮梁梁 [ˊ] 两数词。文读 [ˊ] 亮谅量名词

ts [ˇ] 将﹍来浆 [ˊ] 蒋奖 [ˇ] 酱将﹍领

tsʰ [ˇ] 枪腔文读 [ˊ] 墙强文读 [ˊ] 抢 [ˇ]
□横贯(木头)锅盖的短木条。箩筐底部横贯对角的两条主要的硬竹片。歪、斜 [ˊ] 像相像

s [ˇ] 相﹍互箱厢湘襄镶 [ˊ] 详祥 [ˊ] 想 [ˇ] 相﹍貌□﹍节(甘蔗) [ˊ]
匠象

ø [ˇ] 央秧殃痒 [ˊ] 羊洋烊杨阳扬 [ˊ] 养 [ˊ] 样□热闹、人多。生意好

uŋ

p [ˇ] 崩蹦□爆炸声

pʰ [ˇ] □灰尘扬起 [ˊ] 篷蓬 [ˊ] 捧文读 [ˊ] 碰

m [ˊ] 蒙蒙住。文读 [ˊ] 懵 [ˇ] 雾雾 [ˊ] 望白读二梦□﹍tʰuŋ31：糊涂

f [ˇ] 轰风疯讽枫丰封蜂峰锋 [ˊ] 弘宏红洪鸿冯逢缝﹍补 [ˇ] 烘
[ˊ] 凤奉缝﹍隙

v [ˇ] 翁嗡 [ˇ] 瓮

t [ˇ] □盖住、遮住东冬 [ˊ] 董懂 [ˇ] 冻栋 [ˊ] □扔石头以撞击某硬物

tʰ [ˇ] 通动不要动 [ˊ] 同铜桐筒童瞳 [ˊ] 桶统 [ˇ] 痛 [ˊ]
动动作洞

n [ˇ] 侬我们,我(包括式) [ˊ] 农脓浓髞哝﹍﹍夹夹:小声嘀咕 [ˊ] 弄

l [ˇ] 聋拢词语中读此音 [ˊ] 笼隆 [ˊ] 拢文读 [ˇ] □缝隙中、里面。洞,狗窟窿:狗洞

ts [ˇ] 棕粽宗综鬃踪文读 [ˊ] 总

tsʰ [ˇ] 窗葱聪忽匆 [ˊ] 丛文读崇文读从文读 [ˊ] 宠搜推

s [ˇ] 双白读松文读嵩 [ˇ] 送宋讼□擤鼻涕 [ˊ] □(身体)耸动

ʧ [ˇ] 中忠衷终钟盅供喂鸡 [ˊ] 种名词肿 [ˇ] 种动词供分娩。"供"的四声别义
现象□恐怕、可能

tɕʰ［ㄥ］充重很~冲［ㄣ］琼虫穷重~复［ㄥ］铳□(气冲冲地)走［ㄟ］众

ʃ［ㄥ］胸凶匈春撞击［ㄣ］熊雄鳙□怒斥、训斥

k［ㄥ］公工功攻弓躬宫恭蚣供提~［ㄣ］汞龚拱巩［ㄥ］贡供~认［ㄟ］□搅动

kʰ［ㄥ］空［ㄣ］孔文读恐文读［ㄥ］控孔词语中读此音恐词语中读此音［ㄟ］共□好动

ø［ㄣ］茸

iuŋ

l［ㄥ］□捅［ㄣ］龙

ts［ㄥ］踪白读炯［ㄣ］纵放~、跳起

tsʰ［ㄣ］从白读松~树。白读

s［ㄣ］□丑,难看,差［ㄥ］诵颂白读

ø［ㄥ］雍臃拥壅庸涌［ㄣ］荣咏戎绒茸融容溶蓉熔［ㄣ］勇文读［ㄥ］勇单念之一或词语中读此音［ㄟ］用

ŋ

ø［ㄥ］嗯招呼声,给予［ㄣ］唔不［ㄣ］五伍午［ㄥ］嗯应答。招呼

ap

f［ㄦ］法

t［ㄦ］搭答［ㄧ］□用手掌轻击别人的脸耷~拉下来

tʰ［ㄦ］塔塌拓榻［ㄧ］踏

n［ㄦ］聂镊蹑［ㄧ］纳业

l［ㄦ］蜡镴擸搬动层叠好的东西［ㄧ］腊

tsʰ［ㄦ］扎闸

tsʰ［ㄦ］插［ㄧ］杂渫把鸡蛋放入猪食中煮

s［ㄧ］渫清水煮东西

tɕ［ㄦ］折打折荚涩褶劫［ㄧ］眨□从物体两边钳住□唠叨、念叨

tɕʰ［ㄧ］及□稀饭稠挟用胳膊夹着

ʃ [˦] 摄胁　[˥] 涉协十拾

k [˦] 甲胛　[˥] 夹夹住

kʰ [˦] 掐恰洽　[˥] 夹夹住。"夹"的四声别义现象　□唠叨、念叨。含贬义

ŋ [˦] 压挤、挤进

h [˥] 狭峡　□狗大口咬人

ø [˦] 鸭押压压力

iap

t [˦] 贴白读

tʰ [˦] 帖读法一贴文读垫~本。入声韵　[˥] 叠读法一碟蝶牒谍

l [˥] 猎读法一立

ts [˦] 接读法一

tsʰ [˥] 集辑

s [˥] 习袭读法一

ø [˦] 靥酒~:酒窝□凹下去腌　[˥] 叶页入

ɔp

k [˦] 鸽蛤蚊~;蟾蜍合~伙

h [˦] 喝~酒　[˥] 合文读盒

ø [˦] 罯捂住、盖住、用手扒拢。又可读ep2

ep

ts [˦] 戢抓、拈

tʃ [˦] 执汁急

tʃʰ [˦] 级读法一

ʃ [˦] 湿吸文读

kʰ [˦] 盍盖上、合上。(人)倒下

h [˦] 熻(盖上锅盖)焖　[˥] 翕人长期漂泊在外、待在条件艰苦的某地

ø [˦] 罯捂住、盖住、用手扒拢。又可读ɔp2

iep

t [˦] 跌

tʰ [˦] 帖_{读法二} [˥] 叠_{读法二}

l [˥] 猎_{读法二}

ts [˦] 接_{读法二}

tsʰ [˥] 捷

s [˥] 袭_{读法二}

ip

l [˦] 笠粒 [˥] 猎_{读法三。追赶}

ts [˦] □_吸

at

p [˦] 八 [˥] □_{溅着水走路、跋涉}

pʰ [˥] 拔□_{溅着水走、跋涉}

f [˦] 发_{出~} [˥] 伐_{文读}筏_{文读}罚

v [˦] 挖 [˥] 滑猾

t [˦] 笪_{竹簟、粗竹席}

tʰ [˥] 达

n [˦] 捺擘捏火剌_{烫坏、烤坏} [˥] 热月

l [˦] 瘌_{~痢} [˥] 辣

ts [˦] 札扎铡_{文读}

tsʰ [˦] 擦察

s [˦] 萨杀 [˥] 铡_{动词}

tʃ [˦] 哲折_{打折}浙决诀结洁辙脊_{背脊}

tʃʰ [˦] 撤彻缺□_{(鞋子)~人：挤脚} [˥] 杰揭竭截侄掘屐

ʃ [˦] 设歇□_{lat5lat2 ~ ~：不整洁、邋遢} [˥] 舌折_{~本}实携

k [˦] 刮_{白读}

h [˦] 瞎 [˥] 辖

iat

tʰ [1] 迭秩 _{读法一}

l [1] 律率 _{效率。读法一}

s [4] 楔 _{名词、动词。读法一}

Ø [4] 乙 [1] 曳液腋

ɔt

p [4] 钵拨

pʰ [4] 泼□_{扇风:~扇子:扇扇子} [1] □_{包圆儿}

m [4] 抹袜 [1] 末沫没 _{淹~、~过。白读}

f [1] 活核_{桃~}佛

t [4] 掇_端□_推

tʰ [4] 脱 [1] 夺

l [4] 捋_{横着捋、抹。是"捋"的四声别义现象} [1] 捋_{竖着捋、抹}

ts [4] 撮_{量词。撮成小撮。撮面:擦脸以羞别人}

tsʰ [4] 撮_{撮起、装起来}□_{以蒙混的方法骗人财物}

s [4] 刷_{~牙} [1] 刷_{擦火柴。是"刷"的四声别义现象}

ʃ [4] 说□_{大口喝酒}

k [4] 割葛戈刮_{文读}括_{白读}

kʰ [4] 括_{文读}阔

h [4] 喝_{吆~}

et

p [4] 不卜_{萝~}□_{搅、拌} [1] □_{(因踩踏或搅拌)使水或其他物体往外溅}

pʰ [1] □_{口水往外飞或饭粒往外喷}

p [4] □_{~嘴:闭嘴。与"吻"为同族词} [1] 没_{文读。}

f [4] 窟_{窟窿、眼、屎:屁股、灶~:灶眼} [1] 忽霍_{读法一}佛_{文读}

v [4] 杌_{~子:旧式小方凳}物抓_{折、掰、弄、~饭食:做饭吃}

n [4] 日

s [˧] 虱_{读法一}

kʰ [˧] 咳_{读法一} [˥] 咳_{读法二}

h [˥] 核_{~对}

ʧ [˧] 只_{~有}质吉桔激击

ʃ [˧] 失

iet

pʰ [˧] □_{女阴}

pʰ [˧] 撇穴_{一~地:一穴坟墓} [˥] 别□_{~桃子:枇杷}

m [˧] 搣 [˥] 灭篾蔑

f [˧] 血 [˥] 穴_{文读一}

v [˧] 抉_{(用手)挖、抠} [˥] 阅越悦粤

tʰ [˧] 铁 [˥] 秩_{读法二}

l [˧] □_{~结:不讲理、纠缠} [˥] 列烈裂劣率_{效~。读法二}

ts [˧] 节 [˥] □_{(踏水)溅起水花}

tsʰ [˧] 切 [˥] 绝疾

s [˧] 薛泄屑雪恤_{文读}楔_{读法二} [˥] 穴_{文读二}

ø [˧] 一

it

p [˧] 笔毕必逼臂泌

pʰ [˧] 避匹僻辟 [˥] □_{~~跳:鱼儿活蹦乱跳}

m [˥] 秘密蜜觅

f [˥] □_{扔、摔}

t [˧] 的 [˥] 滴嫡

tʰ [˧] 踢 [˥] 敌帝狄

l [˧] □_{荆棘、刺} [˥] 栗_{文读}力历_{历史}

ts [˧] 积绩即寂戚_{"亲戚"里的读音} [˥] □_{用小木棒、树枝等轻轻捅}

tsʰ [˧] 七漆膝戚_{文读。单念} [˥] 籍

s [˧] 悉息熄媳昔惜夕析 [˥] 席_{文读}

ut

t　[˦]　□放、放在　[˥]　□用拳头击打

tʰ　[˥]　突秃

l　[˦]　□滑落、掉落

ts　[˦]　□噘嘴。吸　窒塞、塞住　[˥]　卒

tsʰ　[˥]　捌擦、揩

s　[˦]　□塞、塞给　[˥]　□蟋蟀、昆虫等发出的声音　□(吸溜鼻涕发出的)声音

tʃʰ　[˦]　出屈文读一

ʃ　[˥]　术述

k　[˦]　骨　[˥]　□骨碌(动)

kʰ　[˥]　□弄、玩(某物)。刁钻

ak

p　[˦]　百伯柏擘檗　[˥]　□断裂声

pʰ　[˦]　拍文读帕　[˥]　白

m　[˦]　脉　[˥]　麦□扔、丢、摔

f　[˥]　划划开。挥动竹竿等。计划

v　[˦]　轭划挥动竹竿等

n　[˦]　额搦拿　[˥]　搦用力抓、捏。是"拿"义搦的四声别义现象

l　[˦]　坜沟、沟壑、缝隙　[˥]　□摇动色子或类似的东西。或者摇动色子或类似的东西时，它们在匣子里碰撞发出的声音

ts　[˦]　摘笮压

tsʰ　[˦]　拆坼册策破　[˥]　□(从左右两边)搀扶

s　[˦]　鹊鸦~：大喜鹊　栅片状、块状的东西或其量词　[˥]　□把东西切成片状、块状等

tʃ　[˦]　炙只量词

tʃʰ　[˦]　尺赤

ʃ　[˥]　石

k　[˦]　格隔　[˥]　□触碰干燥的东西发出的清脆声音

kʰ　[˦]　客　[˥]　搦用手的虎口掐住

h [˩] 吓

ø [˩] □_{编织篮子、草帽、草鞋等}

iak

p [˩] 壁 [˥] □_{扇巴掌的声音}

pʰ [˩] 劈

t [˩] □_{搀着、扶着、把着}

tʰ [˩] 縐_{绑、捆} [˥] 笛籴

l [˥] 历_{日历}栗_{白读}劙_切

ts [˩] 迹借_{白读二}脊_{读法二} [˥] □_{叽叽喳喳吵}

tsʰ [˩] □_{斜着缝、穿(针线)}□_{陡、仄。走路歪歪斜斜。斜着冲过来。} [˥] 席_{~子}

s [˩] 锡惜_{白读} [˥] □_{(狎昵地)追求、调戏女孩}

ø [˥] □_{挥动(手、帽子等)}

ɯk

p [˩] 北柏

pʰ [˩] 迫魄

m [˥] 墨默幕陌

f [˥] 霍_{读法二}或惑

t [˩] 得德 [˥] □_{用手指弹玻璃球等}

tʰ [˩] 忒 [˥] 特

n [˩] □_{掐、掐断}□_{~鸟尾:骄傲自满} [˥] 逆_{闪着(腰、颈)}

l [˥] 勒

ts [˩] 则鲫侧测_{白读}责啧_{啧啧称奇}仄□_陡 [˥] 啧_{反问时重复别人的啧啧声}

tsʰ [˩] 厕测_{文读}泽□_{重物倒下、压下} [˥] 贼

s [˩] 虱_{读法二}塞色涩_{文读}

tʃ [˩] 织职□_{愁、急}

tʃʰ [˩] 级_{读法二}蛰□_{迅速拽、扯} [˥] 直值植极殖

ʃ [˩] 室式识适释 [˥] 食

k [˩] 国革

kʰ [˦] 克刻

h [˦] 黑 [˥] □心脏迅速跳动的样子、胸闷

iɯk

ø [˦] 抑域益译缢疫 [˥] 翼逸役易姓氏。易经，白读

ɔk

p [˦] 博剥驳勃

pʰ [˦] 拍白读 [˥] 薄雹缚

m [˦] □端、端着□掌掴 [˥] 莫膜寞

v [˦] 握 [˥] 镬

t [˦] □量词，如一坨、一摊 [˥] □把东西堆成坨。砍、剁

tʰ [˦] 托拓 [˥] 择挑选、拣

n [˦] 箬□惹、招惹 [˥] 诺弱虐疟

l [˦] □妇女偷情 [˥] 落洛骆乐络捆绑、用绳索套住

ts [˦] 作桌捉卓

tsʰ [˥] 凿昨柞戳镯

s [˦] 索朔 [˥] 硕索捆、绑、套住。活用

tʃ [˦] 着穿、戴斫脚

tʃʰ [˦] 焯却□lɔk2lɔk2tʃʰɔk2tʃʰɔk2(走路像焯东西一样)比喻低着头走路 [˥] 着~火。~气：生气

ʃ [˦] 谑哄小孩 [˥] 勺芍

k [˦] 各阁搁郭角觉~得廓白读 [˥] □拟声词。乒乓球等落下的声音

kʰ [˦] 鹤扩确壳廓文读 [˥] 摧敲、击□(触碰干燥的东西发出的)清脆声

ŋ [˦] □发愣、发傻 [˥] 岳

h [˥] 学

ø [˦] 恶凶~

iɔk

l [˥] 略掠

ts [˥] 雀白读鹊文读。喜鹊等

tsʰ [˧] 雀_{文读} [˩] □_{挑唆、怂恿。捅}

s [˧] 削

ø [˧] 约 [˩] 药跃

uk

p [˧] 卜_{文读} [˩] □_{拟声词水泡爆裂的声音，气泡喷出的声音}

pʰ [˧] 朴扑仆覆_{白读。翻过来（盖着、趴着）} [˩] 瀑伏_{白读}

m [˧] 木_{树木。笨、傻}沐沐穆牧

f [˧] 福 [˩] 复辐_{文读}覆_{文读}辐护伏_{文读}服辐_{白读}

v [˧] 屋

t [˧] 督屎_{底部、底下}涿_{淋雨} [˩] 啄_{白读。禽类啄人}啄_{白读。用筷子等轻刺。惹、招惹。"禽类啄人"义的}
"啄"的活用

tʰ [˩] 独读毒

n [˧] 肉□_{挣扎}□_{踩、踏} [˩] 玉

l [˧] □_{欺骗、骗}禄_{白读。食禄：(有吃好东西的)运气} [˩] 鹿

ts [˧] □_{起皱}

tsʰ [˧] □_{(被气体、烟尘、水等物)呛着了} [˩] 浊族□_{抓住来回推操}

s [˧] 速缩_{文读}束

tʃ [˧] 竹粥祝烛嘱筑_{文读} [˩] 逐_{白读。追逐}

tʃʰ [˧] 畜菊触_{文读}曲 [˩] 局轴触_{白读}

ʃ [˧] 叔淑 [˩] 熟赎蜀属

k [˧] 谷

kʰ [˧] 酷哭_{文读}

iuk

l [˧] 六 [˩] 陆录绿禄_{文读}

ts [˧] 筑_{白读}□_{往里塞东西}足 [˩] □_{东西用拳头击打。为"筑"的四声别义现象}

tsʰ [˧] 促 [˩] □_{捅。挑唆怂恿}

s [˧] 宿肃粟缩_{白读} [˩] 续俗

ø [˧] 御裕育郁_{文读}浴_{文读}狱沃_{~菜：浇菜}

第三节　语音比较

这一节从声母、韵母、声调三方面对宁都方言、普通话、《广韵》中古汉语语音音系进行比较。进而考察宁都方言语音的主要特点。

一　声母的比较和特点

（一）宁都方言声母与普通话声母的比较

下面是《宁都方言与普通话声母比较表》。左边第一列是宁都方言的声母，第二列、第五列是普通话的声母，第三列、第六列是例字。第四列、第七列是例字的数量统计。例字备注是对于宁都方言而言的。

表 2 - 15　　　　　　　　宁都方言与普通话声母比较

宁都方言声母	普通话					
	声母	例字	字数	声母	例字	字数
p	p	波柄霸布拜	115	m	泌	1
	pʰ	捧谱_{白读}坡	3	f	斧痱粪妇	4
pʰ	p	步种被便_方~傍白	56	f	符_{画符}扶_{白读}辅_{白读}甫吠藩贩饭份_{占一~}缚伏_{~倒}肥浮	13
	pʰ	怕普配屁偏泼拍	98			
m	m	秘芒磨麻模买毛模谋慢末敏木微_{白读}	139	Ø	尾袜蚊问_{白读}往亡望无微_{文读}	9
f	f	副非反分风放服	97	f	恢汇画活户湖魂或	61
	kʰ	裤窟	2	Ø	壸	1
	ɕ	勋兄穴悬训_{以上都是白读}血掀	7			
v	Ø	戊味文危机碗丸屋旺望_{文读}	112	h	浑横话黄换滑猾_{以上白读}还~钱号哭禾划~过镬会~了	13
	ɕ	县_{白读}	1	ʐ	润闰	2

续表

宁都方言声母	普通话					
	声母	例字	字数	声母	例字	字数
t	t	多赌底到答端东	96	tʰ	贴坍	2
	l	里	1	tʂ	肘啄涿	3
tʰ	t	妒堤大地淡毒动	71	tʰ	拖台涂替跳毯通托	73
	ts	择	1	tʂ	秩	1
n	n	糯泥牛南宁虐逆	64	∅	鱼语艺严原额玉迎白读	25
	ʐ	二耳热染弱日人	16			
l	l	路来老漏烂领六	214	∅	诱儿尔而以上文读 耳木~ 盈白读	6
	ʐ	如文读儒汝乳蕊芮锐扰绕柔揉冉仁文读任文读壤攘嚷扔仍冗戎辱褥	23			
ts	ts	载脏阻邹簪责	120	tsʰ	撮白读戚侧测白读	4
	tʂ	缀扎展摘渣争盏	35	ʂ	葚	1
	tɕ	剂嚼借酒精节浆	47	tɕʰ	雀戚鸱	3
tsʰ	ts	坐在造暂杂凿泽	21	tsʰ	粗猜凑草存擦葱	70
	s	寺随白读	1	tʂ	绽放赚郑站撞浊	14
	tʂʰ	拆坼宠戳撑茶搭橙	44	ʂ	杉	1
	tɕ	揪歼聚就集静	15	tɕʰ	笪锹千漆切全晴	43
	ɕ	膝斜谢姓氏寻袖像很~	6	t	蹲	1
s	tsʰ	祠辞白读粹白读	3	s	蓑寺随文读搜酸俗	82
	tʂ	栅铡	2	tʂʰ	柴豺愁	3
	ʂ	珊士仕柿事枢奢	63	tɕ	匠	1
	tɕʰ	鹊囚	2	ɕ	绪修涎心详习宿	103
ʧ	ts	嘴	1	tʂ	猪置昼沾辙涨逐	138
	tɕ	居记九见颈脚脊	111	tɕʰ	杞券渠他	2
ʧʰ	tʂ	柱治赵阵丈直重	25	tʂʰ	迟超抽趁胗唱畜	76
	ʂ	睡竖	2	tɕ	巨舅健近截量词极	28
	tɕʰ	趋俏栖	66	ɕ	旋毛发~	1

续表

宁都方言	普通话					
声母	声母	例字	字数	声母	例字	字数
∫	tʂ	召	1	tʂʰ	船唇乘塍成城_{白读}城_{白读}	18
	ʂ	蛇神绳	61	tɕʰ	去气_{着~}丘	3
	ɕ	靴喜许休羡歇熊	53	kʰ	肯	1
	ʐ	瑞	1			
k	k	汞歌加固狗敢江	212	kʰ	廓	1
	h	蒿虹_{白读}合_{白读}	3			
kʰ	k	概溉剑癸哽跪柜共_{文读}	8	kʰ	可苦开抠看刻空	89
	h	桧鹤荤_{白读}	3	tʂʰ	喘	1
	n	凝	1	tɕʰ	洽	1
	ɕ	蟹械	2			
ŋ	kʰ	砍_{训读}	1	h	撼	1
	∅	咽我芽捱咬岸硬	36			
h	kʰ	口糠坑	3	h	荷海好猴喊合杭	52
	tɕ	酵茎_{量词}	2	ɕ	虾鞋孝闲瞎行吓	29
	ʂ	上_{动词。白读} 上_{方位词。白读}	2			
∅	∅	于儿有炎萤五用	228	ʐ	任纫入然燃人_{~情}仁容绒荣若	12

（二）宁都方言声母与中古汉语声母的比较

下面是《宁都方言与〈广韵〉声母比较表》。共有 5 个小表。每个表第一行是《广韵》的声母。左边第一列是宁都方言的声母，第二大列、第三大列是例字及其数量统计。

表 2 - 16   宁都方言与《广韵》声母比较之一

广韵\方言	帮	滂	并	明	非	敷	奉	微
p	波比 106	坡扳 5			斧粪 3	捧枋 1	妇 1	
pʰ	蓖谱 11	怕拍 55	爬步 95	磨面 138	脯贩 4		肥扶 10	

续表

广韵 方言	帮	滂	并	明	非	敷	奉	微
m	秘1			尾网11				
f					飞放35	费蜂26	房服36	璺1
v	戊1							

表2-17　　宁都方言与《广韵》声母比较之二

广韵 方言	端	透	定	泥	来
t	多钉90	坍贴2	兑调_{调查}5		里_{里面}1
tʰ	妒堤帝3	替添73	台定127		
n				哪暖58	
l					螺懒216

表2-18　　宁都方言与《广韵》声母比较之三

广韵 方言	精	清	从	心	邪	知	彻	澄
ts	左井101	撮戚	载嚼5			罩桌10		绽1
tsʰ	揪歼2	菜村74	才贼71	伺膝3			戳拆6	
s	鹊1	匠1		涎俗37				
tʃ	嘴脊2					猪竹	侦1	
tʃʰ	趋俏2	截1	栖1	旋松像10			超彻11	潮箸51
ʃ				犀徙3	羡1			召1
t				爹啄4				

表2-19　　宁都方言与《广韵》声母比较之四

广韵 方言	庄	初	崇	生	日	章	昌	船	书	禅
v					闰					
ts	渣责30		闸炸3			锥颤2			甚1	
tsʰ	睁1	初察29	床状15	杉产2			炊1			蝉侍3

续表

广韵 方言	庄	初	崇	生	日	章	昌	船	书	禅
s		栅1	愁柿8	瘦虱63			枢1		奢束4	
tʃ	眨臻2									
tʃʰ						肫众2	车尺29			垂睡10
ʃ								船顺20	水叔64	晨勺60
kʰ						喘1				
h										上
n					惹让14					
l				潵1	柔壤28					
ø					然绒14					

表 2 – 20　　　　　宁都方言与《广韵》声母比较之五

广韵 方言	见	溪	群	疑	晓	匣	影	云	以
m								往1	
f		裤窟3			花婚34	回坏58	秽1		
v	娲1			吴杌8	歪1	禾换17	乌温35	又王33	唯匀11
ts		鸹1	郡1						
tsʰ		巧腔2	虔捐2						
s					喧欣7	县1			
tʃ	见军104	杞券2	渠鲸6						捐1
tʃʰ	级菊4	汽牵30	芹近60						
ʃ		圩肯5			喜响31	嫌现19		雄熊2	
k	怪江211			廓1	蒿1	虹合3			
kʰ	概哽	苦看82	葵跪6		荦况2	蟹鹤5			
ŋ		砍1		瓦硬33			撼1	咽1	
h	酵合2	糠坑3			好喊18	猴旱69			
n				牛凝32			蔫1		
l									诱盈2
ø			藕雁17		吁1	肴萤2	矮壅107	于右17	爷勇91

（三）宁都方言声母的特点

1. 宁都方言声母与普通话声母比较，有这些特点：

（1）宁都方言共有 20 个声母，数量上比普通话声母少了 2 个声母

从声母系统包括的声母类别来看，宁都方言比普通话声母多了唇齿浊擦音声母 v、后鼻音声母 ŋ、舌叶音声母 ʧ/ʧʰ/ʃ 5 个声母，但比普通话声母少了 tʂ/tʂʰ/ʂ/ʐ/tɕ/tɕʰ/ɕ 7 个声母。

（2）宁都方言声母与普通话声母的对应

普通话一些零声母、ʐ 声母、h 声母字在宁都方言读成声母 v，另有些零声母在宁都方言读成声母 ŋ，一些 tʂ/tʂʰ/ʂ/tɕ/tɕʰ/ɕ 声母的字宁都方言读成叶音声母 ʧ/ʧʰ/ʃ。

宁都方言读送气的 pʰ/tʰ/tsʰ/ʧʰ/kʰ 的字，在普通话中可以读成送气音和不送气音两类。例如：

宁都方言—普通话	宁都方言—普通话
彭　pʰ—pʰ	鬖　pʰ—p
糖　tʰ—tʰ	荡　tʰ—t
床　tsʰ—tsʰ	撞　tsʰ—ts
勤　ʧʰ—ʧʰ	近　ʧʰ—ʧ
葵　kʰ—kʰ	跪　kʰ—k

2. 宁都方言声母与以《广韵》为代表的声母比较，有这些主要特点：

（1）中古全浊声母今读塞音、塞擦音的不论平仄都读送气清音 pʰ/tʰ/tsʰ/ʧʰ/kʰ，与中古次清声母合流。这是客家话的最主要特点。

（2）中古非组字大都读轻唇音 f 声母，少部分读重唇音。口语里非、敷、奉母字读 p、pʰ，微母字读 m。如：

p：粪妇斧枋枋子坊新坊榜榜饭

pʰ：扶符辅肥饭贩份覆

m：无微尾问蚊袜望往网

（3）中古泥母字、来母字基本上不混。泥母字读 n 声母，来母字读 l 声母。

（4）中古知二庄精组字基本念 tʂ/tʂʰ/s 声母。知三章、见三组字基本

念 ʧ/ʧʰ/ʃ。见系二等字读 k/kʰ/h 声母。

（5）中古晓匣母合口字基本念 f 声母。其中一部分匣母合口字念唇齿音浊声母 v。

（6）中古日母字今为洪音的基本念零声母、n、l 声母。其中个别日母合口字念声母 ʃ。

（7）中古疑母字今为洪音的大多念零声母 ŋ。细音和一部分今读细音字大多念 n，少部分念 ŋ 声母。

（8）中古影母字今读开口洪音多念零声母，少部分念 ŋ。其中一些念零声母的影母字，有时可以变读为 ŋ 声母。如：

Ø/ŋ：哑压恶藕

二　韵母的比较和特点

（一）宁都方言韵母与普通话韵母的比较

下面是《宁都方言与普通话韵母比较表》。左边第一列是宁都方言的韵母，第二列、第四列是普通话的韵母，第三列、第五列是例字。例字后括号内的数字是该类例字数量，通常只统计 5 个例字以下的韵母。

表2-21　　　　　　　　　　宁都方言与普通话韵母比较

宁都方言韵母	普通话			
	韵母	例字	韵母	例字
ɯ	ɿ	子字思	ʅ	狮事使
	u	梳疏（2）	ɚ	尔耳而儿（4）
i	i	比皮迷	ʅ	纸齿屎
	ei	碑美飞	uei	尾围味
	ɚ	耳耳朵 耳器具两边的抓手		
u	u	粗鲁乌	y	句巨许
	ɘu	都都是（1）		
a	a	爬渣沙	ia	加芽下
	ua	花抓褂	ai	晒稗厦大厦（3）
	ɤ	蔗扯舍		

续表

宁都方言韵母	普通话			
	韵母	例字	韵母	例字
ia	iɛ	爹姐谢	ua	挖掘(2)
	o	摸白读(1)	i	提白读(1)
	ɤ	奢伸开、打开(1)	ia	嗲
o	o	波婆磨	uo	多锣做
	ɤ	歌课荷荷花	yɛ	靴瘸(2)
	iɛ	茄(1)		
ie	i	底洗替	y	去蛆墟
	ei	肺(1)	u	猪苣箸煮(4)
	ui	岁(1)		
iu	iu	酒修就	əu	豆偷逗头(4)
	y	须序滤	ui	遂(1)
(ø) iu	y	余与预		
ai	ai	排太再	ɔi	槐怀帅
	iɛ	蟹械(2)	i	泥鸡系系鞋带 契地契等。结拜的亲戚(4)
	ʅ	舐世白读(2)	ui	睡(1)
	ɤ	荷挑担子跛(2)	uo	拖白读我白读(2)
ɔi	ai	栽开袋	ɔi	坏摔会会计外(4)
	ei	背吠媒	ui	灰诙戏弄、玩弄碓
ei	ei	霉肥倍	ui	回尾会不会
	ai	来还还是(2)	i	谜係是黎姓氏。白读(3)
	ɤ	个(1)		
ui	ui	队最碎	ei	馁内累
	ai	鳃(1)	ɔi	块(1)
	əu	篓(1)	y	屡(1)
ɔu	au	泡桃照	iau	叫敲校
	u	浮白读1(1)		
iɔu	au	猫(1)	iau	飘笑要
ɯ	əu	否斗瘦	iəu	牛九休
	au	茂贸(2)	u	亩牡浮白读2(3)
iɯ	iəu	油有右		

续表

宁都方言韵母	普通话			
	韵母	例字	韵母	例字
am	an	担淡槛	ian	检钳咸
iam	ian	店添檐		
ɔm	an	柑坎庵		
em	ən	今深沉	in	钦摛琴禽（4）
	an	含（1）		
iem	in	阴吟饮	iɛn	廉镰帘贬敛（5）
	ən	纫文读任白读		
im	in	品林浸		
an	an	班懒扇	iɛn	年闲牵
	ɔn	关惯（2）	yɛn	卷权原
ian	iɛn	典迁演		
ɔn	an	搬潘满	ɔn	端暖碗
en	en	本温真	un	问白读婚军
	in	人勤筋	iŋ	凌（慢慢伸进）掏（1）
	an	盏鸡罩。用鸡罩罩住。鸡罩像倒着的"杯盏"（1）		
ien	iɛn	边天前	yɛn	泉选圆
	in	因引印		
in	in	民邻新	un	笋榫润闰（4）
	yn	训菌云	iŋ	冰停清文读
	əŋ	等凳		
un	un	墩轮孙	ən	嫩圳（2）
	yn	熏（1）		
aŋ	aŋ	庞（1）	əŋ	棚蒙白读成白读
	iŋ	轻迎铃		
iaŋ	iŋ	饼平白读井	aŋ	坊白读（1）
	iuŋ	兄白读（1）		
ɯŋ	əŋ	朋能绳	iŋ	井庆兴
	ən	肯认砧（3）		
iɯŋ	iŋ	英蝇应	ən	人"人情"中读此音 仁花生仁（3）
	in	引引线（1）		

宁都方言韵母	普通话			
	韵母	例字	韵母	例字
ɔŋ	aŋ	帮张瓢	uaŋ	黄王望_{白读}
	iaŋ	娘酿香		
iɔŋ	aŋ	枋_{木板}榜_{以菜下饭、下酒}	iaŋ	两墙想
uŋ	uŋ	东中供_{白读}	yŋ	穷熊
	aŋ	望_{白读二}（1）	uaŋ	窗双_{白读}（2）
iuŋ	uŋ	龙松_{白读}纵_{白读}	yŋ	炯涌用
ʋ	u	五午	ən	嗯
ap	ia	甲掐鸭	a	答法眨
	iɛ	业劫挟_{用胳膊夹着}	ɤ	涉（1）
	i	及（1）	ʅ	十拾（2）
iap	iɛ	碟接叶	i	集习立
	u	入（1）		
ɔp	ɤ	鸽喝_{喝酒}盒		
ep	i	戢_{抓、拮}急吸_{文读}	ʅ	汁湿
iep	iɛ	跌猎捷	i	袭（1）
ip	i	笠粒		
at	a	八发察	ua	滑猾刮挖（4）
	ia	瞎辖（2）	iɛ	捏洁歇
	yɛ	决诀缺掘月（5）	ɤ	热彻舌
	ʅ	侄实（2）	i	脊屉（2）
iat	iɛ	迭曳液腋楔（5）	y	律率（2）
	ʅ	秩（1）	i	乙（1）
ɔt	o	钵抹泼	uo	夺说活
	ua	刷刮_{文读}袜（3）	y	捋（1）
	ɤ	核_{桃核}割葛戈喝_{吆喝}（5）		
et	u	不窟_{窟窿}杌	o	佛_{文读}卜_{萝卜}
	uo	霍_{读法一}	ʅ	质虱日
	i	吉激击	ɤ	咳核_{核对}
	y	桔		
iet	iɛ	别篾节	yɛ	血抉_{(用手)挖、抠}越
	i	一屃疾（3）		

续表

宁都方言韵母	普通话			
	韵母	例字	韵母	例字
it	i	笔密七		
ut	u	突骨出	ɿ	窒_{塞,塞住}（1）
ak	ai	百白摘	ɤ	额坼客
	ɿ	只_{量词}尺石	ua	划（1）
	ia	吓（1）		
iak	i	壁劈锡		
ɯk	ɤ	得特贼	ɿ	织虱_{读法二}直
	i	极级_{读法二}（2）	ei	北贼勒
	o	柏迫墨	uo	霍_{读法二}或惑国（4）
iɯk	i	益易_{姓氏。易经,白读}		
ɔk	o	剥薄膜	uo	托落斫
	au	凿焯着_{着火}	iau	脚角（2）
	yɛ	虐觉_{觉得}学	ɤ	各壳恶_{凶恶}
	ai	拍_{白读}（1）	u	缚（1）
iɔk	yɛ	略雀约	iau	药
uk	u	木屋竹	uo	浊啄_{白读}涿_{淋雨}缩_{文读}
	y	玉菊曲局（4）	əu	肉轴粥
iuk	u	陆足粟	iu	六（1）
	y	绿续育	uo	沃_{沃菜;浇菜}（1）

（二）宁都方言韵母与中古汉语韵母的比较

下面是《宁都方言与〈广韵〉韵母比较表》。共有 10 个小表。表中上面第一行是《广韵》的韵母。左起第一列是宁都方言的韵母。

表 2-22　　　　　宁都方言与《广韵》韵母比较之一

广韵＼方言	果开一三	果合一三	假开二三	假合二	遇合一三	蟹开一二	蟹开三四
ɯ					梳		
i							毙艺滞系

续表

广韵 方言	果开 一三	果合 一三	假开 二三	假合 二	遇合 一三	蟹开 一二	蟹开 三四
u					路句		
a	哪	莎	爬茶车芽	傻瓜花蛙		罢稗	
ia			丫爷奢				提_{白读}
o	多歌茄	罗坐瘸		蜗	做措错		
io							
ie					苎去嗦书		批祭溪
iu					（∅）余		
ai	大	跛				排带鞋	世泥鸡
ɔi						袋骇寨	
ei	个					来	谜係_是
ui					屡	鳃	
ɔɯ					无		
iɔɯ							
ɯ							
iɯ							
ʮ					五		
ɔt		戈					
it							帝
ɔk	薄_{薄荷}						
ak			帕				
uk					赴护		
iuk					御裕		
iɯk							缢

表2-23　　　　　　宁都方言与《广韵》韵母比较之二

广韵 方言	蟹合 一二	蟹合 三四	止开 三	止合 三	效开 一二	效开 三四	流开 一三
ɯ			子柿				
i		惠卫	离迟器戏	位徽醉			
u						母妇漱	

续表

广韵 方言	蟹合 一二	蟹合 三四	止开 三	止合 三	效开 一二	效开 三四	流开 一三
a	话褂					抓	
ia							
o							
io							
ie			栀				
iu							豆酒诱
ai	淮怪快		筛舐	帅睡			
ɔi	外坏	税	霉_{白读}	摔嘴			
ei	倍回	秒	悲霉_{文读}	肥尾			
ui	累溃	桂缀锐		类衰跪			篓
ɔɯ					高教	超晓	浮_{白读。古老}
iɔɯ					猫肴	蕉条	廖
ɯ							亩收馊
ieɯ							有油
at		携					
et			只				
it			避秘				
ɯk			厕				

表 2-24　　　　　　　宁都方言与《广韵》韵母比较之三

广韵 方言	咸开 一	咸开 二	咸开 三四	咸合 三	深开 三
am	贪三喊	减监	占鲇	范帆	
iam			尖店盐		
ɔm	柑庵				
em	揞含_{白读}				今深
iem			镰帘		音吟
im					品寻

表 2 – 25　　　　　　宁都方言与《广韵》韵母比较之四

广韵 / 方言	山开一	山开二	山开三四	山合一二	山合三四	臻开一三	臻合一三
an	单伞	山晏	展善年	慢关	翻犬		
ian		雁	浅典		沿		
ɔn	看汗	办白读盼	贱研白读	搬纂官	贩旋传		
en						跟阵	婚军
ien			掀先	丸	全悬	因印	
in						民新	笋云
un			撙			吞	村荤
ɯŋ						劲	
iɯŋ						引引线	

表 2 – 26　　　　　　宁都方言与《广韵》韵母比较之五

广韵 / 方言	宕开一三	宕合一三	江开二	曾开一三	曾合一三
aŋ				橙	
iaŋ					
ɯŋ				恒肯升	
iɯŋ					
ɔŋ	帮张	光筐	邦巷		
iɔŋ	量枪				
uŋ		望白读	窗双		弘
en				凌慢慢侵入	
in				冰孕	

表 2 – 27　　　　　　宁都方言与《广韵》韵母比较之六

广韵 / 方言	梗开二	梗开三四	梗合二	梗合三四	通合一	通合三
aŋ	生白读耕白读	颈铃	横白读		蒙白读	
iaŋ	冷白读	明钉迎白读				
ɯŋ	澄睁	经整文读				
iɯŋ	樱	英迎文读		营		
ɔŋ	盲虹		矿		虹	

续表

广韵 方言	梗开 二	梗开 三四	梗合 二	梗合 三四	通合 一	通合 三
iɔŋ						
uŋ			宏		桶棕	风肿
iuŋ				泳_{文读}		龙踪容
en		侦				
in		兵停		泳_{白读}		

表 2 - 28   宁都方言与《广韵》韵母比较之七

广韵 方言	咸开 一入	咸开 二入	咸开 三四入	咸合 三入	深开 三入
ap	搭杂	眨甲鸭	挟摄	法	十及
iap			猎接叶		集立_{白读}
ɔp	盒鸽				
ep	磕				湿急
iep			跌捷		
ip					粒笠
ɯk					蛰涩_{文读}
iak					缉

表 2 - 29   宁都方言与《广韵》韵母比较之八

广韵 方言	山开 一入	山开 二入	山开 三四入	山合 一二入	山合 三四入	臻开 三入	臻合 一三入
at	达擦	八扎	彻截	滑挖	月缺	侄实	
iat		曳楔				秩乙	律率_{效率}
ɔt	割	抹		阔刷	袜说		没_{淹没}核_{桃核}
et						质吉	不桔
iet			列篾		绝穴	疾一	
it						笔七	
ut							骨出
iak						栗	
ɯk						室	
iɯk						逸	
ɔk							
iɔk			哕				

表 2-30　　　　　　　宁都方言与《广韵》韵母比较之九

广韵 方言	宕开 一三入	宕合 一三入	江开 二入	曾开 一三入	曾合 一三入
ak	鹊古音				
iak					
ɯk	泊幕	霍		刻直食	国或
iɯk				翼抑	域
ɔk	薄膜着脚	郭缚	剥捉学		
iɔk	削药				
uk			朴啄白读		
iuk					
iɔɯ	跃				
et					
it				逼熄	

表 2-31　　　　　　　宁都方言与《广韵》韵母比较之十

广韵 方言	梗开 二入	梗开 三四入	梗合 二入	梗合 三四入	通合 一入	通合 三入
ak	白吓	尺石	划划开、计划			
iak		劈迹				
ɯk	迫责	释逆		疫役		
iɯk		益译				
ɔk	拍白读					
iɔk						
uk					族鹿谷	福竹缩
iuk					沃沃菜	六筑育
at		脊屐				
ɔt		核桃核				
et		击激				
it		历历史惜文读				

（三）宁都方言韵母的特点

1. 宁都方言韵母与普通话韵母比较，有这些特点：

（1）韵母及类别的对应

宁都方言共有 61 个韵母，数量上比普通话 39 个韵母少了 22 个。

从韵母的韵头来看，宁都方言和普通话韵母相比，都有开口呼、齐齿呼、合口呼，但少了撮口呼。从韵母的韵尾来看，都有元音韵尾 – i、– u，鼻音韵尾 – n、– ŋ，但宁都方言比普通话多了鼻音韵尾 – m，入声韵尾 – p、– t、– k。宁都方言还比普通话多了一类自成音节的辅音韵母m̩和ŋ̍。

宁都方言没有普通话的舌尖元音 ɿ／ʅ，通常用 ɯ 对应 ɿ，i 对应 ʅ。宁都方言也没有普通话的卷舌元音 ɚ。

（2）字音与普通话韵母的对应

从字音所读韵母来看，宁都方言韵母和普通话较为一致的有 u、uŋ。

宁都方言韵母和普通话韵母字音所读大部分是不一致的，差异情况较为复杂。下面以宁都方言韵母为观照点，对宁都方言韵母和普通话韵母字音所读的类别差异做一简单分析。

从韵头来看，不相对应的主要是开口与合口不一致，洪音与细音不一致。宁都方言的开口呼韵母在普通话中可以读合口呼、齐齿呼。宁都方言的合口呼韵母在普通话中可以读合口呼、齐齿呼、撮口呼。宁都方言的齐齿呼韵母在普通话中可以读齐齿呼、撮口呼、开口呼。

宁都文言—普通话	宁都文言—普通话	宁都文言—普通话
瓜 ka—kua	水 tʃʰui—ʂui	六 liuk—liu
脚 tʃoktɕiau	就 tʃʰutɕiu	取 tsʰiu—tɕʰy
许 ʃu—çy	豆 tʰiu—təu	

宁都方言的读洪音的在普通话中可以读细音，读细音的在普通话中可以读洪音。

宁都文言—普通话	宁都文言—普通话
间 kan—tɕian	闰 vin—ʐun
硬 ŋaŋ—iŋ	漏 liu—ləu

宁都方言的许多字在韵尾上也与普通话不一致。宁都方言的塞音韵尾字在普通话中读成开尾韵母，– m 韵尾读成 – n 韵尾。

2. 宁都方言韵母与以《广韵》为代表的中古韵母相比较，有这些主要特点：

（1）保留 - m、- n、- ŋ 3 个鼻音韵尾。

（2）保留 - p、- t、- k 3 个入声韵尾。

（3）中古蟹咸山 3 摄的韵母有读音分立的痕迹（主要在见系字）。

	一等—二等
蟹摄	盖 kɔi—界 kai
咸摄	敢 kɔm—减 kam
山摄	秆 kɔn—拣 kan

（4）中古梗摄韵母在宁都方言白读韵腹是 a。普通话主要是 ə。

三　声调的比较和特点

（一）宁都方言声调与普通话声调的比较

下面是《宁都方言与普通话声调比较表》。表中上面第一行是宁都方言声调的调类和调型。第一列是普通话的声调和调值。第二列起是宁都方言声调调类及例字，例字括号后的数字是该类例字的字数统计。

表 2 - 32　　　　　宁都方言与普通话声调比较

方言\ 普通话	阴平	阳平	上声	阴去	阳去	阴入	阳入
阴平	加车沙 （687）			猫 （1）		八七歇 （102）	屐 （1）
阳平	毛蚊依 拿聋捞渠 （他）（7）	芽爬斜 （628）				答结福 （62）	杂局 （70）
上声	马懒有 （37）		左可洗五 （427）	嘴坎喊 铝吕仰 （23）	柿市夜大 （393）	铁法抹撤 笔血塔帖 匹谷骨卜 脚角北葛 百（17）	挌蜀属 （3）

续表

方言\普通话	阴平	阳平	上声	阴去	阳去	阴入	阳入
去声	坐淡近 (23)		跪蟹（2）	架怕化骂 (415)		刻色粒 (111)	力伏 (89)

上表中普通话读上声而在宁都方言读阴去的字有"嘴委枉坎厂孔垮悔喊显吕铝旅藕偶演朗仰永奶耳迥汞"等 23 个。只有阴去固定一种读法的有 6 个，分别是"嘴坎喊铝吕仰"；其余 17 个是上声、阴去两读皆可，通常文读、单念为上声，词语里读阴去。

（二）宁都方言声调与《广韵》声调的比较

下面是《宁都方言与〈广韵〉声调比较表》。表中上面第一行是宁都方言声调的调类和调型。左起第一、二列是《广韵》的调类和声母类别。第三列起是宁都方言的声调调类及例字。

表 2-33　　　　　　宁都方言与《广韵》声调比较

方言\普通话		阴平	阳平	上声	阴去	阳去	阴入	阳入
平	清	多拖蓑 (680)						
	次浊	毛蚊侬 拿聋捞渠 （他）（7）	牙人 (276)					
	全浊		排河 (265)					
上	清	哑斧鸟 (3)		赌苦虎 (343)				
	次浊	咬懒 (37)		哪雨 (106)				
	全浊	被厚 (30)		挺艇跪蟹 (6)				

续表

方言 普通话		阴平	阳平	上声	阴去	阳去	阴入	阳入
去	清	炸辈扮订絮漱疝跨派襻倡（11）		概溉豹劲统访（6）	蔗课细（403）	众遍（28）	缢臂泌帕厕（5）	帝秘赴（3）
	次浊				妹露露水（22）	芋利（149）	御裕（2）	
	全浊	座箸蓖背背诵（4）			埠颂（23）	败汗（161）	避（1）	续护（2）
入	清						割切削（271）	眨夹啄滴嫡踏摧秃触忽霍（11）
	次浊						腊肉（34）	腊玉（76）
	全浊						蛰泽（9）	碟实昨（102）

（三）宁都方言声调的主要特点

1. 宁都方言声调和普通话声调相比较，有下面这些主要特点：

（1）调类

从调类上看，宁都方言有 7 个声调，比普通话多了 3 个调类。多了阴入、阳入，另外宁都方言去声分为阴去、阳去，而普通话只有去声一类。

（2）字音和普通话的声调对应

从字音所读声调的情况看，宁都方言的阳平、阴去和阳去字，都归于普通话的阳平和去声字。

宁都方言的阴平字大部分也归于普通话的阴平，但一部分归于上声，一部分归于去声。宁都方言的入声字在普通话中分别归于阴平、阳平、上声和去声。

2. 宁都方言声调与以《广韵》为代表的中古声调相比较，有下面这些主要特点：

（1）中古的四声八调，在宁都方言中分化为 7 个调类，只缺阳上调。

（2）从字音所读的情况来看，中古的平声字在宁都方言里基本上读为阴平和阳平。中古的去声字也基本读为阴去和阳去。中古的入声字也是基本读为阴入和阳入。

中古的上声字，清声母字在宁都方言里大部分归入上声，次浊声母字一部分归入阴平，一部分归入上声，全浊声母字常用字白读为阴平，白读为阳去，不常用的字读为阳去。

第四节 语音变化

语音在语流中会发生一定的变化。本节考察宁都方言的语音变化现象。主要有连读变调、文白异读等方面情况。

一 同化与合音

宁都方言的同化现象主要体现在词语里后一音节的某些元辅音受到前一音节末尾音素的影响而顺同发音。合音主要是指两个音节合并成新的音节。

1. 同化

表 2 - 34　　　　　　　　语音同化

宁都方言	普通话	分解发音	同化发音
屋卡	屋下（家里）	$vuk^2 ha^{35}$	$vuk^2 k^h a^{35}$
厅研	厅下（厅里）	$t^h iaŋ^{51} ha^{31}$	$t^h iaŋ^{-31} ŋa^{31}$
唔要	不要	$ŋ^{324} iɔɯ^{31}$	$ŋ^{324} nɔɯ^{-51}$
唔好	不好；不行	$ŋ^{324} hɔɯ^{214}$	$ŋ^{324} nɔɯ^{214}$
唔会	①不会（学了也不会） ②不会（他不会来）	①$m^{324} vei^{35}$ ②$m^{324} vei^{35}$	①$m̩^{324} mei^{35}$ ②$m̩^{324} mei^{-55}$
食呃	食了	$ʃɯk^2 ei^{31}$	$ʃɯk^2 kei^{31}$
垫呃	垫了	$t^h iap^2 ei^{31}$	$t^h iap^2 pei^{31}$
结呃	结了	$ʧat^2 ei^{31}$	$ʧat^2 tei^{31}$
舞呃	舞了	$vu^{214} ei^{31}$	$vu^{214-31} vei^{31}$
醉呃	醉了	$tsi^{31} ei^{31}$	$tsi^{31} iei^{31}$

续表

宁都方言	普通话	分解发音	同化发音
定呃	定了	$t^hin^{35}ei^{31}$	$t^hin^{35}nei^{31}$
生呃	生了	$saŋ^{51}ei^{31}$	$saŋ^{51-31}ŋei^{31}$

2. 合音

表 2－35　　　　　　　　　　语音合音

宁都方言	普通话	分解发音	同化发音
既＝要	要不要	$ʧi^{31}iɔɯ^{31}$	$ʧɔɯ^{31}$
既＝有	有没有	$ʧi^{31}iɯ^{51}$	$ʧɯ^{51}$
既＝系	是不是	$ʧi^{31}hei^{35}$	$ʧ^hei^{35}$
底下时	这下（啊）	$ti^{214}ha^{35}$（$ʃi^{31}$）	ta^{214}（$ʃi^{-55}$）

宁都田头镇方言不存在"既＝要、既＝有、既＝係"的分解发音，只存在合音，即"照＝、周＝、□$_{ʧ^hei35}$"。但在邻乡黄石等乡镇存在分解发音现象。

二　变调

（一）连读变调

这里主要谈宁都方言的两字组连读变调。两字组连读变调还会受到字组的结构类型影响，通常分为动宾式和非动宾式两种结构。非动宾式前后字都可变，动宾式只前字变。

1. 两字组连读变调规律

我们先按前字的调类分类，再以后字的调类为序排列，调类顺序是：阴平，阳平，上声，阴去，阳去，阴入，阳入。变调规律与两字组的语法结构有关，主要分为非动宾式与动宾式两个结构。另外，还有一种领属式变调，领属助词"个（阴去）"，它的变调规律基本同于"各调＋阴去"的非动宾式，所以不另外列举领属式变调。只有"上声＋个"的变调混同于"阳平＋个"的非动宾式规律，我们个别说明，如"五个（三倍）"等于"球赛"或"牛个（脚迹）"。指示词"底""嗰"，疑问代词"哪"

与上声（后字）组合，符号"阳平＋上声"的变调规律。

　　宁都田头话的两字组连读变调规律如下表所示。

表2-36　　　　　　　宁都田头话两字组连读变调

前字 \ 后字变调		阴平[51]	阳平[324]	上声[214]	阴去[31]	阳去[35]	阴入[2]	阳入[5]
阴平[51]	非动宾式	51-31 51-31				51-31 35-31		51-31 5-2
	动宾式	51-55 51	51-55 324	51-55 214	51-55 31	51-55 35	51-55 2	51-55 5
阳平[324]	非动宾式	324 51-55	324 324-55	324 214-55	324 31-55	214 35-55	214 2-5	
	动宾式							
上声[214]	非动宾式	214-31 51-31	214-51 324	214-51 214	214-51 31	214-31 35-31	214-51 2	214-31 5-2
	动宾式	214-55 51	214-55 324-55	214-55 214	214-55 31	214-55 35	214-55 2	214-55 5
阴去[31]	非动宾式	31 31-24						
	动宾式							
阳去[35]	非动宾式	35 51-31				35 35-31		35 5-2
	动宾式							
阴入[2]	非动宾式	2 51-24						
	动宾式							
阳入[5]	非动宾式	5 51-31				5 35-31		5 5-2
	动宾式							

2. 两字组连读变调规律举例

　　宁都田头话的两字组连读变调举例如下表所示。

表2-37　　　　　　　　宁都田头话两字组连读变调例子

前字＼后字变调		阴平[51]	阳平[324]	上声[214]	阴去[31]	阳去[35]	阴入[2]	阳入[5]
阴平[51]	非动宾式	书包 风车				车站 医院		猪食 阴历
	动宾式	开车 当兵	开门 花钱	烧水 蒸酒	装菜 交货	修路 开会	升级 光脚	开学 消毒
阳平[324]	非动宾式	时间 农村	鞋油 牛栏	锣鼓 泉水	脾气 球赛	符号 肥料	磁铁 颜色	
	动宾式							
上声[214]	非动宾式	酒杯 手巾	好人 九年	水土 小姊	火箭 小旦	水利 本地	粉笔 草屋	老实 酒席
	动宾式	洗衫 赶墟	打人 改名	洗手 讲口	写信 讲价	写字 走路	洗脚 请客	洗镬 打药
阴去[31]	非动宾式	汽车 菜单						
	动宾式							
阳去[35]	非动宾式	电灯 树根				大树 大路		事业 练习
	动宾式							
阴入[2]	非动宾式	北方 作家						
	动宾式							
阳入[5]	非动宾式	月光 石灰				绿豆 学问		学习 食镬
	动宾式							

（二）叠音变调

1. 亲属称谓词的叠音变调

表 2-38 　　　　　　　　　　亲属称谓词的叠音变调

宁都方言	普通话	分解发音	叠音变调
爸爸	父亲	$pa^{31} pa^{31}$	$pa^{31} pa^{-24}$
姆妈	母亲	$m̩^{31} ma^{51}$	$m̩^{31} ma^{-24}$
哥哥	哥哥	$ko^{51} ko^{51}$	$ko^{51} ko^{-24}$
姊姊	姐姐	$tsi^{214} tsi^{214}$	$tsi^{214} tsi^{-24}$
妹妹	对幼小的弟弟、妹妹、孩童的亲昵称呼	$mɔi^{31} mɔi^{31}$	$mɔi^{31} mɔi^{-24}$
舅舅	舅舅	$tʃʰɐɯ^{51} tʃʰɐɯ^{51}$	$tʃʰɐɯ^{51} tʃʰɐɯ^{-24}$
姑姑	姑妈	$ku^{51} ku^{51}$	$ku^{51} ku^{-24}$
丈丈	姑父	$tʃʰɔŋ^{51} tʃʰɔŋ^{51}$	$tʃʰɔŋ^{51} tʃʰɔŋ^{-24}$
姆姆	婶婶	$mu^{214} mu^{214}$	$mu^{-51} mu^{-24}$
姐姐	伯母	$tsia^{214} tsia^{214}$	$tsia^{-51} tsia^{-24}$
公公	爷爷	$kuŋ^{51} kuŋ^{51}$	$kuŋ^{51} kuŋ^{-24}$
婆婆	奶奶	$pʰo^{324} pʰo^{324}$	$pʰo^{324} pʰo^{-55}$
叔叔	叔父	$ʃuk^{2} ʃuk^{2}$	$ʃuk^{2} ʃuk^{2}$
伯伯	伯父	$pak^{2} pak^{2}$	$pak^{2} pak^{2}$

上述亲属称谓中，除了叔叔、伯伯后字不变，婆婆后字变 55 外，其他的称谓后字几乎都变为升调，近似阳平的 24。这种变调是小称变调。

2. 人名称呼词的叠音变调

表 2-39 　　　　　　　　　　人名称呼词的叠音变调

宁都方言	分解发音	叠音变调
晶晶	$tsin^{51} tsin^{51}$	$tsin^{51} tsin^{-31}$
晨晨	$ʃen^{324} ʃen^{324}$	$ʃen^{324} ʃen^{-55}$
选选	$sien^{214} sien^{214}$	$neɯ^{214} neɯ^{-55}$
秀秀	$siu^{31} siu^{31}$	$siu^{31} siu^{31}$
豆豆	$tʰiu^{35} tʰiu^{35}$	$tʰiu^{35} li^{-31}$
木木	$muk^{2} muk^{2}$	$muk^{2} muk^{2}$
玉玉	$nuk^{5} nuk^{5}$	$nuk^{5} nuk^{-2}$

上述人名称呼词叠音变调中，前字基本不变。后字原调值为凹调的阳平、上声，变为更高的 55。后字调值下降或上升的阴平、阴去、阳去变为 31。入声后字阴入不变，阳入变为低值 2。

3. 量词的叠音变调

表 2 - 40　　　　　　　　　量词的叠音变调

宁都方言	普通话	分解发音	叠音变调
家家	每一家	ka^{51} ka^{51}	ka^{51} ka^{-31}
茎茎	每一根	haŋ^{324} haŋ^{324}	haŋ^{324} haŋ$^{-55}$
眼眼（店）	每一家（店）	ŋan^{214} ŋan^{214}	ŋan^{214} ŋan^{-55}
个个	每一个	kei^{31} kei^{31}	kei^{31} kei^{31}
部部（车）	每一辆（车）	p^{h}u^{35} p^{h}u^{35}	p^{h}u^{35} p^{h}u^{-31}
粒粒	每一粒	lip^{2} lip^{2}	lip^{2} lip^{2}
集集（电视剧）	每一集（电视剧）	ts^{h}iap^{5} ts^{h}iap^{5}	ts^{h}iap^{5} ts^{h}iap^{-2}

量词的叠音变调基本同于人名称呼词的叠音变调。

三　文白异读

汉语方言中一些字的字音由于历史演变的原因，存在文白异读现象。宁都方言也存在文白异读现象，主要体现在声母和韵母上。

（一）声母

一些来自中古的非组字声母白读重唇音，文读轻唇音。

表 2 - 41　　　　　　　　　非组字文白并读

字	贩	粪	扶	妇	问	望
古声母	非	非	奉	奉	微	微
声母白读	p^{h}	p	p^{h}	p^{h}	m	m
声母文读	f	f	f	f	v	v

另外，一些中古的晓匣母合口字、日母字、以母字声母存在文白异读现象。

表 2 - 42   晓匣合口、日母、以母字文白异读

字	训	兄	横	话	人	诱	盈
古声母	晓	晓	匣	匣	日	以	以
声母白读	f	f	v	v	Ø	l	l
声母文读	ç	ç	h	f	n	Ø	Ø

（二）韵母

韵母文白异读主要体现在梗摄字韵母的韵腹为 a。通常梗摄二等字的韵母白读为 aŋ，文读为 ɯŋ。梗摄三等字、四等字韵母白读为 aŋ、iaŋ，文读为 ɯŋ、in。

表 2 - 43   梗摄字文白异读

字	争	耕	整	命	丁	平
（韵）等	二	二	三	三	四	四
韵母白读	aŋ	aŋ	aŋ	iaŋ	iaŋ	iaŋ
韵母文读	ɯŋ	ɯŋ	ɯŋ	in	in	in

第 三 章

宁都方言词汇

第一节　词汇的主要特点

本节将从词语形式、词语意义、词语理据和词语来源四个方面来分析宁都方言词汇的特点。

一　词语形式方面的特点

宁都方言词汇与普通话词汇的形式差异主要表现在音节数量、构词材料和结构形式三个方面。

（一）音节数量

1. 宁都方言词汇音节数量多于普通话词汇音节数量。包括宁都方言为单音节，而普通话为双音节或多音节；宁都方言为双音节或多音节，而普通话总比它多一个或几个音节。

宁都方言—普通话	宁都方言—普通话	宁都方言—普通话
伴—伙伴	客—客人	弟—弟弟
妹—妹妹	舅—内兄弟	鼻—鼻涕
胆—胆量	虹—彩虹	雹—冰雹
脑子—豆腐脑	照子—煤油灯	台球—乒乓球

2. 宁都方言词汇音节数量少于普通话词汇音节数量。

宁都方言—普通话	宁都方言—普通话	宁都方言—普通话
枇杷—别桃子	肚饥—饿	盐癣—癣
牵痎气—哮喘	跌着呃—跌伤	石子糖—冰糖

3. 宁都方言词汇音节数量等于普通话词汇音节数量。有单音节和多音节的。

宁都方言—普通话	宁都方言— 普通话	宁都方言—普通话
岭—山	钉—扔	酸—酸
勾筒—二胡	镰刀—镰刀	旧年—去年

（二）构词材料

宁都方言词汇构词语素有完全同于、部分同于、完全不同于普通话词汇语素的情况。这里只列举部分同于、完全不同于普通话的情况。

1. 语素部分相同

宁都方言—普通话	宁都方言—普通话	宁都方言—普通话
新人—新娘	邻舍—邻居	楼隥—楼梯
今朝—今天	搬伶灯—舞龙灯	软谑—柔软

2. 语素完全不同

宁都方言—普通话	宁都方言—普通话	宁都方言—普通话
慒—干	斫—砍	缌—绑
今底—现在	嘎嘎—鸡蛋	呀咦—知了

（三）构词方式

1. 语素结构关系的异同

（1）语素结构关系相同的词汇

宁都方言—普通话	宁都方言—普通话	
咬捏—捏造	横直—反正	（联合）
灰寮—粪坑	神台—香案	（偏正）
倒脸面—丢脸	打工鞭—放鞭炮	（动宾）
嘴燋—口渴	天光—天亮	（主谓）

（2）语素结构关系不同的词汇

宁都方言—普通话	宁都方言—普通话
有病—病了　（动补—动宾）	热痱—痱子（附加—偏正）
毫子—硬币　（偏正—附加）	快性—快点（形补—偏正）

2. 词汇的语序不同

宁都方言—普通话	宁都方言—普通话	宁都方言—普通话
人客—客人	尘灰—灰尘	泡豆腐—豆腐泡
天晴—晴天	菜干—干菜	鸭公—公鸭

二　客家方言特征词与客赣方言共有词

李如龙（2001）提到汉语方言特征词是方言区"区内大体一致，区外比较少见"的方言词。汉语方言特征词真正做到"区内一致"是比较容易的，但要做到"区外少见"是很难的，因为这样的话每个方言区就没几个"特征词"了，所以我们选取方言特征词的比较对象时，放宽范围，只选取和它关系密切而又必须分开的那一个方言。客家方言特征词通常是相对于周边的赣闽粤方言来说的，但我们有时放宽范围主要相对于赣语来确定。宁都方言属于客家方言，它有自己的特征词。

这里选取斯瓦德什的二百核心词，从中找出客家方言特征词、客赣方言共有词以及它们在宁都方言中的体现。

（一）客家方言特征词

1. 二百核心词包含的客家方言特征词（包括不同的说法）

斯瓦德什给二百核心词编了号，具体可见陈保亚（1996）、胡松柏（2009）。我们依据胡松柏的排序。[①] 下面列出二百核心词包含的客家方言特征词，每条客家特征词前的阿拉伯数字为相应的二百核心词序号。

岭、岭岗、岌（6），暗晡、夜晡（15），树头（19），虱嫲（23），鸡春（25），号（30），男欸人（男子人）、男子（32），妇人家、妇娘人（33），头那（41），毛（头那~）（42），舌嫲、舌刁（47），奶姑（奶，阳声韵）（51），肚屎[②]（屎肚）（52），食（~饭，~茶）（55），啉（56），讲（57），睡、歇（59），知得（64），剧（72），𠊎（74），工人（当人）（𠊎~）（75），□ₘₐₙ₃₁（~人）（77），脉个（78），嬎（81），旱（89），烧（热）（90），唔（97），落□ₖʰₑₙ₅₃（106），尘灰（111），工（113），婆（128），嫽、搞（134），打交、相打（135），啐（吸）（136），鼻（140），捞（147），□ₘₐₖ₂（掰开）（150），抑、帮（151），□ŋₐₘ₅₅（152），改（154），擎（155），猎（158），𢞵（164），惊（165），左片、左手□ₛₐₖ₂（166），右片、右手□ₛₐₖ₂（167），鄙（174），戀（175），係（对）（176），贲（178），□ₘₑ₅₃（190），生（活的）（191），係（是）（193），同、摎、交（和）（194）。

共有68条。

2. 宁都方言在二百核心词中包含的客家方言特征词

在上面的68条客家方言特征词中，宁都方言没有"岭岗、暗晡、树头、虱嫲、鸡春、头那、毛（头那~）、舌嫲、舌刁、啉、讲、歇、脉个、烧（热）、落□［ₖʰₑₙ₅₃］、嫽、帮、惊、左片、左手□ₛₐₖ₁、右片、右手□ₛₐₖ₁、鄙、戀、贲、□ₘₑ₅₃、同、捞、交（和）"29条。

---

① 实际只选用了199条。原二百词删去"尾巴、森林、躺、给"4条。增加3条，即"干""杀""脂肪"各分出2条。

② 梅县写作"肚笥"，北京大学中文系（1995）《汉语方言词汇》写作"肚屎"，从于都、田头的"屎肚"及"笥"的声调来看，"笥"本字应为"屎"。

（二）客赣方言共有词

1. 二百核心词包含的客赣共有词

二百核心词里有下面这些客赣共有词（包括不同的说法）：

日头（1），月光（2），云（4），雨（5），路（8），石头（9），沙、沙子（10），灰（11），水（12），烟（13），火（14），树（16），树皮（17），树叶（18），树根（19），种子（20），狗（21），鱼（24），角（26），毛（27），爪（29），人（31），皮（34），肉（35），血（36），骨头（37），油（38），心（39），肝（40），眼睛、眼珠（43），鼻公（44），嘴（45），牙齿（46），颈、颈筋（49），手（50），肚（52），脚（53），话（57），咬、啮（61），看、望（62），听（63），晓得（64），行（65），徛（66），来（67），坐（68），飞（69），烧（71），杀（杀头）（72），死（73），新（82），满（83），大（84），小、细（85），长（86），圆（87），多（88），慒（89），热、滚（90），冷、寒（91），红（92），绿（93），黄（94），白（95），黑、乌（96），全部、一（98），一（99），二（100），天（天空）（101），风（102），雾（103），雪（104），河（107），湖（108），海（109），盐（110），年（112），花（115），草（116），劈（117），水果（118），蛇（120），虫（121），翼（123），棍子（124），索（125），细人子（126），爷（127），老公（129），老婆（130），背（131），腿（132），敨气（133），吮（136），吐（～出）（137），呕（138），吹（139），笑（141），唱（142），拿、搦（143），搇（144），打（145），繃，捆、绑（146），扱（148），转（149），钉＝（扔）（150），挨（151），斫（152），笮、压（153），挖（154），鳞（156），洗（157），逐（158），跌（159），浮（160），流（161），烂（162），肿（163），想（164），渠（168），短（177），薄（179），阔（180），狭（181），平（182），直（183），尖（184），重（185），少（186），远（187），近（188），湿（189），老（192），因为、因（196），数（名词）（197），三（198），四（199），五（200）。

客赣共有词语共有 153 条。

2. 宁都方言在二百核心词中包含的客赣共有词

宁都方言在二百核心词里有下面这些客赣共有词（包括不同的说

法）：

月光（2），云（4），雨（5），路（8），石头（9），沙、沙子（10），灰（11），水（12），烟（13），火（14），树（16），树皮（17），树叶（18），狗（21），鱼（24），角（26），毛（27），尾巴（28），爪（29），名字（30），人（31），皮（34），肉（35），血（36），骨头（37），脂肪（38/1），心（39），肝（40），眼睛（43），鼻公（44），嘴（45），牙齿（46），颈（49），手（50），脚（53），话（57），咬、啮（61），看、望（62），听（63），晓得（64），行（65），徛（66），来（67），坐（68），飞（69），烧（71），杀（杀头）（72/2），死（73），新（82），满（83），大（84），小、细（85），长（86），圆（87），多（88），干（89/1），热（90），滚（90），红（92），冷（91），绿（93），黄（94），白（95），黑、乌（96），全部（98），一（98），一（99），二（100），天（天空）（101），风（102），雾（103），雪（104），湖（108），海（109），盐（110），年（112），花（115），草（116），刺（117），水果（118），蛇（120），虫（121），翼拍（123），棍子（124），细人子（126），老公（129），老婆（130），背（131），腿（132），呼吸（133），吮（136），吐（137），呕（138），吹（139），笑（141），唱（142），搦、拿（143），戢、揌（144），打（145），捆、繬、绑（146），推（148），转（149），钉=（扔）（150），挨（靠近）（151），斫、斫（t母）（152），筜（153），挖（154），鳞（156），洗（157），逐（158），跌（159），浮（160），流（161），烂（162），肿（163），想（164），他（168），薄（179），阔（180），窄（181），平（182），直（183），尖（184），重（185），少（186），远（187），近（188），湿（189），老（192），因为、因（196），数（197），三（198），四（199），五（200）。

总共有客赣共有词语变体146条。

附录：两阶核心词表（参照胡松柏2003：93—94）。

核心词第一阶：

1. 太阳；2. 月亮；3. 星星；4. 云；5. 雨；6. 山；7. 土地；8. 路；9. 石头；10. 沙子；11. 灰；12. 水；13. 烟；14. 火；15. 晚上；16. 树；17. 树皮；18. 叶子（树叶）；19. 根（树根）；20. 种子；21. 狗；

22. 鸟；23. 虱子；24. 鱼；25. 鸡蛋；26. 角；27. 羽毛；28. 尾巴；
29. 爪；30. 名字；31. 人；32. 男人；33. 女人；34. 皮肤；35. 肉；
36. 血；37. 骨头；38. 脂肪；39. 心脏；40. 肝；41. 头；42. 头发；
43. 眼睛；44. 鼻子；45. 嘴；46. 牙齿；47. 舌头；48. 耳朵；49. 脖子；
50. 手；51. 乳房；52. 肚子；53. 脚；54. 膝盖；55. 吃；56. 喝；57. 说
话 58. 躺；59. 睡觉；60. 游水；61. 咬；62. 看见；63. 听见；64. 知
道 65. 走；66. 站；67. 来；68. 坐；69. 飞；71. 给；71. 烧；72. 杀；
73. 死；74. 我；75. 我们；76. 你；77. 谁；78. 什么；79. 这；80. 那；
81. 好；82. 新；83. 满；84. 大；85. 小；86. 长；87. 圆；88. 多；
89. 干；90. 热；91. 冷；92. 红；93. 绿；94. 黄；95. 白；96. 黑；
97. 不；98. 全部；99. 一；100. 二。

核心词第二阶：

101. 天空；102. 风；103. 雾；104. 雪；105. 冰；106. 结冰；107. 江；
108. 湖；109. 海；110. 盐；111. 灰尘；112. 年；113. 天日；104. 森林；
115. 花；116. 草；117. 刺；118. 水果；119. 动物；120. 蛇；121. 虫；
122. 肠子；123. 翅膀；124. 棍子；125. 绳子；126. 小孩；127. 父亲；
128. 母亲；129. 丈夫；130. 妻子；131. 背（名词）；132. 腿；133. 呼吸；
134. 玩；135. 打架；136. 吮吸；137. 吐；138. 呕吐；139. 吹；140. 闻；
141. 笑；142. 唱；143. 拿；144. 抓；145. 打；146. 捆；147. 拉；148. 推；
149. 转；150. 扔；151. 擦；152. 砍；153. 压；154. 挖；155. 撕裂；
156. 缝；157. 洗；158. 打猎（改为追逐）；159. 掉；160. 漂浮；161. 流；
162. 腐烂；163. 肿；164. 想；165. 怕；166. 左边；167. 右边；168. 他；
169. 他们；170. 哪里；171. 这里；172. 那里；173. 怎么；174. 坏；
175. 愚蠢；176. 对；177. 短；178. 厚；179. 薄；180. 宽；181. 窄；
182. 平；183. 直；184. 尖；185. 重；186. 少；187. 远；188. 近；189. 湿；
190. 肮脏；191. 活的；192. 老的；193. 在；194. 和；195. 如果；196. 因
为；197. 数；198. 三；199. 四；200. 五。

三　方言本字考析

（一）古语遗留

1. 俫子：儿子，男孩。近代汉语词，见于元代，《元词典》三个义项：（1）称男子。（2）指年轻的仆人。（3）角色名，扮小孩。《赵礼让肥》"青哥儿"白："（俫儿云）爹爹，我肚里饥。"今客家方言及个别赣语点还进一步引申指"儿子"。《集韵》去声代韵洛代切。（注：刘泽民老师认为"裔"是本字）

2. 壮：肥胖。《方言》卷一，"秦晋之间凡人之大谓之奘，或谓之壮"。

3. 腈：《集韵》平声清韵咨盈切："肉之粹者。"

4. 晓：《方言》卷一"党，晓，哲，知也。楚谓之党，或曰晓"。今客赣方言一般说"晓得"。

5. 菢：《方言》卷二"抱，媚，耦也。荆吴江湖之间曰菢、媚，宋颖之间或曰媚"。《广韵》去声宥韵扶富切："鸟菢子，又音服。"菢，《广韵》去声号韵薄报切："鸟伏卵。"吴、闽、客（客籍话）、徽等南方方言说"伏"，粤、客（宁石话、本地话）赣、湘、官等说"菢"。

6. 揞：《方言》卷六："揞、揜、错、摩、藏也。荆楚谓揞。"《广雅·释诂四》："揞，藏也。"王念孙疏证："揞，犹揜也。"《广韵》上声感韵乌感切："庵上声。藏也，手覆也。"也见于冀鲁官话、晋语、徽语、吴语、赣语、粤语、闽语。宁都方言今读阴平。

7. 搲：《类篇·手部》上声马韵乌瓦切："吴俗谓手爬物曰搲。"也见于近代汉语，指手抓住物体。明·张岱《陶庵梦忆·炉峰月》："余挟二樵子从壑底搲而上，可谓疾绝。"今称"用手抓取"为"搲"的方言，见于客赣方言、吴语、晋语、湘语、粤语等。

8. 霁：《广韵》平声东韵莫红切。《尔雅·释天》"天气下地不应曰霁"，《说文解字》写作"霿"，"莫弄切"，《集韵》写作"霁霿霿霿"，"谟蓬切"，《类篇》写作"霁霿霿霿"，反切阳平有"谟蓬切"，次浊上"莫凤切"，次浊去"蒙弄""莫宋"。今客赣方言大多把"雾"叫"霁"。

9. 晡：古代汉语词，原指"申时"。《广韵》平场模韵博孤切"晡，申时"。也指"夜""晚"。杜甫《大历三年春白帝城放歌四十韵》："绝鸟容烟雾，璄州纳晓晡。"今客家方言表义变异较大。

10. 櫼：古南方方言词，唐慧琳《一切经音义》"（楔）又作櫼，同先结反，江南言櫼，子林反"。《集韵》平声盐韵将廉切。见于客赣方言、吴语、闽语、粤语。该词还可以作动词，义为"挤进去"。见于客家话、粤语、赣语和闽语一些地方。

11. 盪：《广韵》上声荡韵徒朗切“涤荡，摇动貌。《说文》曰：涤器也”。见于客赣方言。客赣方言中不少点将浊上字读作阴平。

12. 萦：《广韵》平声清韵於营切，“绕也”。《诗经·周南·樛木》“南有樛木，葛藟萦之”，《毛传》“萦，绕也”。

13. 匏：音“蒲”，指“瓠子，葫芦”。《说文》：“匏，瓠也。”《广韵》平声肴韵薄交切，肴韵一部分字在上古归幽部，读 u，保留古音。

14. 椑：柿子。《广韵》平声支韵府移切，“木名，似柿。《荆州记》曰，宜都分大椑”。见于客赣方言。

15. 棘：入声职韵林直切，“赵魏间呼棘，出《方言》”。

16. 晏：晚、迟。《广韵》去声翰韵乌旰切，“晚也”。见于客赣方言等。

17. 舞：做、弄。章炳麟《新方言》“庐之合肥，黄之蕲州，皆谓作事为舞”。

18. 屏、偋：藏东西、躲藏。屏，《广韵》上声静韵必郢切，“屏，蔽也”。客赣方言有此说法。阴上读如阴去，客赣方言皆有此现象。偋，《广韵》去声劲韵防正切，又蒲径切，“隐僻也，无人处”。两者为同族词，但前者音义更合。

19. 摎：混合；和、跟。《集韵》肴韵力交切：物相交也。客家方言读为阴平调。

20. 搒：拉、扯。古代汉语词，《集韵》平声庚韵哺横切：“搒，相牵也，或作揨。”

21. 徛：站立。《广韵》上声纸韵渠绮切：“立也。”浊上在客赣方言有读阴平。

22. 熝：（用、被热水）烫。《集韵》入声屋韵卢谷切：“熝，炼也。”

23. 挼：揉搓。《广韵》平声戈韵奴禾切，“挼莎，两手相切摩也。”音义俱合。也见于赣语。

24. 陵（掏，慢慢伸进）：宁都方言“掏鸟窝”“手慢慢伸进袖筒里（笼着手）”中的“掏”“慢慢伸进”说“［□lem］”，我们考证它的本字为“陵”。

《广韵》“陵，大阜曰陵，释名曰：陵，崇也，体崇高也，又犯也侮也侵也""力膺切","陵"有"侵"义,而"侵",《说文》"侵,渐进也,……七林切"。陵为古蒸部字,侵为古侵部字,侵蒸部字对转。

25. 豚（底下、底部）:《广韵》"豚",屋韵丁木切,尾下窍也。《集韵》"豚",屋韵都木切,博雅臀也,或作屍,俗作屌,非是。《玉篇》"豚,脂朔切,尻也"。《玉篇》"脂朔切",记录的大概是觉韵没从屋韵分出时候的读音。"豚"还有"屍""屌"的写法。

26. 茅竹、苗竹。《经典释文》"茅,卯交反,郑音苗"。梅县、于都、田头说茅（音苗）竹,梅县写作"苗竹"。肖田、黎川、南昌说茅竹,写作毛竹。

27. 鸡盏（鸡罩）:《方言》"盏",郭璞注"最小杯也","盏"也指明了"鸡罩"的杯子形状,但形容的器物换成了"盏"。山摄中古二等、三等已相混,而三等韵仙韵（平赈上去）有的混同于真韵（平赈上去）的,如《广韵》"紾","知演切""转绳也,又音轸"。所以"盏"字音义皆合。

（二）少数民族底层词

中国的南方地区历史上曾称为百越地区,《汉书·地理志》臣瓒注云"自交趾至会稽七八千里,百越杂处,各有种姓",《吕氏春秋·恃君》说"扬汉之南,百越之际"。庄初升教授（2004）说"客籍著名民族学家徐松石先生在论及岭南的客家人曾推断,'今日的客家乃是中原汉族和越族粤族的混合体,其中大约以中原汉族的成分较为丰富'"。[1] 汉语客家方言难免会留存有某些百越语成分。客家方言如此,江西省境内的其他汉语方言也是如此。

江西方言中的少数民族底层词,有些是纯粹的少数民族语底层词,有些是汉藏语系有共同来源的词。

1. □$_{naŋ^{214}}$（短）

李云兵（1997）《现代畲语有鼻冠音声母》[2] 引用了博罗、惠东的例子"长坑 n'aŋ$_{(3)}^{44}$→嶂背 n'aŋ$_{(3)}^{55}$→陈湖 n'aŋ$_{(3)}^{33}$→碟下 n'aŋ$_{(3)}^{55}$→大坪 naŋ$_{(3)}^{53}$",前面四个点声母带鼻冠音,最后一个鼻冠音成主要声母,读成 n,都为第3调。

---

① 庄初升:《粤北土话音韵研究》,中国社会科学出版社 2004 年版。
② 李云兵:《现代畲语有鼻冠音声母》,《民族语文》1997 年第 1 期。

2. 乱祭（丝瓜）

勉瑶 lai1 dze^5 或 lai^2 dze^5，梅县"澷瓜（无棱）"，瑞金"乱丝"，遂川"留举"。（注：有的学者认为后字的本字是"絮"）

3. □$_{na}^{n31}$（乳房、乳汁）

泰语 nom^2，老挝 nom^2，版纳 num^2，龙州 num^2。瑞金、石城、龙南、铜鼓等也有此说。

4. □$_{tʃʰat5}$（稠稀饭~）

龙州壮语［kut^5］，武鸣壮语［kɯk^8］，望谟布依语［kɯt^5］，临高话［kɔt^5］。南昌、高安、永丰、吉水、于都、瑞金、河源、长汀和其他一些客赣方言都说。

5. □$_{fit5}$（扔，甩）

傣语西双版纳 fɐt^8，邕宁 vət^8，布依 vet^8，琼山 vɐt^7。石城、瑞金、赣县等有此说。

6. □$_{kem214}$（盖住）

与壮侗语可以对应：武鸣壮语 ko：m^5，傣语 hom^5，水语 qam^5。客家方言还有瑞金、于都、赣县、南康、龙南、铜鼓有此说。赣方言南昌、修水、星子、乐平、奉新、万载、抚州、宜黄、上高、高安有此说。

7. □［lɔŋ^{51}］（涮、投、漂洗）

泰语，老挝语，傣语（版纳、德宏、傣拉），侗语（侗南、侗北）la：ŋ^4，壮语邕宁 klo：ŋ^4，仫佬 kɣa：ŋ^5。

8. □$_{ham51}$（缸）

佤语 tom，锦语 ha：m^2，莫语 ha：m^2。

9. □$_{lien214}$□$_{ni-55}$（穿山甲）

lai^6 勉瑶，lin^6 壮、傣。赣方言星子、上高、修水、宜黄、南丰有此说。客家话还有瑞金、于都、赣县、南康、龙南、铜鼓等也有此说。

10. 脚□$_{na}$ŋ^{214}肚（小腿肚）

泰语 nɔ：ŋ^3，版纳 nɔ：ŋ^6，临高 naŋ^2。还有于都、龙南、铜鼓、石城、定南、安远等有此说。

11. □$_{ia214}$□$_{i-55}$（知了）

布努 ve^3 jai^7，傣 jai^2。还有于都、宜黄等有此说。

12. □$_{iak5}$（挥动）

挥动（~手）：巴哼 va^3，勉瑶 ja：p，壮 vat^8，水 va：t^7。

13. □$_{hen324}$（太阳热、锅热）

侗台语傣语 hon^4，壮语 hɯɯŋ^5，临高语 lun^3。黄树先（2007：26）"《礼记·文王世子》'食上，必在，视寒暖之节。'《释文》'暖，乃管反，徐况烦反。'乃管反 * nwan，况烦反 xjan"。这里古汉语的"暖"训读成"况烦反 * xjan"，和侗台语表"热"义的说法同源。

（三）同族词考析

客赣方言中存在着一些同族词，它们有的本字未明。在此，根据文献和语音演变规律考析了客赣方言六点几对同族词的源流关系。主要有"杷""孟"和"吻"类词。

1. 杷

1.1 词汇举例

（1）竹杷子：宁都说"竹杷（子）"或"杷子"。

（2）杷（农具，杷稻田用）：宁都说"杷"。

（3）杷田（杷稻田）：宁都说"杷田"。

（4）锄头（宽板）：于都说"□$_{tʂ^hia35}$子"，阳平。宁都田头说"□$_{tʃ^ha31}$子"，为阴去。宁都肖田说"□$_{k^hua324-31}$仔"，阳平。黎川说"钯$_{pa35-53}$儿"。

（5）锄头（长条）：田头说"镬头"，"镬"音［tʃɔk^2］，阴入。黎川说"镢"，音［kiɔk^3］阴入。

（6）树枝：梅县说"树□$_{p^ha31}$"，上声（31 为低调，调值可能为 11，调类为阳平）。田头说"树□$_{k^ha324}$"，阳平。

（7）（用刷帚）刷：于都说"□$_{tɕhia31}$"。田头说"□$_{tʃ^ha31}$"，阴去。黎川说"□$_{k^hua44}$"，写作"垮"。

（8）挠痒：梅县说"也痒"。于都说"□$_{tɕhia31}$痒"，阴平。田头说"□$_{tʃ^ha31}$痒"，阴去。黎川说"□$_{k^hua44}$痒"，上声，写作"垮"。

（9）胯骨：梅县、于都和田头说"屎杷骨"。普通话说"胯骨"。

1.2 k 类词和 p 类词

上面词语里都包含有声母 k（或 tʃ/tʃ^h/tʂ/tʂ^h/tɕ/tɕ^h）或 p（或 p^h）的

词（或语素），我们把声母是 k（或 ʧ/ʧ^h/tʂ/tʂ^h/tɕ/tɕ^h）的词（或语素）称为"k 类词（或语素）"，把声母是 p（或 ph）的词（或语素）称为"p 类词（或语素）"。

1.3　k 类词和 p 类词的演变

braa > ba > ^{w}ba > ^{wb}a > g^{wb}a > g^{wb}a > g^{w}a

较早出现 k 类词和 p 类词的文献是《释名》"……齐鲁谓四齿杷为欋"。《方言》"杷，宋魏之间谓之渠挐，或谓之渠疏"，郭璞注"语转也"。"杷"，并母字，"欋""渠"群母字。"杷"语转为"渠挐""渠疏"，这说明了在上古已有 b 向 gw（或 g）转化的方言事实。

2. 孟（辈分）、伯（辈分）；［maŋ］（扔）、［mak］（扔）；孟（长度、高度）

2.1　孟（辈分）、伯（辈分）；［maŋ］（扔）、［mak］（扔）

《说文》："孟，长也，……莫更切"，又"伯，长也，……博陌切"，古代人们通过韵类对转来实现词型或意义转变。如果从方言学的角度讲，甚至可以说，它们是同一意义的变音。客家方言里［maŋ］、［mak］两读的也有，"扔"田头话有［maŋ^{35}］（阳去）、［mak^5］（阳入）两读。徐通锵举了宁波鄞县"伯"的读音，有［paʔ］、［pã］两读的例子，另宁波定海也有［paʔ］、［pã］两读。古汉语的"孟""伯"为韵类（阳部、铎部）对转实现意义变化，此类词还有"（虻）蛨""（蚱）蜢"。

2.2　孟（长度、高度）

于都说［mã^{31}］，阴平。田头说［maŋ^{51}］，阴平。宁都肖田说［maŋ^{214}］，阴平。南昌说［maŋ^{213}］，上声。于都、宁都肖田只指长度，南昌只指高度，宁都田头两者皆可。上文《说文》"孟，长也"。《类篇》"长，孟也、进也"。"孟""长"互训。麦耘先生说"孟，由辈分的长幼引申为长度的长短，完全可能"。《集韵》"母朗切，音莽"，客家话次浊上读阴平，南昌次浊上还读上声，音义皆合。

3. 灡、瀬（唾液）

唾液，宁都田头、肖田说［ₒlan］，梅县音［ₒlan］，于都音［ₒlã］，都读阴平。《梅县方言词典》把它写作"瀾"，原书引《集韵》"平声山韵离闲切""瀾，水貌"。《于都方言词典》作"灡"，《广韵》"落干切""大波"。"瀾"和"灡"作为与水有关的词语，用来作"唾液"同族词的成员是可以的。

根据词义、韵书及民族语言等材料，我们认为"濡""濑"也是"唾液"同族词。濡，《经典释文》"而转反"又"奴乱反"。"濡"有濡湿、浸渍、水名等含义，用来指唾液是可行的。厦门方言说［nūā］，阳去，写作"澜"，潮州话说［nūā］，阳上，写作"澜"，从声韵上来看，"濡"更合适。"濑"与"濡"也有很深的渊源关系。郦道元《水经注·漓水》"濑水出县西北，鲁山之东，径其县西，与濡水合"。"濑"，《汉语大词典》"浅水沙石滩"。《说文》："滩，水濡而干也"。"濑"也有阳声韵的读法，《说文解字注》"濑渚谓之陵水，……自濑渚东流为濑溪，乡民误曰烂溪。"同声旁的"懒"字阳声韵。阴阳声韵可以通转。

另外，民族语言"唾液"的说法和客家方言区文人的诗歌，也证明与"濑"有关。邓晓华《客家话跟苗瑶壮侗语的关系问题》，在一些少数民族语言里"唾液"说"la：i^{2}泰，la：i^{2}傣，la：i^2、mla：i^{2}壮"。清初著名散文家宁都三魏之一的魏禧《贼平后经头陂墟市》有句"鹅鸭笼中喧白濑，儿童树下数青钱"，其中前句是说鹅鸭在笼子中大声鸣叫，唾液直流。（注：严修鸿老师认为本字为"演"，刘泽民老师认为是"涎"）

第二节　常用词汇

本节是宁都方言常用词汇。词汇表收录了词语 3500 多条。按意义分为 28 类，顺序和条目的安排依照《汉语方言词语调查条目表》（中国社会科学院语言研究所研究室资料室编，《方言》2003 年第 1 期）编排。词汇分类目录如下：

（一）天文	（十六）日常生活
（二）地理	（十七）讼事
（三）时令时间	（十八）交际
（四）农业	（十九）商业交通
（五）植物	（二十）文化教育
（六）动物	（二十一）文体活动
（七）房舍	（二十二）动作
（八）器具用品	（二十三）位置

（一）天文

日头下 net²tʰiu³²⁴ha⁻⁵⁵太阳地

日头脚【底】下 net² tʰiu³²⁴ tʃɔk⁻⁵【tie⁻³¹】ha⁻³¹太阳地

日头豚下 net²tʰiu³²⁴tuk⁻⁵ha⁻³¹太阳地

痕 hen³²⁴（太阳）烈

背阴 pʰɔi³⁵iem⁵¹背阴

背光 pʰɔi³⁵kɔŋ⁵¹背阴

天狗食日 tʰien⁵¹keɯ²¹⁴ʃɯk⁵net²日食

日头戴枷 net² tʰiu³²⁴ tai³¹ ka⁵¹日晕

月光下 nat⁵kɔŋ⁻³¹ha⁻³¹月亮地

月光脚【底】下 nat⁵ kɔŋ⁻³¹ tʃɔk²ha³⁵【tie⁻³¹ha⁻³¹】月亮地

月光豚下 nat⁵kɔŋ⁻³¹tuk⁻⁵ha³⁵月亮地

天狗食月 tʰien⁵¹keɯ²¹⁴ʃɯk⁵nat⁵月食

月光戴枷 nat⁵ kɔŋ⁻³¹ tai³¹ ka⁵¹月晕

河路 ho³²⁴lu⁻⁵⁵银河

遗屎星 lai³²⁴ʃi⁻⁵⁵siaŋ⁵¹流星

扫把星 sɔɯ³¹pa²¹⁴siaŋ⁻⁵⁵彗星

大风 tʰai³⁵fuŋ⁻³¹风

细风 sie³¹fuŋ⁻⁵⁵小风

微微风 mi³²⁴mi⁻⁵⁵fuŋ⁵¹微风

皱尾风 tsiu³¹mei⁻²⁴fuŋ⁵¹旋风

皱螺风 tsiu³¹lo³²⁴fuŋ⁻⁵⁵旋风

透风透雨 tʰeɯ³¹ fuŋ⁵¹ tʰeɯ³¹vu⁻³¹顶着风雨

起风 ʃi⁻⁵⁵fuŋ⁵¹刮风

发风 fa²fuŋ⁵¹刮风

风停呃 fuŋ⁻⁵⁵tʰin³²⁴ei³¹风停了

乌云 vu⁵¹vin³²⁴黑云

雷公 lui³²⁴kuŋ⁻⁵⁵雷

打雷公 ta⁻⁵⁵lui³²⁴kuŋ⁻⁵⁵打雷

蛇子焰 ʃa³²⁴tsɯ⁻⁵⁵iam³¹闪电

打蛇子焰 ta⁻⁵⁵ʃa³²⁴tsɯ⁻⁵⁵iam³¹打闪电

打蛇焰 ta⁻⁵⁵ʃa³²⁴iam⁻⁵⁵打闪电

落雨 lɔk⁵vu²¹⁴下雨

细雨 sie³¹vu²¹⁴（小）雨

雨毛子 vu⁻³¹ mɔɯ⁵¹ tsɯ²¹⁴毛毛雨

毛毛雨子 mɔɯ⁻³¹mɔɯ⁻³¹vu⁻³¹tsɯ²¹⁴毛毛雨

微毛雨子 mi⁻³¹ mɔɯ⁻³¹ vu⁻³¹ tsɯ²¹⁴毛毛雨

微微雨子 mi³²⁴ mi⁻⁵⁵ vu⁻⁵¹ tsɯ⁻³¹毛毛雨

大雨 tʰai³⁵ vu²¹⁴大雨

落泗雨 lɔk⁵ tsiu³¹ vu²¹⁴下连阴雨

落日头雨 lɔk⁵ net² tʰiu³²⁴ vu⁻⁵⁵下太阳雨

躲雨 to⁻⁵⁵vu²¹⁴避雨

雨停呃 vu²¹⁴tʰin³²⁴ei³¹雨停了

虹 kɔŋ³¹虹

涿雨 tuk²vu²¹⁴淋雨

造雨 tsʰɔɯ³⁵vu²¹⁴淋雨

凌冰 lɯŋ³²⁴pɯŋ⁻⁵⁵冰锥

凌条 lin³⁵tʰiɔɯ³²⁴冰锥

雹 pʰɔk⁵雹

落雪 lɔk⁵siet²下雪

棉花胖 mien³²⁴fa⁻⁵⁵ pʰaŋ³¹鹅毛雪

米头雪 mi⁻⁵¹tʰiu³²⁴siet⁻⁵雪珠子

烊雪 iɔŋ³²⁴siet²化雪

露水 lu³¹ʃui²¹⁴露

露 lu³¹露

发露 fat²lu³¹下露

霜 sɔŋ⁵¹霜

打霜 ta⁻⁵⁵sɔŋ⁵¹下霜

雾 muŋ³¹雾

发雾 fat²muŋ³¹起雾

天气 tʰien⁵¹ʧi³¹天气

天晴 tʰien⁻⁵⁵tsʰiaŋ³²⁴晴天

阴天 ien⁻³¹tʰien⁻³¹阴天

伏天 fuk⁵tʰien⁻³¹伏天

三伏天 sam⁻³¹fuk⁻²tʰien⁻³¹伏天

进伏 tsin³¹fuk⁵入伏

头伏 tʰiu³²⁴fuk⁵初伏

二伏 ni³⁵fuk⁻²二伏

三伏 sam⁻³¹fuk⁻²三伏

回润 fei³²⁴vin³⁵回潮

回潮 fei³²⁴ʧʰɔɯ³²⁴回潮

（二）地理

田 tʰien³²⁴水田

水田 ʃui⁻⁵¹tʰien³²⁴水田

田塍 tʰien³²⁴ʃɯŋ⁻⁵⁵田埂

田墈 tʰien³²⁴kʰam⁻⁵⁵（高的田埂）斜面

缺斗 ʧʰat²teɯ²¹⁴田缺

膨湖田 pʰaŋ⁻³⁵fu³²⁴tʰien⁻⁵⁵泥沼田

冷浆田 lɯŋ⁻³¹tsiɔŋ⁻³¹tʰien³²⁴泥沼田

屎湖泥 ʃi⁻⁵¹fu³²⁴/vu³²⁴nai⁻⁵⁵（池塘、沟里的）淤泥

迸坼 paŋ³¹tsʰak²（田地）干裂

爆坼 pɔɯ³¹tsʰak²（田地）干裂

旱土 hɔn⁵¹tʰu²¹⁴旱地

坝土 pa³¹tʰu²¹⁴旱地

菜土 tsʰɔi³¹tʰu²¹⁴菜地

菜园土 tsʰɔi³¹vien³²⁴tʰu⁻⁵⁵菜地

荒土 fɔŋ⁵¹tʰu²¹⁴荒地

沙坝土 sa⁵¹pa³¹tʰu²¹⁴沙土地

菜园 tsʰɔi³¹vien³²⁴菜园

半山腰 pɔn³¹san⁻²⁴iɔɯ⁵¹山腰

山坳 san⁵¹ɔɯ³¹山间平地

坑 haŋ⁵¹山谷

逕 kaŋ³¹山谷

石岩 ʃak⁵ŋam³²⁴山崖

小河子 siɔɯ⁻⁵¹ho³²⁴tsɯ⁻⁵⁵河汉、小溪

江子 kɔŋ⁵¹tsɯ²¹⁴小溪

溪（用于地名）ʃai⁵¹小溪

水圳 ʃui⁻⁵¹tʃun³¹水渠

圳沟 tʃun³¹keɯ⁻²⁴水沟（田间小的水沟）

潭 tʰam³²⁴潭

塘 tʰɔŋ³²⁴水塘

水塘 ʃui⁻⁵¹tʰɔŋ³²⁴水塘

鱼塘 nie³²⁴tʰɔŋ⁻⁵⁵水塘

湖骨子 fu³²⁴/vu³²⁴kut⁻⁵⁵tsɯ⁻³¹（雨天的）小水坑

河舷 ho³²⁴ʃan⁻⁵⁵河岸

河塪 ho³²⁴kʰɔm⁻⁵⁵河岸

垱 tɔŋ³¹堤

坝 pa³¹水坝

沙坝 sa⁵¹pa³¹沙滩

清水 tsʰin⁵¹ʃui²¹⁴清水

浊水 tsʰuk⁵ʃui²¹⁴浑水

浑水 ven⁻³¹ʃui²¹⁴浑水

滒浊 kat⁵tsʰuk⁵很浑浊

大水 tʰai³⁵ʃui²¹⁴洪水

发大水 fat²tʰai³⁵ʃui²¹⁴发洪水

涨大水 tʃɔŋ⁻⁵⁵tʰai³⁵ʃui²¹⁴发洪水

冷水 lɯŋ⁵¹/liaŋ⁵¹ʃui²¹⁴凉水

滚水 kun⁻⁵¹ʃui²¹⁴热水

温滚水 ven⁻³¹kun⁻³¹ʃui²¹⁴温水

跋滚 pak⁵kun²¹⁴很热

泡泡踮 pʰɔɯ⁵¹pʰɔɯ⁻³¹tsiem³¹（水）沸腾

踮水 tsiem³¹ʃui²¹⁴开水

开水 kʰɔi⁵¹ʃui²¹⁴开水

黄光石牯 vɔŋ³²⁴kɔŋ⁻⁵⁵ʃak⁵ku⁻³¹/kʰu⁻³¹鹅卵石

鹅卵牯 ŋo³²⁴lɔn⁻⁵⁵ku⁻³¹鹅卵石

潮泥 tʃʰɔɯ³²⁴nai⁻⁵⁵沙土

土砖 tʰu⁻³¹tʃɔn³¹土坯

砖坯 tʃɔn⁻³¹pʰɔi⁻³¹砖坯

砖 tʃɔn⁵¹砖

火砖 fo⁻³¹tʃɔn⁻³¹砖

青砖 tsʰiaŋ⁻³¹tʃɔn⁻³¹青砖

瓦 ŋa²¹⁴瓦

瓦片 ŋa⁻⁵¹pʰien³¹碎瓦

铜 tʰuŋ³²⁴铜

铁 tʰiet²铁

锡 siak²锡

煤 mei³²⁴蜂窝煤、煤球、煤

洋油 iɔŋ³²⁴ieɯ⁻⁵⁵煤油

汽油 tʃʰi³¹ieɯ³²⁴汽油

石灰 ʃak⁵fɔi⁻³¹石灰

水泥 ʃui⁻⁵¹nai³²⁴水泥

洋泥 iɔŋ³²⁴nai⁻⁵⁵水泥

红毛灰 fuŋ³²⁴mɔɯ⁻⁵⁵fɔi⁵¹水泥

吸石 ʃiet²ʃak⁵磁石

磁铁 tsʰɯ³²⁴tʰiet⁵磁石

炭 tʰan³¹ 木炭

火屎 fo⁻⁵¹ʃi²¹⁴ 火屑（柴火灰烬）

城里 ʃaŋ³²⁴ti⁻⁵⁵ 城里

巷子 hɔŋ³⁵tsɯ²¹⁴ 巷

乡下 ʃɔŋ⁻³¹ha³¹ 乡村

村下 tsʰun⁻³¹ha³¹ 乡村

屋下 vuk²kʰa³⁵ 家、家乡

街 kai⁵¹ 街

（三）时令、时间

春下（头尾）tʃʰun⁻³¹ha³¹（tʰiu³²⁴mei⁻⁵⁵）春天

春间 tʃʰun⁻³¹kan⁻³¹ 春天

热天 nat⁵tʰien⁻³¹ 夏天

寒天 hɔn³²⁴tʰien⁻⁵⁵ 冬天

通书 tʰuŋ⁻³¹ʃu⁻³¹ 历书

皇历 vɔŋ³²⁴liak⁵ 历书

日历 net²liak⁵ 历书（挂历）

老历 lɔɯ⁻³¹liak⁻² 农历

阳历 iɔŋ³²⁴liak⁵ 公历

交春 kɔɯ⁻⁵⁵tʃʰun⁵¹ 立春

大年晡 tʰai³⁵nan³²⁴pu⁻⁵⁵ 除夕

（大）年初一 tʰai³⁵ nan³²⁴ tsʰu⁻⁵⁵iet² 年初一

上元节 ʃɔŋ³⁵nan³²⁴tsiet⁻⁵ 元宵

五月节 ŋ⁻³¹nat⁻²tsiet² 端午

八月节 pat²nat⁵tsiet² 中秋

七月节 tsʰit²nat⁻²tsiet² 中元

鬼节 kui⁻⁵¹tsiet² 中元

重阳节 tsiuŋ³²⁴/tʃʰuŋ³²⁴iɔŋ⁻⁵⁵tsiet² 重阳

重阳 tsiuŋ³²⁴/tʃʰuŋ³²⁴iɔŋ⁻⁵⁵ 重阳

今年 tʃem⁵¹nan³²⁴ 今年

旧年 tʃʰeɯ³⁵nan³²⁴ 去年

明年 miaŋ³²⁴nan⁻⁵⁵ 明年

前年 tsʰien³²⁴nan⁻⁵⁵ 前年

向前年 ʃɔŋ³¹tsʰien³²⁴nan⁻⁵⁵ 大前年

往年 mɔŋ⁻⁵¹nan³²⁴ 往年

年年 nan³²⁴nan⁻⁵⁵ 每年

每年 mei⁵¹nan³²⁴ 每年

年初 nan³²⁴tsʰu⁵¹ 年初

年头 nan³²⁴tʰiu⁻⁵⁵ 年初

年底 nan³²⁴tie²¹⁴ 年底

年尾【下】nan³²⁴mei⁵¹【ha⁻⁵⁵】年底

上半年 ʃɔŋ³⁵pɔn³¹nan³²⁴ 上半年

下半年 ha³⁵pɔn³¹nan³²⁴ 下半年

整【成】年 tʃɯ⁻⁵⁵【ʃaŋ³²⁴】nan³²⁴ 整年

长【一】年 tʃʰɔŋ³²⁴【iet²】nan³²⁴ 整年

一年到头【尾】iet² nan³²⁴ tɔɯ³¹tʰiu³²⁴【mei⁵¹】整年

正月 tʃaŋ³¹nat⁻² 正月

十二月 ʃap⁵ni³⁵nat⁻² 腊月

闰月 vin³⁵nat⁻² 闰月

月初 nat⁵tsʰu⁵¹ 月初

月底 nat⁵tie²¹⁴ 月底

月尾 nat⁵mei⁵¹ 月底

上个月 ʃɔŋ³⁵kei³¹nat⁵ 上个月

上个月 ʃɔŋ³⁵kei³¹nat⁵ 前个月

底个月 ti²¹⁴kei⁻⁵⁵nat⁵ 这个月

下个月 ha³⁵kei³¹nat⁵ 下个月

月月 nat⁵nat⁵ 每月

每月 mei⁻³¹nat⁻² 每月

每个月 mei⁵¹kei³¹nat⁵ 每月

月大 nat⁵tʰai³⁵ 大建

月小 nat⁵siɔɯ²¹⁴ 小建

今朝 ʧem⁻³¹ʧɔɯ⁻³¹ 今天

昨日 tsʰɔŋ³⁵net² 昨天

明朝 miaŋ³²⁴ʧɔɯ⁻⁵⁵ 明天

第日 tʰi³⁵net² 次日

前日 tsʰien³²⁴net⁻⁵ 前天

向前日 ʃɔŋ³¹tsʰien³²⁴net⁻⁵ 大前天

星期日 sin⁵¹ʧʰi⁻²⁴net⁻⁵ 星期天

礼拜日 li⁻⁵¹pai³¹net² 星期天

整日 ʧɯŋ⁻⁵¹net² 经常

一日到夜 iet²net²tɔɯ³¹ia³⁵ 整天

整【一】日 ʧɯŋ⁻⁵¹【iet²】net² 整天

一工【到夜】 iet²kuŋ⁵¹【tɔɯ³¹ia³⁵】 整天

完工【日】 vien³²⁴kuŋ⁵¹【net²】 整天

日【每】日 net²【mei⁵¹】net² 每天

工【每】工 kuŋ⁻³¹【mei⁻³¹】kuŋ⁻³¹ 每天

下晡 ha⁻³¹pu⁻³¹ 午后、下午

半日 pɔn³¹net² 半天

半工 pɔn³¹kuŋ⁻²⁴ 半天

大半工【日】 tʰai³⁵pɔn³¹ kuŋ⁻²⁴【net²】 大半天

十多工【日】 ʃap⁵to⁻³¹kuŋ⁵¹【net²】 十几天

晏昼 an³¹ʧeɯ³¹ 上午

天蒙蒙光地 tʰien⁻⁵⁵muŋ³²⁴muŋ³²⁴kɔŋ⁻³¹tɯ³¹ 凌晨

天进坼 tʰien⁻⁵⁵paŋ³¹tsʰak² 凌晨

清早 tsʰin⁵¹tsɔɯ²¹⁴ 清晨

清凌八早 tsʰin⁵¹lin³²⁴pat²tsɔɯ⁻³¹ 清晨

朝晨 ʧɔɯ⁵¹ʃien³²⁴ 清晨

天光 tʰien⁻⁵⁵kɔŋ⁵¹ 天亮

半夜 pɔn³¹ia³⁵ 半夜

一夜 iet²ia³⁵ 整夜

完【整】夜 vɔn³²⁴【ʧɯŋ²¹⁴】ia³⁵ 整夜

日【每】日夜晡 net²【mei⁵¹】net²ia³⁵pu⁻³¹ 每晚

夜夜 ia³⁵ia⁻³¹ 每晚

哪场间【中】 na²¹⁴ʧʰɔŋ²¹⁻⁵⁵kan⁻³¹【ʧuŋ⁻³¹】 何时

哪令间 na²¹⁴lin⁻⁵⁵kan⁻³¹ 何时

原先【来】 nan³²⁴sien⁵¹（lei³²⁴）先前

行【先】前 haŋ³²⁴【sien⁵¹】tsʰien³²⁴ 先前

一开始 iet²kɔi⁻⁵⁵ʃi³²⁴ 先前

开头 kɔi⁻⁵⁵tʰiu³²⁴ 先前

行【以】前 haŋ³²⁴【i⁻⁵⁵】tsʰien³²⁴ 以前

先前 sien⁵¹tsʰien³²⁴ 以前

打背 ta⁻⁵⁵pɔi³¹ 后来

落尾 lɔk⁵mei⁵¹ 后来

行前 haŋ³²⁴tsʰien³²⁴ 刚才

带头 tai³¹tʰiu³²⁴ 刚才

今 ʧem⁵¹ 现在

今底 ʧem⁵¹ti²¹⁴ 现在

嗰令间 kei²¹⁴lin⁻⁵⁵kan⁻³¹ 那时（短时间）

嗰场间【中】kei²¹⁴ʧʰɔŋ⁻⁵⁵kan⁻³¹【ʧuŋ⁻³¹】那些时候（较长时间）

嗰驳子 kei²¹⁴pʰɔk⁵/pɔk⁵tsɯ⁻³¹ 那些时候（较长时间）

（四）农业

秒田 tsʰɔɯ⁻⁵⁵tʰien³²⁴ 犁地

耙田 pʰa³²⁴tʰien³²⁴ 碌田

打秧 ta⁻⁵⁵iɔŋ⁵¹ 育秧

敠【戽】禾子 iam³⁵【fie³⁵】vo³²⁴tsɯ⁻⁵⁵ 撒谷种

耘禾 vin³²⁴vo³²⁴ 耘田

禾穗 vo³²⁴sak⁵ 稻穗

谷串 kuk²ʧʰɔn³¹ 稻穗

栽禾 tsɔi⁻⁵⁵vo³²⁴ 插秧

割禾 kɔt²vo³²⁴ 割稻

攄禾 lu³²⁴vo³²⁴ 抱稻子

拌禾 pʰan⁻⁵⁵vo³²⁴ 打场（用手）

打谷 ta⁻⁵⁵kuk² 打谷（用打谷机）

铲草 tsʰan⁻⁵⁵tsʰɔɯ²¹⁴ 除草

捞草 paŋ⁻⁵⁵tsʰɔɯ²¹⁴ 拔草

淋粪 lim³²⁴pen³¹ 浇粪（牲畜肥）

淋肥 lim³²⁴pei³²⁴ 泼粪（厕所粪肥）

结猪屎 ʧat²ʧie⁵¹ʃi²¹⁴ 捡粪

猪栏粪 ʧie⁵¹lan³²⁴pen⁻⁵⁵ 粪肥

牛栏粪 neɯ³²⁴lan⁻⁵⁵pen³¹ 粪肥

鈷 fu⁵¹（油料作物榨油后压成的饼状渣滓）鈷

化肥 fa³¹fei³²⁴ 化肥

肥料 fei³²⁴/pei³²⁴liɔɯ⁻⁵⁵ 化肥

敠肥料【化肥】iam³⁵fei³²⁴/pei³²⁴liɔɯ⁻⁵⁵【fa³¹fei³²⁴】撒肥（化肥）

戽肥料【化肥】fie³⁵fei³²⁴/pei³²⁴liɔɯ⁻⁵⁵【fa³¹fei³²⁴】撒肥（化肥）

淋菜 lim³²⁴tsʰɔi³¹ 浇菜（较多水）

沃菜【水】iuk²tsʰɔi³¹【ʃui²¹⁴】浇菜（刚种的菜，较少水）

报【饮】水 pɔɯ³¹【iem³¹】ʃui²¹⁴ 浇菜（刚种的菜，较少水）

作水 tsɔk²ʃui²¹⁴ 引水（灌溉）

饮田 iem³¹tʰien³²⁴ 引水（灌溉）

放水 fɔŋ³¹ʃui²¹⁴ 引水（灌溉）

放水 fɔŋ³¹ʃui²¹⁴ 排水

干水 kɔn⁻⁵⁵ʃui²¹⁴ 汲水（动作，用人工或机器）

干塘 kɔn⁻⁵⁵tʰɔŋ³²⁴ 汲干池塘（事件，用人工或机器）

称水 ʧʰɯŋ⁻⁵⁵ʃui²¹⁴ 打水

戽水 fie³⁵ ʃui²¹⁴ 泼水（把水泼开）

井 tsiaŋ²¹⁴ 井

（水）桶（ʃui⁻⁵¹）tʰuŋ²¹⁴ 桶

井绳 tsiaŋ⁻⁵¹ ʃɯŋ³²⁴ 井绳

水车 ʃui⁻³¹ tʃʰa⁻³¹ 水车

车水 tʃʰa⁻⁵⁵ ʃui²¹⁴ 车水（用水车）

牛轭 neɯ³²⁴ vak⁻⁵ 轭

牛鼻桊 neɯ³²⁴ pʰi⁻⁵⁵ tʃʰɔn³¹ 牛桊

犁 lie³²⁴ 犁

犁壁 lie³²⁴ piak⁻⁵ 犁的部件（犁壁）

磟碡 luk⁵ tʃʰuk² 磟碡（水田里磙碾犁田后的土块的农具）

耙 pʰa³²⁴ 耙子（耙田地）

桸肩【头】tʰin³¹ tʃan⁵¹【tʰiu³²⁴】桸肩（或桸头）（使担子两端平衡）

铁搭 tʰiet³²⁴ tap² 钉耙（四齿）

囊齿爪 nɔŋ⁻³¹ tʃi⁻³¹ tsɔɯ³²⁴ 钉耙（两齿）

锄子 tʃʰa³¹ tsɯ²¹⁴ 锄头（普通的宽板锄头）

钁头脑 tʃɔk² tʰiu³²⁴ nɔɯ⁻⁵⁵ 锄头（宽板锄头，头重，铁板厚）

鹳锤 kɔn³¹ tʃʰui³²⁴ 锄头（长条状，短把子，用来挖坑）

（竹）耙子（tʃuk²）pʰa³²⁴ tsɯ⁻⁵⁵ 竹耙

谷【盪】耙 kuk²【tʰɔŋ⁻³¹】pʰa³²⁴ 翻谷耙

耙子 pʰa³²⁴ tsɯ⁻⁵⁵ 翻谷耙

土仓 tʰu⁻³¹ tsʰɔŋ⁻³¹ 囤（泥砖砌成）

仓 tsʰɔŋ⁻³¹ 粮仓（木板制作）

禾【晒谷】坪 vo³²⁴【sa³¹ kuk²】pʰiaŋ⁻³¹ 场院

笪 tat² 粗簸席

风车 fuŋ⁻³¹ tʃʰa⁻³¹ 扇车

车谷 tʃʰa⁻⁵⁵ kuk² 扇谷（用扇车）

砻 luŋ³²⁴ 砻

砻谷 luŋ³²⁴ kuk² 砻谷

稻秆 kɔn²¹⁴ 秆

篹秆 tsɔn⁻⁵⁵ kɔn²¹⁴ 扎秆（把稻草扎成小扎）

磨盘 mo³⁵ pʰɔn³²⁴ 磨盘

磨手 mo³⁵ ʃieɯ²¹⁴ 磨把

磨心 mo³⁵ sin⁻³¹ 磨心

米筛 mi⁻³¹ sai⁻³¹ 米筛

麻筛 ma³²⁴ sai⁻⁵⁵ 罗（筛粉末状东西）

糠筛 hɔŋ⁻³¹ sai⁻³¹ 罗（筛粉末状东西）

碓 tɔi³¹ 碓

碓窝 tɔi³¹ vo²⁴ 碓的部件

顿槌 tun³¹ tʃʰui³²⁴ 碓杵

洋镐 iɔŋ³²⁴ kɔɯ⁻⁵⁵ 镐

锹铲 tsʰɔɯ⁵¹ tsʰan³²⁴ 洋锹

镰刀 liem³²⁴ tɔɯ⁻⁵⁵ 镰

禾刀【镰】子 vo³²⁴ tɔɯ⁻⁵⁵【liem⁻⁵⁵】tsɯ⁻³¹ 镰刀（割稻子用）

簸斗 po³¹teɯ²¹⁴簸箕

篸斗 tʰɔn³²⁴teɯ⁻⁵⁵簸箕（较深、较大）

撮斗 tsʰɔt²teɯ²¹⁴撮箕

粪箩 pen³¹lo³²⁴畚箕

扁担 pien⁻⁵¹tam⁻³¹扁担

荷担 kʰai⁻⁵⁵tam⁵¹挑担

驳担【肩】pɔk²tam⁵¹【ʧan⁵¹】接力挑担

篓子 leɯ⁵¹tsɯ²¹⁴筐

箩 lo³²⁴谷箩

禾杠 vo³²⁴kɔŋ⁻⁵⁵（挑稻秆、柴草等用的尖竹杠）

槎扫 tsʰa³⁵sɔɯ³¹竹扫帚

芒扫 mɔŋ³²⁴sɔɯ⁻⁵⁵扫帚（芦苇枝）

（五）植物

粮食 liɔŋ³²⁴ʃɯk⁵粮食

麦子 mak⁵tsɯ²¹⁴麦

包粟 pɔɯ⁵¹siuk²玉米

粟子 siuk²tsɯ²¹⁴高粱

禾 vo³²⁴稻

早禾 tsɔɯ⁻³¹vo³²⁴早稻

二道禾 ni³⁵tʰɔɯ⁻³¹vo³²⁴晚稻

禾稿指 vo³²⁴kɔɯ⁻⁵⁵ʧi⁻³¹庄稼的茬子

稗草 pʰa³⁵tsʰɔɯ²¹⁴稗子

糯米 no³⁵mi²¹⁴糯米

麻糍 ma³²⁴tsi⁻⁵⁵糍粑

米 mi²¹⁴米粒

粳米 kaŋ⁵¹mi²¹⁴籼米

糙米 tsʰɔɯ⁻³¹mi²¹⁴糙米

棉花 mien³²⁴fa⁻⁵⁵棉

苎麻 ʧʰie⁵¹ma³²⁴苎麻

油麻 ieɯ³²⁴ma⁻⁵⁵芝麻

向日葵 ʃɔŋ³¹net²kʰui³²⁴向日葵

番薯 fan⁵¹ʃa²¹⁴番薯

薯子 ʃie²¹⁴tsɯ⁻⁵⁵木薯

葛薯子 kɔt²ʃie²¹⁴tsɯ⁻⁵⁵豆薯

马铃薯 ma⁵¹lin³²⁴ʃu²¹⁴马铃薯

芋子 vu³⁵tsɯ²¹⁴芋

芋脑 vu³⁵nɔɯ²¹⁴芋

莲藕 lien³²⁴eɯ⁻⁵⁵藕

豆子（多）tʰiu³⁵tsɯ²¹⁴黄豆

黄豆子 vɔŋ³²⁴tʰiu⁻⁵⁵tsɯ⁻³¹黄豆

乌豆子 vu⁻³¹tʰiu⁻³¹tsɯ²¹⁴黑豆

豇豆子 kɔŋ⁻³¹tʰiu⁻³¹tsɯ²¹⁴红小豆

雪豆（子）siet²tʰiu³⁵tsɯ⁻³¹豌豆

豆角 tʰiu³⁵kɔk²/kʰɔk²豇豆

眉豆 mi³²⁴tʰiu⁻⁵⁵扁豆

胡豆 fu³²⁴tʰiu⁻⁵⁵蚕豆

刀搭 tɔɯ⁵¹tap²刀豆

乱祭 luɔn³⁵tsie³¹丝瓜

苦瓜 kʰu⁻³¹ka⁻³¹苦瓜

青瓜 tsʰiaŋ⁻³¹ka⁻³¹南瓜

冬瓜 tuŋ⁻³¹ka⁻³¹冬瓜

匏子 pʰu³²⁴tsɯ⁻⁵⁵葫芦

葱叶 tsʰuŋ⁵¹iap⁻²葱叶

葱脑 tsʰuŋ⁵¹nɔɯ²¹⁴葱白

蒜脑 sɔn³¹nɔɯ²¹⁴蒜头

蒜子 sɔn³¹ tsɯ²¹⁴ 蒜、蒜头、蒜泥

藠子 tʃʰɔɯ⁻⁵¹ tsɯ²¹⁴ 薤

韭菜 tʃeɯ⁻⁵¹ tsʰɔi³¹ 韭菜

苋菜 ʃan³⁵ tsʰɔi³¹ 苋菜

西红柿 si⁵¹ fuŋ³²⁴ sɯ³⁵ 番茄

姜 tʃɔŋ⁵¹ 姜

茄椒 tʃʰo³²⁴ tsiɔɯ⁻⁵⁵ 辣椒

茄椒末 tʃʰo³²⁴ tsiɔɯ⁻⁵⁵ mɔt⁵ 辣椒粉

提笼茄椒 tʰie³²⁴ luŋ⁻⁵⁵ tʃʰo³²⁴ tsiɔɯ⁻⁵⁵ 灯笼椒

菠薐 po⁵¹ lin³²⁴ 菠菜

蕌菜 fuŋ⁵¹ tsʰɔi³¹ 芥菜（植体高大者）

菜脑 tsʰɔi³¹ nɔɯ²¹⁴ 菜帮子

莙荙 tʃen⁻³¹ tʰat² 莙荙菜

白菜 pʰak⁵ tsʰɔi³¹ 小白菜

雪菜 siet² tsʰɔi³¹ 大白菜

包菜 pɔɯ⁵¹ tsʰɔi³¹ 卷心菜

小白菜 siɔɯ⁻³¹ pʰak⁻² tsʰɔi³¹ 小白菜

芹菜 tʃʰen³²⁴ tsʰɔi³¹ 芹菜

菜头 tsʰɔi³¹ tʰiu³²⁴ 萝卜

空心 kʰuŋ⁻⁵⁵ sim⁵¹ 中空

火胖 fo⁻⁵⁵ pʰaŋ³¹ 中空

萝卜苗 lo³²⁴ pet⁵ miɔɯ⁻³¹ 萝卜叶

红萝卜 fuŋ³²⁴ lo⁻⁵⁵ pet⁵ 胡萝卜

茅笋 miɔɯ³²⁴ sin²¹⁴ 茭白

油菜 ieɯ³²⁴ tsʰɔi⁻⁵⁵ 油菜

油菜心 ieɯ³²⁴ tsʰɔi⁻⁵⁵ sim⁵¹ 油菜薹

油菜籽 ieɯ³²⁴ tsʰɔi⁻⁵⁵ tsɯ⁻³¹ 油菜籽

蕹菜 fuŋ³¹ tsʰɔi³¹ 蕹菜

树苗 ʃu³⁵ miɔɯ³²⁴ 树苗

树尾 ʃu³⁵ mei⁻⁻³¹ 树梢

树欋 ʃu³⁵ kʰa³²⁴ 树枝

栽树 tsɔi⁻⁵⁵ ʃu³⁵ 植树

斫树 tʃɔk² ʃu³⁵ 砍树

倒树 tɔɯ⁻⁵⁵ ʃu³⁵ 砍树

松树【子】 tsʰiuŋ³²⁴ ʃu⁻⁵⁵【tsɯ⁻⁵⁵】松树

松子树 tsʰiuŋ³²⁴ tsɯ⁻⁵⁵ ʃu⁻³¹ 松树

松毛 tsʰiuŋ³²⁴ mɔɯ⁻⁵⁵ 松针

松果 lo³²⁴ ka⁻⁵⁵ ka⁻³¹ 螺嘎嘎

松香 suŋ⁻³¹ ʃɔŋ⁻³¹ 松香

松光 tsʰiuŋ³²⁴ kɔŋ⁻⁵⁵ 松明子

杉树 sa⁻³¹ ʃu⁻³¹ 杉

杉子 tsʰam³¹ tsɯ²¹⁴ 杉

杉斴 sa⁵¹ lit² 杉针

蚕树 tsʰam³²⁴ ʃu⁻⁵⁵ 桑

蚕叶 tsʰam³²⁴ iap⁵ 桑叶

杨树 iɔŋ³²⁴ ʃu⁻⁵⁵ 杨

柳树 liu⁻³¹ ʃu³⁵ 柳

苦楝树 kʰu⁻³¹ lien⁻³¹ ʃu⁻³¹ 楝

桐子树 tʰuŋ³²⁴ tsɯ⁻⁵⁵ ʃu⁻³¹ 桐油树

桐树 tʰuŋ³²⁴ ʃu⁻⁵⁵ 桐油树

桐子 tʰuŋ³²⁴ tsɯ⁻⁵⁵ 桐子

桐油 tʰuŋ³²⁴ ieɯ⁻⁵⁵ 桐油

竹子 ʧuk²tsɯ³²⁴竹

茅竹 miɔɯ³²⁴ʧuk⁻⁵毛竹

笋 sin³²⁴笋

竹笋 ʧuk²sin³²⁴笋

竹叶 ʧuk²iap⁵竹叶

竹膜 ʧuk²mɔk⁵竹膜

竹篾 ʧuk²miet⁵竹篾

篾子 miet⁵tsɯ²¹⁴竹篾

篾栅 miet⁵sak²篾片

黄篾 vɔŋ³²⁴miet⁵篾黄

青篾 tsʰiaŋ⁻³¹miet⁻²篾青

篾屎 miet⁵ʃi²¹⁴篾瓢（藏于竹管类似耳屎）

笋壳 sin³²⁴kʰɔk⁵笋壳

竹篙 ʧuk²kɔɯ⁻²⁴竹竿（晾衣服用）

竹笕 ʧuk²ʧan²¹⁴竹笕

桃子 tʰɔɯ³²⁴tsɯ⁻⁵⁵桃

桃核 tʰɔɯ³²⁴fɔt⁵桃核

桃子骨头（少）tʰɔɯ³²⁴tsɯ⁻⁵⁵kut²tʰiu⁻³¹桃核

李子 li⁵¹tsɯ²¹⁴李

苹果 pʰin³²⁴ko⁻⁵⁵苹果

枣子 tsɔɯ⁻⁵¹tsɯ²¹⁴枣

别桃子 pʰiet⁵ tʰɔɯ³²⁴ tsɯ⁻⁵⁵枇杷

椑子 pi⁵¹tsɯ²¹⁴柿

柿子 sɯ³⁵tsɯ²¹⁴柿

石榴 ʃak⁵liu³²⁴石榴

柚子 ieɯ³⁵tsɯ²¹⁴柚

柑子 kɔm⁵¹tsɯ²¹⁴橘

橘子 ʧet²tsɯ²¹⁴橘

橙子 tsʰaŋ³²⁴tsɯ⁻⁵⁵橙

龙眼 liuŋ³²⁴ŋan⁻⁵⁵龙眼

泡连（少）pʰɔɯ³¹ lien³²⁴龙眼肉

荔实 lie³⁵ʃat²荔枝

菠萝 po⁵¹lo³²⁴凤梨

栗子 liak⁵/liet⁵tsɯ²¹⁴栗子

西瓜 si⁻³¹ka⁻³¹西瓜

瓜子 ka⁵¹tsɯ²¹⁴葵花籽

西瓜子 si⁻³¹ka⁻³¹tsɯ²¹⁴瓜子

梨瓜 li³²⁴ka⁻⁵⁵甜瓜

蔗 ʧa³¹蔗

马荠子 ma⁵¹tsʰi³²⁴tsɯ⁻⁵⁵荸荠

落更仁 lɔk⁵kaŋ⁻³¹iɯŋ³²⁴蛹

落更仁 lɔk⁵kaŋ³¹iɯŋ³²⁴花生米

桂花 kui³¹fa⁻²⁴桂花

菊花 ʧʰuk²fa⁻²⁴菊

莲花 lien³²⁴fa⁻⁵⁵荷

莲叶 lien³²⁴iap⁵荷叶

莲子 lien³²⁴tsɯ⁻⁵⁵莲子

莲包 lien³²⁴pɔɯ⁻⁵⁵莲蓬

喇叭花 la⁻³¹pa⁻²⁴fa⁻⁵⁵牵牛花

映山红 iɯŋ³¹/ian³¹ san⁻³¹fuŋ³²⁴杜鹃花

芙蓉花 fu³²⁴iuŋ⁻⁵⁵a⁵¹木芙蓉

仙人掌 sien⁵¹ nen³²⁴ ʧɔŋ²¹⁴仙人掌

花苞 fa⁻³¹pɔɯ⁻³¹花蕾

花心 fa⁻³¹sim⁻³¹花蕊

冬茅 tuŋ⁵¹mɔɯ³²⁴芦苇（大）

芒 mɔŋ³²⁴芦苇（大）

丝茅 sɯ⁵¹mɔɯ³²⁴芦苇（小）

芦萁 lu³¹ʧ³¹芦萁（蕨类植物，矮小丛生）

香菇 ʃɔŋ⁻³¹ku⁻³¹香菇

菇 ku⁵¹蘑菇

秋苔 tsʰiu⁵¹tʰɔi³²⁴青苔

水浮莲 ʃui⁻⁵¹fu³²⁴/feɯ³²⁴lien³²⁴浮萍

莲房 lien³²⁴pɔŋ⁻⁵⁵浮萍

苔子 tʰiɔɯ³²⁴tsɯ⁻⁵⁵浮萍

絮 sie⁻⁵¹水藻

辣蓼 lat⁵liɔɯ⁻³¹辣蓼（蓼属植物）

诱火柴 liu³¹fo²¹⁴sai⁻³¹引火

（六）动物

马牯 ma⁵¹ku²¹⁴公马

马婆 ma⁵¹pʰo³²⁴母马

牛牯 neɯ³²⁴ku⁻⁵⁵公牛

牛婆 neɯ³²⁴pʰo⁻⁵⁵母牛

黄牛 vɔŋ³²⁴neɯ⁻⁵⁵黄牛

水牛 ʃui⁻⁵¹neɯ³²⁴水牛

细牛子 sie³¹neɯ³²⁴tsɯ⁻⁵⁵牛犊

割牛 kɔt²neɯ³²⁴阉牛

暎牛 naŋ³¹neɯ³²⁴放牛

绤牛 tʰiak²neɯ³²⁴拴牛

驴子 lie³²⁴tsɯ⁻⁵⁵驴

驴狗子 lie³²⁴keɯ⁻⁵⁵tsɯ⁻³¹驴

驴牯 lie³²⁴ku⁻⁵⁵公驴

驴婆 lie³²⁴pʰo⁻⁵⁵母驴

骆驼 lɔk⁵tʰo³²⁴骆驼

山羊 san⁵¹iɔŋ³²⁴山羊

细羊子 sie³¹iɔŋ³²⁴tsɯ⁻⁵⁵羊羔

狗牯 keɯ⁻³¹公狗

狗婆 keɯ²¹⁴pʰo³²⁴母狗

吠 pʰɔi³⁵狗叫

嗥 kʰɔɯ⁵¹狗叫

打环 ta⁻⁵⁵laŋ³²⁴狗交配

走路 tseɯ⁻⁵⁵lu³⁵发情（猪狗等）

细狗子 sie³¹keɯ²¹⁴tsɯ²¹⁴小狗

猫（子）miɔɯ³¹（tsɯ²¹⁴）猫

猫牯 miɔɯ⁻³¹ku²¹⁴公猫

猫婆 miɔɯ⁻³¹pʰo³²⁴雌猫

叫春 ʧɔɯ³¹ʧʰun⁵¹猫发情

猪牯 ʧie⁵¹ku²¹⁴公猪、种猪

牵猪牯【婆】ʧʰan⁻⁵⁵ʧie⁵¹ku²¹⁴【pʰo³²⁴】猪交配

猪婆 ʧie⁵¹pʰo³²⁴母猪

落猪子 lɔk⁵ʧie⁵¹tsɯ²¹⁴产猪崽

细猪子 sie³¹ʧie⁻²⁴tsɯ⁻³¹小猪

奶猪子 nan³¹ʧie⁻²⁴tsɯ⁻³¹小猪（吃奶的）

肉猪 nuk²ʧie⁻²⁴大猪（肉用猪）

猪条 ʧie⁵¹tʰiɔɯ³²⁴半大猪

割猪 kɔk²ʧie⁵¹阉猪

兔子 tʰu³¹tsɯ²¹⁴兔

鸡 ʧai⁵¹鸡

鸡公 ʧai⁻³¹kuŋ⁻³¹公鸡

割鸡 kɔk²ʧai⁵¹阉鸡

割猪 kɔk²ʧie⁻³¹阉猪

落鸡 lɔk⁵ ʧai⁻³¹ 阉鸡（名词。已经阉割的公鸡）

鸡婆 ʧai⁵¹pʰo³²⁴ 妓女（母鸡）

赖菢鸡婆 lai⁻³⁵pʰɔɯ⁻³¹ʧai⁻³¹pʰo³²⁴ 孵蛋鸡

鸡僆 ʧai⁵¹lɔn³¹ 小母鸡

细鸡子 sie³¹ʧai⁻²⁴tsɯ⁻³¹ 小鸡

黄毛鸡子 vɔŋ³²⁴mɔɯ⁻⁵⁵ʧai⁵¹tsɯ⁻³¹（刚孵出的）小鸡

诱 liu³¹ 诱（引诱鸡鸭或人等）

生嘎嘎 saŋ⁻⁵⁵ka³⁵ka³⁵ 下蛋

菢 pʰɔɯ³⁵ 孵

鸡冠 ʧai⁻³¹kɔn³¹ 鸡冠

嗦 sie³¹ 鸡嗦

鸡脚爪 ʧai⁵¹ʧɔk²ʧɔɯ³²⁴ 鸡爪子

鸡脚趾 ʧai⁵¹ʧɔk²ʧi²¹⁴ 鸡爪子

啼 tʰie³²⁴ 鸡啼

打公 ta⁻⁵⁵kuŋ⁻³¹ 鸡交配

供 ʧuŋ⁵¹ 养育

供 ʧuŋ⁵¹ 饲养

鸭子 ap²tsɯ²¹⁴ 鸭

鸭 ap² 鸭

鸭公 ap²kuŋ⁻²⁴ 公鸭

鸭婆 ap²pʰo³²⁴ 母鸭

泥鸭（子）nai³²⁴ap⁻⁵（tsɯ⁻³¹）菜鸭（麻灰色）

麻鸭（子）ma³²⁴ap⁻⁵（tsɯ⁻³¹）菜鸭（麻灰色）

胡鸭 fu³²⁴ap⁻⁵ 番鸭

打水 ta⁻⁵⁵ʃui²¹⁴ 鸭交配

细鸭子 sie³¹ap²tsɯ²¹⁴ 小鸭

鸭嘎嘎 ap²ka³⁵ka⁻³¹ 鸭蛋

鹅 ŋo³²⁴ 鹅

细鹅子 sie³¹ŋo³²⁴tsɯ⁻⁵⁵ 小鹅

狮子 sɯ⁵¹tsɯ²¹⁴ 狮

老虎 lɔɯ⁻⁵¹fu²¹⁴ 虎

熊 ʃuŋ³²⁴ 熊

豹虎子 pɔɯ⁻²⁴fu⁻⁵⁵tsɯ⁻³¹ 豹

狐狸 fu³²⁴li⁻⁵⁵ 狐

老鼠 lɔɯ⁻⁵¹ʃa²¹⁴ 老鼠

胀颈风 ʧɔŋ³¹ʧaŋ²¹⁴fuŋ⁵¹ 眼镜蛇

白妇娘 pʰak⁵pu⁻³¹nɔŋ³²⁴ 银环蛇

黄金条 vɔŋ³²⁴ʧem⁻⁵⁵tʰiɔɯ³²⁴ 金环蛇

泥蛇 nai³²⁴ʃa⁻⁵⁵ 水蛇（无毒）

乌燋蛇 vu⁻³¹tsɔɯ⁻³¹ʃa³²⁴ 旱蛇（无毒，常在厕所等地方活动）

蛇皮（壳）ʃa³²⁴pʰi⁻⁵⁵（kʰɔk⁵）蛇蜕

狗婆蛇 keɯ⁻⁵¹pʰo³²⁴ʃa⁻⁵⁵ 蜥蜴

乌翼子 vu⁵¹iɯk²tsɯ²¹⁴ 乌鸦

屎窟鸟子 ʃi⁻³¹ fet² tiɔɯ⁻⁵⁵tsɯ⁻³¹ 喜鹊

鸦鹊 a⁵¹sak² 大喜鹊（常栖息在高大乔木顶上）

燕子 ian³¹tsɯ²¹⁴ 燕

麻鸟【雀】子 ma³²⁴ tiɔɯ⁻⁵⁵【tsiɔk⁵】tsɯ⁻³¹ 麻雀

天鹅 tʰien⁻³¹ŋo³²⁴ 天鹅

咕咕（鸟子）ku²¹⁴ ku⁻⁵⁵（tiɔɯ⁵¹tsɯ⁻³¹）斑鸠

斑鸠（子）pan⁵¹ keɯ⁻³¹（tsɯ²¹⁴）斑鸠

鸽子 kɔp² tsɯ²¹⁴ 鸽

猫婆鸟 miɔɯ⁻³¹ pʰo³²⁴ tiɔɯ⁻⁵⁵ 猫头鹰

哼牯鸟 huɯŋ⁻³¹ ku⁻³¹ tiɔɯ⁻³¹ 猫头鹰

牙不子 ŋa³²⁴ pet⁵ tsɯ⁻³¹ 八哥

乌春子 vu⁻³¹ ʧʰun³¹ tsɯ²¹⁴ 八哥

鹧鸪（鸟子）ʧa⁻³¹ ku⁻³¹（tiɔɯ⁻³¹ tsɯ²¹⁴）鹧鸪

啄树鸟（子）tuk⁵ ʃu⁻³¹ tiɔɯ⁻³¹（tsɯ²¹⁴）啄木鸟

崖鹊 ŋai³²⁴ ku⁻⁵⁵ 鹰

野鸡 ia⁻³¹ ʧai⁻³¹ 野鸡

鸬鹚 lu³²⁴ tsɯ⁻⁵⁵ 鸬鹚

檐老鼠 ian³²⁴ lɔɯ⁻⁵¹ ʃa²¹⁴ 蝙蝠

嘴甲 ʧɔi⁻³¹ kap² 人中

蚕 tsʰam³²⁴ 蚕

蚕屎 tsʰam³²⁴ ʃi⁻⁵⁵ 蚕沙

蠼蟟（子）ʧʰa³²⁴/tsʰa³²⁴ liɔɯ⁻⁵⁵（tsɯ⁻³¹）蜘蛛

飞丝 fi⁻³¹ sɯ⁻³¹ 蜘蛛丝、蜘蛛网

蚁公 ni³¹ kuŋ⁻³¹ 蚁

白蚁 pʰak⁵ ni³¹ 白蚁

爬【缘】树 pʰa³²⁴【vien³²⁴】ʃu³⁵（人）爬树

上树 ʃɔŋ⁻⁵⁵ ʃu³⁵（人）爬树

缘树 vien³²⁴【ʃɔŋ⁻⁵⁵】ʃu³⁵（昆虫）爬树

土狗子 tʰu⁻³¹ keɯ⁻³¹ tsɯ²¹⁴ 蝼蛄

河边 ho³²⁴ pien⁻⁵⁵ 蚯蚓

禾杠虫 vo³²⁴ kɔŋ⁻⁵⁵ ʧʰuŋ⁻³¹ 蜈蚣

千脚蛇子（少）tsʰien⁵¹ ʧɔk² ʃa³²⁴ tsɯ⁻⁵⁵ 蜈蚣

凭屎公 pʰen³⁵ ʃi⁻³¹ kuŋ⁻³¹ 蜣螂

伏壁蛇 pʰuk⁵ piak² ʃa³²⁴ 壁虎

刷毛虫 sɔt⁻⁵ mɔɯ⁻³¹ ʧʰuŋ³²⁴ 毛毛虫

蛆 tsʰie⁵¹ 蛆

屎蛆 ʃi⁻³¹ tsʰie⁻³¹ 蛆

屎蚊虫 ʃi⁻³¹ men⁻³¹ ʧʰuŋ³²⁴ 孑孓

米虫 mi⁻⁵¹ ʧʰuŋ³²⁴ 米虫

米蛆 mɔɯ⁻³¹ tsʰie⁻³¹ 米虫

乌蝇 vu⁵¹ iɯŋ³²⁴ 蝇

屎乌蝇 ʃi⁻³¹ vu⁻³¹ iɯŋ³²⁴ 蝇

蠓子 met² tsɯ²¹⁴ 蠓

跳蚤 tʰiɔɯ³¹ tsɔɯ²¹⁴ 跳蚤

蟋蟀 sit⁻⁵ sɔt² 蟋蟀

灶鸡 tsɔɯ³¹ ʧai⁻²⁴ 灶蟋蟀

黄蚧 vɔŋ³²⁴ tsʰat⁵ 蟑螂

蚱蜢 tset² miaŋ⁻³¹ 蝗虫

蚱蜢 tset² miaŋ⁻³¹ 蝗虫

蚱蜢 tset² miaŋ⁻³¹ 蚱蜢

猴子 heɯ³²⁴ tsɯ⁻⁵⁵ 猴

猴子 heɯ³²⁴ tsɯ⁻⁵⁵ 螳螂

蜂子 fuŋ⁵¹ tsɯ²¹⁴ 蜜蜂

娘蜂 nɔŋ³²⁴ fuŋ⁻⁵⁵ 胡蜂（黑色，体大，肚子大）

漆蜂 tsʰit² fuŋ⁻²⁴ 胡蜂（黑色，

体大，肚子小）

油罗蜂 ieɯ³²⁴lo⁻⁵⁵fuŋ⁻⁵¹胡蜂
（黑色，体大，肚子大）

栓人 sɔn⁻⁵⁵nen³²⁴蜇人

蜂子薮 fuŋ⁻³¹tsɯ⁻³¹seɯ²¹⁴蜂窝

蜂糖 fuŋ⁵¹tʰɔŋ³²⁴蜂蜜

白翼子 pʰak⁵iɯk⁻²tsɯ²¹⁴蛾

蝴蝶 fu³²⁴tʰiap⁵蝶

炎火虫 ian³²⁴fo⁻⁵⁵tʃʰuŋ⁻³¹萤
火虫

塘翼 tʰɔŋ³²⁴iɯk⁵蜻蜓

呀咦 ia³²⁴i⁻⁵⁵知了

鲫鱼 tsɯk²nie³²⁴鲫

鳊鱼 pien⁻⁵¹nie³²⁴鳊

鲢 鱼【子】lien³²⁴ nie⁻⁵⁵
【tsɯ⁻⁵⁵】鲢

鳗鳝 man³⁵ʃan⁻³¹鳗

带鱼 tai³¹nie³²⁴带鱼

鳙 鱼【子】ʃuŋ³²⁴ nie⁻⁵⁵
【tsɯ⁻⁵⁵】鳙

鲩 鱼【子】van⁵¹ nie³²⁴
【tsɯ²¹⁴】草鱼

鲩 van⁵¹草鱼

鲤 鱼【子】li⁵¹ nie³²⁴
【tsɯ²¹⁴】鲤

鲤 li⁵¹鲤

金鱼 tʃem⁵¹nie³²⁴金鱼

鳅鱼 tsʰiu⁵¹nie³²⁴鳅

黄鳝 vɔŋ³²⁴ʃan⁻⁵⁵鳝

黄鲇 vɔŋ³²⁴nam⁻⁵⁵鲇鱼

鱼鳞 nie³²⁴lin⁻⁵⁵鱼鳞

鳞 lin³²⁴鱼鳞

盐鱼 iam³²⁴nie⁻⁵⁵咸鱼（海鱼）

鱼干子 nie³²⁴tsɯ⁻⁵⁵kɔn⁵¹鱼干
（淡水鱼，整个的小鱼）

鱼子干 nie³²⁴tsɯ⁻⁵⁵kɔn⁵¹鱼干
（淡水鱼，整个的小鱼）

鱼骨头 nie³²⁴kuit⁻⁵tʰiu⁻³¹鱼刺

鱼泡子 nie³²⁴pʰɔɯ⁻⁵⁵tsɯ⁻³¹鳔

鱼英 nie³²⁴iɯŋ⁻⁵⁵鱼翅

鱼鳃 nie³²⁴sui⁻⁵⁵鳃

鱼嘎嘎 nie³²⁴ka⁻⁵⁵ka⁻³¹鱼卵

鱼春 nie³²⁴tʃʰun⁻⁵⁵鱼卵

鱼苗 nie³²⁴miɔɯ⁻⁵⁵鱼苗

钓鱼子 tiɔɯ³¹nie³²⁴tsɯ⁻⁵⁵打
瞌睡

钓鱼竿子 tiɔɯ³¹nie³²⁴kɔn⁻⁵⁵
tsɯ⁻³¹鱼竿

引子 ien⁻⁵¹tsɯ²¹⁴鱼饵

鱼篓子 nie³²⁴lui⁻⁵⁵/leɯ⁻⁵⁵tsɯ⁻³¹
鱼篓

篓子 lui⁻⁵¹/leɯ⁻⁵¹tsɯ²¹⁴鱼篓

罩 tsɔɯ³¹其他捕鱼用具

罾 tsɯŋ³¹罾网

虾公 ha⁻²⁴kuŋ⁻⁵⁵虾

乌龟 vu⁻³¹kui⁻³¹龟

脚鱼 tʃɔk²nie³²⁴鳖

蛤蟆 ham³²⁴ma⁻⁵⁵蛙

泥蜦 nai³²⁴lun⁻⁵⁵田鸡（大青
蛙，于田间）

石蜦 ʃak⁵lun⁻³¹田鸡（大青
蛙，于山间）

蚵蟒蟒 ho³²⁴ti³¹ti³¹ 蝌蚪

蚊蛤 men⁵¹kɔp² 蟾蜍

田螺 tʰien³²⁴lo⁻⁵⁵ 螺

蚂蟥蜞 ma⁵¹vɔŋ⁻⁵⁵tsʰiŋ⁻⁵⁵

鰿蚬 tsʰit²tʃan³²⁴ 河蚌

（七）房舍

落石脚 lɔk³²⁴ʃak⁵tʃɔk² 打地基

做屋 tso³¹vuk² 盖房

屋 vuk² 房屋

围墙 vi³²⁴tsʰiɔŋ⁻⁵⁵ 院墙

房间 fɔŋ³²⁴kan⁻⁵⁵ 房间

外间 ŋɔi³⁵kan⁻³¹ 外间

内间 nam³⁵kan⁻³¹ 里间

正间 tʃuŋ³¹kan⁻²⁴ 正房

厅下 tʰiaŋ⁻³¹ŋa³¹ 堂屋、客厅

客厅 kʰak²tʰiaŋ⁻²⁴ 客厅

平房 pʰiaŋ³²⁴fɔŋ⁻⁵⁵ 西式楼房

楼房 leɯ³²⁴fɔŋ⁻⁵⁵ 西式楼房

楼隘 leɯ³²⁴kʰɔi⁻⁵⁵/kɔi⁻⁵⁵ 梯子
（可移动或不可移动）

吊楼 tiɔɯ³¹leɯ³²⁴ 阳台（旧式
砖木结构房子）

寮（子）liɔɯ³¹（tsɯ⁻⁵⁵）茅
草房

楼上 leɯ³²⁴hɔŋ⁻⁵⁵ 楼上

棚上 pʰaŋ³²⁴hɔŋ⁻⁵⁵ 楼上

楼下 leɯ³²⁴ha⁻⁵⁵ 楼下

楼脚下 leɯ³²⁴tʃɔk⁻⁵ha⁻³¹ 楼下

屋崬 vuk²tuŋ³¹ 房脊

屋脑 vuk²nɔɯ²¹⁴ 房顶

屋檐 vuk²iam³²⁴ 屋檐

飘檐（少）pʰiɔɯ²iam³²⁴ 屋檐

瓦梁 ŋa⁻⁵¹liɔŋ³²⁴ 檩

桷子 kʰɔk²/kɔk²tsɯ²¹⁴ 椽

瓦桷 ŋa⁻⁵¹kʰɔk²/kɔk² 椽

柱头 tʃʰu⁵¹tʰiu³²⁴ 柱

柱磴子 tʃʰu⁻³¹tun⁻³¹tsɯ²¹⁴ 柱础

石磴 ʃak⁵tɔn³¹ 台阶

磴子 tɔn³¹tsɯ²¹⁴ 台阶

倒板 tɔɯ³¹pan²¹⁴ 天花板

天花板 tʰien⁻³¹fa⁻³¹pan²¹⁴ 天
花板

大门 tʰai³⁵men³²⁴ 正门

小门 siɔɯ⁻⁵¹men³²⁴ 后门

后门 heɯ³⁵men³²⁴ 后门

侧门 tsɯk²men³²⁴ 边门

门角背 men³²⁴kɔk⁻⁵tɔɯ³¹ 门后

户槛 fu⁻³¹tʃʰam⁻³¹ 门槛

门搭子 men³²⁴tap⁻⁵tsɯ⁻³¹ 钉锦

门闩 men³²⁴sɔn⁻⁵⁵ 门插销

门杠 men³²⁴kɔŋ⁻⁵⁵ 门杠（杠门
用）

门框 men³²⁴tʃʰɔŋ⁻⁵⁵ 门框

门兜 men³²⁴teɯ⁻⁵⁵ 门榫槽

锁 so²¹⁴ 锁

锁匙 so⁻⁵¹ʃi³²⁴ 钥匙

窗子 tsʰuŋ⁵¹tsɯ²¹⁴ 窗、窗台

走廊 tseɯ⁻⁵¹lɔŋ³²⁴ 走廊

楼棚 leɯ³²⁴pʰaŋ⁻⁵⁵ 楼板

灶 tsɔɯ³¹ 灶

灶脑【笭】tsɔɯ³¹ nɔɯ²¹⁴
【lo³²⁴】灶

灶下【前】tsɔɯ³¹ ha³⁵
【¹tsʰien³²⁴】厨房

　灶箩下 tsɔɯ³¹lo³²⁴ha⁻⁵⁵ 厨房
　炉栅 lu³²⁴sak⁵ 炉算子
　厕缸 tsʰɯ³¹kɔŋ⁻²⁴ 厕所、粪坑
　灰寮下 fɔi⁵¹liɔɯ³²⁴ha⁻⁵⁵ 厕所
　牛栏 neɯ³²⁴lan⁻⁵⁵ 牛圈
　猪栏 ʧie⁵¹lan³²⁴ 猪圈
　猪食盆 ʧie⁻³¹teɯ⁻³¹ 家畜食盆
　猪兜 ʧie⁻³¹teɯ⁻³¹ 食槽
　狗薮 keɯ⁻⁵¹seɯ²¹⁴ 狗窝
　狗窟眼【窿】keɯ⁻³¹fet²ŋan²¹⁴
【luŋ³¹】狗洞
　狗窟窬 keɯ⁻³¹fet²lɔi³¹ 狗洞
　鸡厩 ʧai⁵¹tsi³¹ 鸡窝（栖息之地）
　鸡薮 ʧai⁵¹seɯ²¹⁴ 鸡窝（下蛋之地）
　鸡笼 ʧai⁵¹luŋ³²⁴ 鸡笼
　鸡盏 ʧai⁵¹tsen²¹⁴ 鸡罩

（八）器具用品
　家伙 ka⁻³¹sɯ⁻³¹ 家具
　行李 haŋ³²⁴li⁻⁵⁵ 家具（过年前打扫卫生时的吉利称呼）
　柜子 kʰui³⁵tsɯ²¹⁴ 柜
　橱（子）ʧʰu³²⁴（tsɯ⁻⁵⁵）衣橱
　桌子（子）tsɔk²（tsɯ²¹⁴）桌子
　圆桌 vien³²⁴tsɔk⁻⁵ 圆桌
　方桌 tsɔk⁻⁵ 方桌

条桌 tʰiɔɯ³²⁴tsɔk⁻⁵ 条桌
办公桌 pʰɔn³²⁴kuŋ⁻³¹tsiaŋ⁻³¹ 办公桌
　桌布 tsɔk²pu³¹ 桌布
　抽箱 ʧʰeɯ⁻³¹siaŋ⁻³¹ 抽屉
　椅子 i⁻⁵¹tsɯ²¹⁴ 椅
　交椅 kɔɯ⁵¹i²¹⁴ 椅
　椅子梗 i⁻³¹tsɯ⁻³¹kaŋ²¹⁴ 椅子撑
　睡椅 ʃui³⁵i²¹⁴ 躺椅
　懒人椅 lan⁵¹nen³²⁴ 躺椅
　靠背 kʰɔɯ³¹pɔi³¹ 椅背
　长凳 ʧʰɔŋ³²⁴tin⁻⁵⁵ 长板凳
　条凳 tʰiɔɯ³²⁴tin⁻⁵⁵ 长板凳
　杌子 vet²tsɯ²¹⁴ 旧式方凳
　矮凳子 ai⁻⁵¹tin³¹tsɯ²¹⁴ 小板凳
　凳子 tin³¹tsɯ²¹⁴kaŋ⁻³¹ 凳子撑
　矮磨磨 ai⁻⁵¹mo³²⁴tsɯ⁻⁵⁵ 小板凳
　秆坊 kɔn⁻³¹pʰiaŋ⁻³¹ 蒲团
　床 tsʰɔŋ³²⁴ 床
　床板 tsʰɔŋ³²⁴pan⁻⁵⁵ 床板
　蚊尼 men⁵¹ni³²⁴ 蚊帐
　蚊尼钩 men⁵¹ni³²⁴keɯ⁻⁵⁵ 帐钩
　毯子 tʰam⁵¹tsɯ²¹⁴ 毯
　被窝 pʰi⁻³¹vo⁻³¹ 被子
　单被 tan⁻³¹pʰi⁻³¹ 被套
　被心 pʰi⁻³¹sim⁻³¹ 被里
　被面 pʰi⁵¹mien³¹ 被里
　棉花被 mien³²⁴fa⁻⁵⁵pʰi⁵¹ 棉胎
　床单 tsʰɔŋ³²⁴tan⁻⁵⁵ 床单
　垫被 tʰiap²pʰi⁻²⁴ 垫子
　草席 tsʰɔɯ⁻³¹tsʰiak⁵ 席子

篾席 miet⁵tsʰiak⁵竹席子

竹席 tʃuk²tsʰiak⁵竹席子

枕头 tʃem⁵¹tʰiu³²⁴枕头

枕头套子 tʃem⁵¹tʰiu³²⁴tʰɔɯ⁻⁵⁵tsɯ⁻³¹枕套

衫架子 sam⁵¹ka³¹tsɯ²¹⁴晾衣架

叉 tsʰa⁵¹架子

叉 tsʰa⁵¹竹叉（竹竿留有许多短竹枝，用来搁竹篙等）

屎桶 ʃi⁻⁵¹tʰuŋ²¹⁴马桶

马子桶 ma⁻³¹tsɯ⁻³¹tʰuŋ²¹⁴马桶

尿壶 nɔɯ³⁵fu³²⁴尿壶

尿桶 nɔɯ³⁵tʰuŋ²¹⁴尿桶

热水瓶 nat⁵ʃui⁻³¹pʰin³²⁴暖水瓶

热水壶 nat⁵ʃui⁻³¹fu³²⁴暖水瓶

风箱 fuŋ⁻³¹siɔŋ⁻³¹风箱

火钳 fo⁻⁵¹tʃʰam³²⁴火钳

火铲 fo⁻⁵¹tsʰan³²⁴火铲

秆 kɔn²¹⁴草秆

洋火 iɔŋ³²⁴fo⁻⁵⁵火柴

锯末【屑】kie³¹mɔt⁵【siet²】锯末

刨皮 pʰɔɯ³²⁴pʰi⁻⁵⁵刨花

木柿 muk²pi³¹木柿（斧头砍下来的木片）

烟筒 ian⁵¹tʰuŋ³²⁴烟囱

大镬 tʰai³⁵vɔk⁻²大锅

细镬 sie³¹vɔk⁵小锅（浅锅）

鼎甌 iaŋ⁻⁵¹ŋan³²⁴小锅（深锅）

镬瘌（灰）vɔk⁵lat²（fɔi⁻²⁴）锅烟子

桶【镬】盖 tʰuŋ⁻⁵¹【vɔk⁵】kɔi³¹锅盖

镬铲 vɔk⁵tsʰan³²⁴锅铲

罗刹 lo³²⁴sat⁵笊篱

锡碗 siak²vɔn²¹⁴搪瓷碗

口筒 kʰeɯ⁻⁵¹tʰuŋ³²⁴搪瓷口盅

窑碗 iɔɯ³²⁴vɔn⁻⁵⁵汤碗

汤碗 tʰɔŋ⁵¹vɔn²¹⁴汤碗

碟子 tʰiap⁵tsɯ²¹⁴碟

饭勺 pʰan³⁵ʃɔk⁻²勺

调羹 tʰiɔɯ³²⁴kuŋ⁻⁵⁵羹匙

筷子 kʰai³¹tsɯ²¹⁴筷

箸篓子 tʃʰie⁻³¹lui⁻²¹⁴tsɯ²¹⁴筷笼

筷子筒 kʰai³¹tsɯ²¹⁴tʰuŋ³²⁴筷笼

酒杯 tsiu⁻³¹pei⁻³¹酒杯

杯子 pei⁵¹tsɯ²¹⁴杯

端 tɔn⁵¹端

掇 tɔt²端、猛推

扻 tsʰuŋ³²⁴推

酒壶 tsiu⁻⁵¹fu³²⁴壶

罐子 kɔn³¹tsɯ²¹⁴罐

罂子 aŋ⁵¹tsɯ²¹⁴罐、瓶

瓶子 pʰin³²⁴tsɯ⁻⁵⁵瓶

勺 ʃɔk⁵瓢

打水 ta⁻⁵⁵ʃui²¹⁴舀水

淅箕 siak²tʃi⁻²⁴筲箕

操箩 sɔɯ³²⁴lo⁻⁵⁵笊篱

盖子 kɔi³¹tsɯ²¹⁴瓶盖

窒子 tsuit²tsɯ²¹⁴塞子

耳 ni³¹坛罐的耳朵状部件

菜刀 tsʰɔi³¹tɔɯ⁻²⁴菜刀

砧棚 tsɯŋ⁵¹pʰaŋ³²⁴砧板

案板 ɔn³¹pan²¹⁴面板

饭甑 pʰan³⁵tsɯŋ³¹饭桶

笼床 luŋ³²⁴tsʰɔŋ⁻⁵⁵蒸笼

甑箅 tsɯŋ³¹pi³¹甑箅子

憨 ham⁵¹水缸

水憨 ʃui²¹⁴ham⁻³¹水缸

抹布 mɔt²pu³¹抹布

拖把 tʰo⁵¹pa²¹⁴拖把

儠㒎 lat²siet²垃圾

地灰 tʰi³⁵fɔi⁻³¹垃圾

潲水 sɔɯ³⁵ʃui²¹⁴泔水

米汁水 mi⁻⁵¹tʃep²ʃui²¹⁴淘米水

斧头（脑）pu⁵¹tʰiu³²⁴nɔɯ⁻⁵⁵
斧头

刨子 pʰɔɯ³²⁴tsɯ⁻⁵⁵旋笔刀

刨子 pʰɔɯ³²⁴tsɯ⁻⁵⁵刨子

凿子 tsʰɔk⁵tsɯ²¹⁴凿子

锯（子）kie³¹（tsɯ²¹⁴）锯子

尺（子）tʃʰak²（tsɯ²¹⁴）尺

角尺 kɔk²tʃʰak²曲尺

折尺 tʃat²tʃʰak²折尺

皮尺 pʰi³²⁴tʃʰak⁻⁵卷尺

墨斗 mɯk⁵tɐɯ²¹⁴墨斗

墨线 mɯk⁵sien³¹墨斗线

绳（子）ʃɯŋ³²⁴（tsɯ⁻⁵⁵）绳子

索住【稳】sɔk⁻⁵ tʃʰu⁻³¹
【ven⁻³¹】套住（绳子套住后拉紧）

钉子 tiaŋ⁵¹tsɯ²¹⁴钉子

马钉 ma⁻³¹tiaŋ⁻³¹扒钉

钳子 tʃʰam³²⁴tsɯ⁻⁵⁵钳子

老虎钳 lɔɯ⁻³¹fu⁻³¹tʃʰam³²⁴老
虎钳

磅锤 pɔŋ³⁵tʃʰui³²⁴铁榔头

（铁）锤子 tʰiep²tʃʰui³²⁴tsɯ⁻⁵⁵
锤子

夹夹子 kap⁵kap⁵tsɯ²¹⁴推子

钉铰 tiaŋ⁵¹kɔɯ²¹⁴合页

泥刀 nai³²⁴tɔɯ⁻⁵⁵瓦刀

泥踢 nai³²⁴tʰɔŋ⁻⁵⁵抹子

墁子 men³²⁴tsɯ⁻⁵⁵抹子

粉壁 fen⁻³¹piak²刷墙（刷粗
坯）

墁【踢】壁 mɔn³²⁴【tʰɔŋ⁻³¹】
piak²抹墙（刷表面，使光滑）

皮面 pʰi³²⁴mien³¹抹墙（刷表
面，使光滑）

泥锹板 nai³²⁴tsʰiɔɯ⁻⁵⁵pan⁻³¹
泥板

泥桶 nai³²⁴tʰuŋ⁻⁵⁵灰斗子

錾子 tsʰam³⁵tsɯ²¹⁴錾子

剃脑刀子 tʰie³¹nɔɯ²¹⁴tɔɯ⁵¹
tsɯ⁻³¹剃刀

剃刀 tʰie³¹tɔɯ⁻²⁴剃刀

脑梳 nɔɯ⁻³¹sɯ⁻³¹梳子

篦子 pʰi³⁵tsɯ²¹⁴篦

剃刀皮 tʰie³¹tɔɯ⁻²⁴pʰi³²⁴鐾
刀布

光皮褡 kɔŋ⁵¹pʰi³²⁴tap⁻⁵鐾刀布

缝纫机 fuŋ⁻³⁵ien³¹tʃi⁻³¹缝纫机

铰剪 kɔɯ⁻³¹tsien²¹⁴剪子

烫斗 tsʰɔŋ³¹teɯ²¹⁴熨斗

烙铁 lɔk⁵tʰiet²烙铁

织布机 tʃet²pu³¹tʃi⁻⁵⁵织布机

梭子 so⁵¹tsɯ²¹⁴梭

东西 tuŋ⁻³¹si⁻³¹物品

洗面水 sie²¹⁴mien³¹ʃui²¹⁴洗脸水

面盆 mien³¹pʰen³²⁴脸盆

脚盆 tʃɔk²pʰen³²⁴澡盆

脚盆 tʃɔk²pʰen³²⁴洗脚盆

香皂 ʃɔŋ⁵¹tsʰɔɯ⁻²⁴香皂

肥皂 fei³²⁴tsʰɔɯ⁻⁵⁵肥皂

洗衫粉 sie²¹⁴san⁵⁵fen²¹⁴洗衣粉

手巾 ʃieɯ⁻³¹tʃen⁻³¹毛巾

揶脚布 tsʰuit⁵tʃɔk²pu³¹擦脚布

汽灯 tʃʰi³¹tɯŋ⁻²⁴汽灯

蜡烛 lap²tʃuk²蜡烛

洋油灯子 iɔŋ³²⁴ieɯ⁻⁵⁵tin⁵¹tsɯ⁻³¹煤油灯

照子 tʃɔɯ³¹tsɯ²¹⁴煤油灯

灯芯 tɯŋ⁻³¹/tin⁻³¹sim⁻³¹灯芯

灯草 tin⁵¹tsʰɔɯ²¹⁴灯草

灯油 tin⁵¹/tɯŋ⁵¹ieɯ³²⁴灯油

灯笼 tɯŋ⁵¹luŋ³²⁴灯笼

提包 tʰia³²⁴pɔɯ⁻⁵⁵手提包

皮夹子 pʰi³²⁴tʃap⁵tsɯ⁻³¹钱包

印【章】子 ien³¹【tʃɔŋ⁵¹】tsɯ²¹⁴私章

章子 tʃɔŋ⁵¹tsɯ²¹⁴公章

公章 kuŋ⁻³¹tʃɔŋ⁻³¹公章

揞印子 tsen⁻⁵⁵ien³¹tsɯ²¹⁴盖章

磕章子 kʰeptʃɔŋ⁵¹tsɯ²¹⁴盖章

（非正式）

印油 ien³¹ieɯ³²⁴印泥

顶针戒指 tin⁻³¹tʃem⁻³¹kai³¹tʃi²¹⁴顶针

针眼 tʃem⁵¹ŋan²¹⁴针鼻

针嘴 tʃem⁵¹tsi²¹⁴针尖

串针 tʃʰɔn³¹tʃem⁵¹穿针

钻子 tsɔn⁻³¹tsɯ²¹⁴锥子

耳屎耙子 ni⁻³¹ʃi⁻³¹pʰa³²⁴tsɯ⁻⁵⁵耳挖子

洗衫枋子 sie⁻³¹sam⁻³¹piaŋ⁻³¹tsɯ²¹⁴洗衣板

樟槌 tʃɔŋ⁵¹tʃʰui³²⁴洗衣棒

鸡毛扫（子）tʃai⁻³¹mɔɯ⁻³¹sɔɯ³¹（tsɯ²¹⁴）鸡毛掸子

扇子 ʃan³¹tsɯ²¹⁴蒲扇

蕲扇 tʃʰi³²⁴ʃan⁻⁵⁵蒲扇

棍子 kun³¹tsɯ²¹⁴拐杖（中式）

瘸脚棍子 tʃʰo³²⁴tʃɔk⁻⁵kun³¹tsɯ²¹⁴拐杖（中式）

刮屎帕 kat²ʃi²¹⁴pʰak²手纸

草纸 tsʰɔ⁻⁵¹tʃi²¹⁴手纸

电筒 tʰien³⁵tʰuŋ³²⁴手电

手电筒 ʃieɯ⁻³¹tʰien⁻³¹tʰuŋ³²⁴手电

电油 tʰien³⁵ieɯ³²⁴电池

电杠 tʰien³⁵kɔŋ³¹日光灯（长管）

（九）称谓

老太公 lɔɯ⁻⁵¹tʰai³¹kuŋ⁻²⁴老年男人

老太婆 lɔɯ⁻⁵¹ tʰai³¹ pʰo³²⁴ 老年女人

老太人 lɔɯ⁻³¹ tʰai⁻³¹ nen³²⁴ 老年人

老屎蛆 lɔɯ⁻³¹ ʃi⁻³¹ tsʰie⁻³¹ 老年人（贬称）

婆老壳 pʰo³²⁴ lɔɯ⁻⁵⁵ kʰɔk² 老年女人（贬称）

城里人 ʃaŋ³²⁴ ti⁻⁵⁵ nen³²⁴ 城里人

村里人 tsʰun⁵¹ ti²¹⁴ nen⁻⁵⁵ 乡下人

村下人 tsʰun⁵¹ ha³¹ nen³²⁴ 乡下人

孙叔 sun⁵¹ ʃuk² 本家

外地人 ŋɔi³⁵ tʰi⁻⁵⁵ nen³²⁴ 外地人

本地人 pen⁻³¹ tʰi⁻⁵⁵ nen³²⁴ 本地人

自家人 tsʰɯ³⁵ ka⁻³¹ nen³²⁴ 自己人

同年 tʰuŋ³²⁴ nan⁻⁵⁵ 同龄人

内行 nui³⁵ hɔŋ³²⁴ 内行人

在行 tsʰɔi³⁵ hɔŋ³²⁴ 内行

外行 ŋɔi³⁵ hɔŋ³²⁴ 外行人

牙人 ŋa³²⁴ nen⁻⁵⁵ 生意中介人

女客 nie⁻⁵¹ kʰak² 姑娘

老女客 lɔɯ⁻³¹ nie⁻³¹ kʰak² 老姑娘

后生 heɯ³⁵ saŋ⁻³¹ 小伙子

细新妇 sie³¹ sim⁻²⁴ pu⁻³¹ 童养媳

二婚亲 ni³⁵ fen⁻³¹ tsʰin⁻³¹ 再婚的女人

单赤佬【子】 tan⁻³¹ tʃ⁻ʰak²

lɔɯ²¹⁴【tsɯ²¹⁴】单身汉

光棍 kɔŋ⁵¹ kun³¹ 单身汉

鰥婆 kaŋ⁵¹ pʰo³²⁴ 寡妇

婊子 piɔɯ⁻⁵¹ tsɯ²¹⁴ 婊子

鸡婆 tʃai⁵¹ pʰo³²⁴ 妓女

伙计婆 fo⁻⁵¹ tʃi³¹ pʰo³²⁴ 情妇

络=人 lɔk² nen³²⁴ 偷人

伙计公 fo⁻⁵¹ tʃi³¹ kuŋ⁻²⁴ 情夫

契哥（少） tʃʰai³¹ ko⁻²⁴ 情夫（或品行差的男人）

契男 tʃʰai³¹ nam³²⁴ 品行差的男人

野种 ia⁻⁵¹ tʃuŋ²¹⁴ 私生子

野卵屎 ia⁻³¹ lɔn⁻³¹ ʃi²¹⁴ 私生子、詈语

骗子 pʰien³¹ tsɯ²¹⁴ 骗子

败家（机）子 pʰai³⁵ ka⁻³¹（tʃi⁻³¹）tsɯ²¹⁴ 败家子

流浪 liu³²⁴ lɔn⁻⁵⁵ 游手好闲的人、流氓

拐子 kai²¹⁴ tsɯ⁻⁵⁵ 人贩子

人贩子 nen³²⁴ fan⁻⁵⁵ tsɯ⁻³¹ 人贩子

告化（子） kɔɯ³¹ fa³¹ tsɯ²¹⁴ 乞丐

土匪 tʰu⁻³¹ fi⁻³¹ 土匪

打短棍个 ta⁻³¹ tɔn⁻³¹ kun³¹ kei³¹ 强盗

贼牯 tsʰɯk⁵ ku²¹⁴ 扒手、贼

扒子手 pʰa³²⁴ tsɯ⁻⁵⁵ ʃieɯ⁻³¹ 扒手

三只手 sam⁵¹ tʃak² ʃieɯ²¹⁴ 扒手

工人 kuŋ⁵¹nen³²⁴工人

长工 ʧʰɔŋ³²⁴kuŋ⁻⁵⁵长工

作田个 tsɔk²tʰien³²⁴kei⁻⁵⁵农民

做生意个 tso³¹sɯŋ⁵¹i³¹kei³¹生意人

老板 lɔɯ⁻⁵¹pan⁻⁵¹老板

东金 tuŋ⁻³¹ʧem⁻³¹东家

半壶酒 pan⁻³¹nɔŋ³²⁴tsiu²¹⁴半瓶醋

老板娘 lɔɯ⁻³¹pan⁻³¹nɔŋ³²⁴老板娘

徒弟 tʰu³²⁴tʰi⁻⁵⁵徒弟

徒弟俫子 tʰu³²⁴tʰi⁻⁵⁵lai³¹tsɯ⁻³¹徒弟

贩子 pʰɔn³¹tsɯ²¹⁴小贩

捐客 tsʰian³²⁴kʰak⁻⁵倒卖货物的

牙人 ŋa³²⁴nen⁻⁵⁵中间人（市场上）

中（间）人 ʧuŋ⁵¹（kan⁻³¹）nen³²⁴中间人（社会事务上）

先生 sien⁻³¹sɯŋ⁻³¹老师

学生 hɔk⁵sɯŋ⁻³¹学生

同学 tʰuŋ³²⁴hɔk⁵同学

伴 pʰɔn³¹同伙

阵伙 ʧʰen³⁵fo²¹⁴同伴、合伙人

朋友 pʰuŋ³²⁴iɯ⁻⁵⁵朋友

当兵个 tɔŋ⁻⁵⁵pin⁵¹kei³¹军人

生当人 saŋ⁵¹tɔŋ³¹nen³²⁴陌生人

生当 saŋ⁵¹tɔŋ³¹陌生

医师 i⁻³¹sɯ⁻³¹医生

医生 i⁻³¹sɯŋ⁻³¹医生

司机 sɯ⁻³¹ʧi⁻³¹司机

师傅 sɯ⁻³¹fu³¹师傅、司机

匠人 siɔŋ³⁵nen³²⁴手艺人

木匠 muk²siɔŋ³⁵木匠

泥水 nai³²⁴ʃui⁻⁵⁵建筑工

泥水师傅 nai³²⁴ʃui⁻⁵⁵sɯ⁻³¹fu³¹建筑工

铜匠 tʰuŋ³²⁴siɔŋ⁻⁵⁵铜匠

铁匠 tʰiet²siɔŋ³⁵铁匠

补镬（头）个 pu⁻⁵⁵vɔk⁵（tʰiu³²⁴）kei⁻⁵⁵补锅的

剃脑师傅 tʰie³¹nɔɯ²¹⁴sɯ⁻³¹fu³¹理发匠

剃脑个 tʰie³¹nɔɯ²¹⁴kei⁻⁵⁵理发匠

裁缝（师傅）tsʰɔi³²⁴fuŋ⁻⁵⁵（sɯ⁻³¹fu³¹）裁缝

屠户（老板）tʰu³²⁴fu⁻⁵⁵（lɔɯ⁻⁻³¹pan⁻³¹）屠户

杀猪个 kʰai⁻⁵⁵ʧie⁵¹kei³¹屠户

打屠个 ta⁻⁵⁵tʰu³²⁴kei⁻⁵⁵屠户

荷担个 kʰai⁻⁵⁵tam⁵¹kei³¹挑夫

扛轿个 kɔŋ⁻⁻⁵⁵ʧʰɔɯ³⁵kei³¹轿夫

厨倌（师傅）ʧʰu³²⁴kɔn⁻⁵⁵（sɯ⁻³¹fu³¹）厨师

（撑）船老板（tsʰaŋ⁻³¹）ʃɔn³²⁴lɔɯ⁻⁻⁵⁵pan⁻³¹瘸子、船家

管家 kɔn⁻³¹ka⁻³¹管家

奶姐 nan³¹tsia²¹⁴奶妈

契爹 tʃʰai³¹tia⁻²⁴干爹

契姐 tʃʰai³¹tsia²¹⁴干娘

契子 tʃʰai³¹tsɯ²¹⁴干儿子

姨婆女子 i³²⁴pʰo⁻⁵⁵nie⁻³¹tsɯ⁻³¹女仆

丫鬟 a⁵¹fan³²⁴丫鬟

接生婆 tsiat²saŋ⁻²⁴pʰo⁻³¹接生婆

接生个 tsiat²saŋ⁵¹kei³¹接生婆

和尚 vo³²⁴ʃɔŋ⁻⁵⁵和尚

尼姑 ni³²⁴ku⁻⁵⁵尼姑

道士 tʰɔɯ³⁵sɯ³⁵道士

斋公 tsai⁻³¹kuŋ⁻³¹男居士

斋婆 tsai⁵¹pʰo³²⁴女居士

邻舍 lin³²⁴ʃa⁻⁵⁵邻居或街坊

（十）亲属

太公 tʰai³¹kuŋ⁻²⁴曾祖父

太婆 tʰai³¹pʰo³²⁴曾祖母

公公 kuŋ⁵¹kuŋ⁻²⁴祖父

婆婆 pʰo³²⁴pʰo⁻⁵⁵祖母

细公公 sie³¹kuŋ⁻²⁴kuŋ⁻³¹祖父的弟弟

细婆婆 ie³¹pʰo³²⁴pʰo⁻⁵⁵祖父的弟媳

外公 ŋɔi⁻³¹kuŋ⁻²⁴外祖父

外婆 ŋɔi⁻³¹pʰo³²⁴外祖母

老外公 lɔɯ⁻⁵¹ŋɔi⁻³¹kuŋ⁻²⁴母之祖父

老外婆 lɔɯ⁻⁵¹ŋɔi⁻³¹pʰo³²⁴母之祖母

老外 lɔɯ⁻⁵¹ŋɔi⁻³¹母亲的祖母

（昵称）

细外公 sie³¹ŋɔi⁻³¹kuŋ⁻²⁴外祖父的弟弟

细外婆 sie³¹ŋɔi⁻³¹pʰo³²⁴外祖母的妹妹

丈人爹 tʃʰɔŋ⁵¹nen³²⁴tia⁻⁵⁵岳父

丈人姐 tʃʰɔŋ⁵¹nen³²⁴tsia⁻⁵⁵岳母

家官 ka⁻³¹kɔn⁻³¹夫之父

家婆 ka⁵¹pʰo³²⁴夫之母

后雷爸爸 heɯ³⁵lui³²⁴pa⁻⁵⁵pa³¹继父

后雷姐 heɯ³⁵lui³²⁴tsia⁻⁵⁵继母

过继【房】 ko³¹tʃi³¹【fɔŋ³²⁴】继（子女）

伯伯 pak²pak²伯

姐姐 tsia⁻⁵¹tsia⁻⁵¹伯母

叔叔 ʃuk²ʃuk²叔

叔子 ʃuk²tsɯ²¹⁴叔

姆姆 mu³¹mu⁵⁵婶

舅舅 tʃʰeɯ⁵¹tʃʰeɯ⁻²⁴舅

舅婆姐 tʃʰeɯ⁵¹pʰo³²⁴tsia⁻⁵⁵舅母

舅公公 tʃʰeɯ⁻³¹kuŋ⁻³¹kuŋ⁻²⁴父母之舅

舅婆婆 tʃʰeɯ⁵¹pʰo³²⁴pʰo⁻⁵⁵父母之舅母

姑姑 ku⁵¹ku⁻²⁴父之姐妹

大姑姑 tʰai³⁵ku⁻³¹ku⁻²⁴父之姐

细姑姑 sie³¹ku⁻²⁴ku⁻³¹父之妹

老姑姑 lɔɯ⁻³¹ku⁻³¹ku⁻²⁴父之姑母

丈丈 tʃʰɔŋ⁵¹tʃʰɔŋ⁻²⁴姑夫

姨太姐 i³²⁴tʰai⁻⁵⁵tsia⁻³¹母之姐
或母之妹

姨丈爹 i³²⁴tʃʰɔŋ⁻⁵⁵tia⁻³¹姨夫

姨太外婆 i³²⁴tʰai⁻⁵⁵ŋɔi⁻³¹
pʰo³²⁴母之姨母

小（婆）siɔɯ⁻⁵¹pʰo³²⁴妾

大郎 tʰai³⁵lɔŋ³²⁴夫之兄

小郎 siɔɯ⁻³¹lɔŋ³²⁴夫之弟

姑姊 ku⁵¹tsi²¹⁴夫之姐妹

大姑姊 tʰai³⁵ku⁻³¹tsi²¹⁴夫之姐

细姑姊 sie³¹ku⁻³¹tsi²¹⁴夫之妹

舅子 tʃʰeɯ⁵¹tsɯ²¹⁴妻的兄弟

大舅 tʰai³⁵tʃʰeɯ⁻³¹妻兄

大舅公 tʰai³⁵tʃʰeɯ⁻³¹kuŋ⁻³¹
妻兄

细舅 sie³¹tʃʰeɯ⁻²⁴妻弟

细舅公 sie³¹tʃʰeɯ⁻³¹kuŋ⁻³¹
妻弟

兄弟 fiaŋ⁻³¹tʰie⁻³¹兄与弟

姨姐 i³²⁴tsia⁻⁵⁵小姨子

大姨姐 tʰai³⁵i³²⁴tsia⁻⁵⁵（大的）
小姨子

细姨姐 sie³¹i³²⁴tsia⁻⁵⁵（小的）
小姨子

姊妹 tsi⁻⁵¹mɔi³¹姐妹（常义）、
姐弟、兄妹、兄弟姐妹

哥哥 ko⁵¹ko⁻²⁴兄

老伯 lɔɯ⁻³¹pak²兄（老说法）

大嫂 tʰai³⁵sɔɯ²¹⁴嫂

哥哥 ko⁵¹ko⁻²⁴堂亲

弟（子）tʰie⁵¹（tsɯ²¹⁴）弟

老弟 lɔɯ⁻³¹tʰie⁻³¹弟（少说）

弟妇 tʰie⁻³¹pu⁻³¹弟媳

姊姊 tsi⁻⁵¹tsi⁻²⁴姐、堂姐

姊丈 tsi⁻³¹tʃɔŋ⁻³¹姐夫

妹（子）mɔi³¹（tsɯ²¹⁴）妹

妹郎 mɔi³¹lɔŋ³²⁴妹夫

表哥哥 piɔɯ⁻³¹ko⁻³¹ko⁻²⁴表亲

表姊姊 piɔɯ⁻³¹tsi⁻³¹tsi⁻²⁴表亲

挽个子女 vɔn⁵¹kei³¹tsɯ⁻⁵¹
nie²¹⁴养子女

子女 tsɯ⁻⁵¹nie²¹⁴子女

细人 sie³¹nen³²⁴子女

大细 tʰai³⁵sie³¹子女

俫子 lai³¹tsɯ²¹⁴小男孩

细俫子 sie³¹lai³¹tsɯ²¹⁴小男孩

女子 nie⁻⁵¹tsɯ²¹⁴小女孩、女儿

细女子 sie³¹nie²¹⁴tsɯ⁻³¹小女孩
子 tsɯ²¹⁴儿子

俫子 lai³¹tsɯ²¹⁴儿子

女 nie²¹⁴女儿

长子 tʃɔŋ⁻⁵¹tsɯ²¹⁴大儿子

大子 tʰai³⁵tsɯ²¹⁴大儿子

细子 sie³¹tsɯ²¹⁴小儿子

满子 mɔn⁻⁵¹tsɯ²¹⁴小儿子

长女 tʃɔŋ⁻⁵¹nie²¹⁴大女儿

大女 tʰai³⁵nie²¹⁴大女儿

细女 sie³¹nie²¹⁴小女儿

满女 mɔn⁻⁵¹nie²¹⁴小女儿

新妇 sim⁻³¹pu⁻³¹儿媳

女 nie²¹⁴女儿

丈公 ʧʰɔŋ⁻³¹kuŋ⁻³¹女婿

招郎 ʧɔɯ⁵¹lɔŋ³²⁴上门女婿

上门丈公 ʃɔŋ⁻⁵⁵men³²⁴ʧʰɔŋ⁻⁵⁵kuŋ⁻³¹上门女婿

撑门柴 ʦʰaŋ³¹men³²⁴sai⁻⁵⁵上门女婿

孙子 sun⁵¹ʦɯ²¹⁴孙子

女孙 nie⁻³¹sun⁻³¹孙女、侄女

孙新妇 sun⁻³¹sim⁻³¹pu⁻³¹孙媳妇

孙郎 sun⁵¹lɔŋ³²⁴孙女婿

曾孙 ʦʰɯŋ³²⁴sun⁻⁵⁵重孙

四季孙 sɯ³¹ʧi³¹sun⁻²⁴重孙

曾孙女 ʦʰɯŋ³²⁴sun⁻⁵⁵nie⁻³¹重孙女

四季女孙 sɯ³¹ʧi³¹nie⁻²⁴sun⁻³¹重孙女

外甥 ŋɔi⁻³¹saŋ⁻²⁴外甥、外孙

外甥女 ŋɔi⁻³¹saŋ⁻²⁴nie²¹⁴外甥女、外孙女

孙 sun⁵¹孙子、侄子

姨丈 i³²⁴ʧʰɔŋ⁻⁵⁵连襟

亲家 ʦʰin⁻³¹ka⁻³¹亲家

□公 ʦʰia³¹kuŋ⁻³¹亲家公（两亲家之间）

□母 ʦʰia³¹mu⁻³¹亲家母（两亲家之间）

□公太 ʦʰia³¹kuŋ⁻³¹tʰai³¹亲家翁（婚姻一方的兄弟姐妹对另一方父亲的称呼）

□母太 ʦʰia³¹mu⁻³¹tʰai³¹亲家母（婚姻一方的兄弟姐妹对另一方母亲的称呼）

亲戚 ʦʰin⁵¹ʦʰit²亲戚

去做客 ʃie³¹tso³¹kʰak²走亲戚

外氏 ŋɔi³⁵ʃi³¹娘家

男家 nam³²⁴ka⁻⁵⁵男家

女家 nu⁻³¹ka⁻³¹女家

外婆屋下 ŋɔi⁻³¹pʰo³²⁴vuk²kʰa³⁵姥姥家

丈人姐屋下 ʧʰɔŋ⁵¹nen³²⁴tsia⁻⁵⁵vuk²kʰa³⁵丈人家

（十一）身体

身材 ʃien⁵¹ʦʰɔi³²⁴身材

坯子 pʰɔi⁵¹ʦɯ²¹⁴身材

尸坯 ʃi⁻³¹pʰɔi⁻³¹身材（贬义）

白脑公公 pʰak⁵nɔɯ⁻³¹kuŋ⁻³¹kuŋ²⁴少白头

额 nak²额

岩额（子）ŋan³²⁴nak⁻⁵（ʦɯ²¹⁴）奔儿头

凸额（子）ta³²⁴nak⁻⁵（ʦɯ²¹⁴）奔儿头

脑门 nɔɯ⁻³¹men³²⁴囟门

后脑壳 heɯ³⁵nɔɯ⁻³¹kʰɔk²后脑勺

后脑勺 heɯ³⁵nɔɯ⁻³¹ʃɔk²后脑勺

颈窝子 ʧaŋ⁻³¹vo⁻³¹ʦɯ²¹⁴后脑窝

瘌痢壳【脑盖】lat²li⁻²⁴kʰɔk⁻⁵【nɔɯ⁻⁵⁵kɔi³¹】光头、秃顶

光头 kɔŋ⁵¹tʰeɯ³²⁴光头

疴瘵皮 kʰo⁻³¹lo⁻³¹pʰi³²⁴头屑

笨板 tem³⁵pan⁻³¹手脚笨重的人

大花面 tʰai³⁵fa⁻³¹mien³¹大花脸

平脑盖 pʰiaŋ⁻³¹nɔɯ²¹⁴kɔi³¹歪脖子

大眼子 tʰai³⁵ŋan⁻³¹tsɯ²¹⁴大眼

三角眼 sam⁵¹kɔk²ŋan²¹⁴三角眼

阔嘴耙 kʰɔt²tʃɔi³¹pʰa³²⁴大嘴巴

佝鼻公 keɯ²¹⁴pʰi⁻⁵⁵kuŋ⁻³¹高鼻

厴鼻公 iap²pʰi³⁵kuŋ⁻³¹扁鼻

胡须 fu³²⁴siu⁻⁵⁵胡子

须（子）siu⁵¹（tsɯ²¹⁴）下巴须

八字胡 pat²tsʰɯ³⁵fu³²⁴八字胡

山羊胡子 san⁵¹iɔŋ³²⁴fu⁻⁵⁵tsɯ⁻³¹山羊胡

习嫩 siap⁵/sip⁵nun³⁵很嫩

揩粗 kʰai⁻⁵⁵tsʰu⁵¹（皮肤）很粗

细（小）脚 sie³¹（siɔɯ⁻⁵¹）tʃɔk²小脚

大板脚 tʰai³⁵pan⁻³¹tʃɔk²大脚

辫子 pien⁵¹tsɯ²¹⁴辫、把柄

扼辫子 ŋak²pien⁵¹tsɯ²¹⁴编辫

髻子 tʃi⁻⁵¹tsɯ²¹⁴髻

面 mien³¹脸

面嘴 mien³¹tsi²¹⁴脸蛋

面膀骨 mien³¹pɔŋ³²⁴kuit⁻⁵腮帮

酒厴 tsiu⁻³¹iap²酒窝

人中 nen³²⁴tʃuŋ⁻⁵⁵人中

眼珠子 ŋan⁻³¹tʃu⁻³¹tsɯ²¹⁴眼珠

白眼珠 pʰak⁵ŋan⁻³¹tʃu⁻³¹白眼珠

乌眼珠 vu⁻³¹ŋan⁻³¹tʃu⁻³¹黑眼珠

眼角 ŋan⁻³¹kɔk²眼角

眼屎 ŋan⁻³¹ʃi²¹⁴眼屎

眼皮 ŋan⁻⁵¹pʰi²³²⁴眼皮

单眼皮 tan⁻³¹ŋan⁻³¹pʰi³²⁴单眼皮

双眼皮 sɔŋ⁻³¹ŋan⁻³¹pʰi³²⁴双眼皮

眼毛 ŋan⁻³¹mɔɯ⁻³¹睫毛

眉毛 mi³²⁴mɔɯ⁻⁵⁵眉

鼻公 pʰi³⁵kuŋ⁻³¹鼻子

鼻屎 pʰi³⁵ʃi²¹⁴鼻屎

鼻窟眼 pʰi³⁵fet²ŋan²¹⁴鼻孔

鼻公灵 pʰi³⁵kuŋ⁻³¹lin³²⁴嗅觉好

鼻梁骨 pʰi³⁵liɔŋ³²⁴kuit⁻⁵鼻梁

鼻公豚 pʰi³⁵kuŋ⁻³¹tuk²鼻尖

红鼻公 fuŋ³²⁴pʰi⁻⁵⁵kuŋ⁻³¹红鼻子

酒糟鼻公 tsiu⁻³¹tsɔɯ⁻³¹pʰi⁻⁵⁵kuŋ⁻³¹红鼻子

口濑 heɯ⁻³¹lan⁻³¹唾沫

涎 sien³²⁴涎

结舌子 tʃat²ʃat⁵tsɯ⁻³¹各种外貌体态的人

鸟舌子 tiɔɯ²¹⁴ʃat⁵tsɯ⁻³¹各种外貌体态的人

牙齿 ŋa³²⁴ʧi⁻⁵⁵牙齿

当门牙齿 tɔŋ⁵¹men³²⁴ŋa⁻⁵⁵ʧi⁻³¹门牙

座牙 tsʰo³⁵ŋa³²⁴大牙

牙骹 ŋa³²⁴kɔɯ⁻⁵⁵牙床

牙嫚 ŋa³²⁴man⁻⁵⁵牙黄

牙齿嫚 ŋa³²⁴ʧi⁻⁵⁵man⁻³¹牙黄

耳朵眼 ni⁵¹tɔɯ⁻³¹ŋan²¹⁴耳孔

耳屎 ni⁵¹ʃi²¹⁴耳屎

耳背 ni⁻³¹pʰɔi³⁵耳背

下喉子 ha⁵¹heɯ³²⁴tsɯ⁻⁵⁵下巴

喉咙 heɯ³²⁴liuŋ⁻⁵⁵喉咙

喉灵管 heɯ³²⁴lin⁻⁵⁵kɔn⁻³¹喉咙

髻公子 ʧi³¹kuŋ⁻²⁴tsɯ⁻³¹喉结

肩头脑 ʧan⁵¹tʰiu³²⁴nɔɯ⁻⁵⁵肩

肩胛骨 ʧan⁵¹kap²kuit²肩胛骨

胁（脊）下 ʃap²（tsiak²）ha³⁵腋窝

手指脑 ʃieɯ⁻³¹ʧi⁻³¹nɔɯ²¹⁴手指

骨子脑 kuit²tsɯ²¹⁴nɔɯ⁻³¹指关节

手指罅 ʃieɯ⁻³¹ʧi⁻³¹la³¹指缝

大脑公公 tʰai³⁵nɔɯ⁻³¹kuŋ⁻³¹kuŋ⁻²⁴拇指、踇趾

尾脑公公 mei⁻³¹nɔɯ⁻³¹kuŋ⁻³¹kuŋ⁻²⁴小指、小趾

手指甲 ʃieɯ⁻³¹ʧi⁻³¹kap²指甲

拳魁脑 ʧan³²⁴kʰui⁻⁵⁵nɔɯ⁻³¹拳

手心 ʃieɯ⁻³¹sim⁻³¹手心

手背 ʃieɯ⁻⁵¹pɔi³¹手背

手踭 ʃieɯ²¹⁴tsaŋ⁻³¹胳膊肘

斗踭弯 ʃieɯ²¹⁴tsaŋ⁻³¹胳膊肘

手囊肚 ʃieɯ⁻⁵¹naŋ³²⁴tu⁻⁵⁵前臂肚子

手 ʃieɯ²¹⁴胳膊

手 ʃieɯ²¹⁴手

左【反】手 tso⁻⁵¹【fan⁻⁵¹】ʃieɯ²¹⁴左手

大手 tʰai³⁵ʃieɯ²¹⁴左手

右【顺】手 ieɯ³⁵【ʃun³⁵】ʃieɯ²¹⁴右手

小手 siɔɯ⁻⁵¹ʃieɯ²¹⁴右手

大腿 tʰai³⁵tʰɔi³²⁴大腿

腿肵下 tʰɔi³²⁴ʧʰat²ha⁻³¹大腿根

脚囊肚 ʧɔk²naŋ³²⁴tu⁻⁵⁵腿肚子

盐包肚 iam³²⁴pɔɯ⁻⁵⁵tu⁻³¹腿肚子

屎杷骨 ʃi⁻⁵¹pʰa³²⁴kuit⁻⁵胯骨

胯罗下 kʰa⁻³¹lo³²⁴ha⁻⁵⁵两腿之间

脚肵下 ʧɔk²ʧʰat²ha⁻³¹两腿之间

屎窟 ʃi⁻³¹fet²臀

屎窟眼 ʃi⁻³¹fet²ŋan²¹⁴肛门

屎窟罅 ʃi⁻³¹fet²la³¹臀沟

尾子骨 mei⁻³¹tsɯ⁻³¹kuit²尾骨

卵（子）lɔn²¹⁴（tsɯ²¹⁴）男阴

卵子 lɔn⁻⁵¹tsɯ²¹⁴小儿阴

细卵子 sie³¹lɔn⁻⁵⁵tsɯ²¹⁴小儿阴

鸟鸟子 tiɔɯ²¹⁴tiɔɯ⁻⁵⁵tsɯ⁻³¹小

儿阴

觜 ʧi⁵¹女阴

鳖 piet²女阴

卵屎 lɔn⁻⁵¹ʃi²¹⁴精液

赤脚 ʧʰak²ʧɔk²赤脚

打赤脚 ta⁻⁵⁵ʧʰak²ʧɔk²赤脚

打赤膊 ta⁻⁵⁵ʧʰak²pɔk²赤身

脚背 ʧɔk²pɔi³¹脚背

脚踭 ʧɔk²tsaŋ⁻²⁴脚跟

脚板 ʧɔk²pan²¹⁴脚掌

脚趾脑 ʧɔk²ʧi²¹⁴nɯ⁻³¹脚趾

脚迹 ʧɔk²tsiak²脚印

脚印 ʧɔk²ien³¹脚印

茧 ʧan²¹⁴手趼

靮 ʧan⁵¹脚趼

鸡眼 ʧai⁵¹ŋan²¹⁴鸡眼

排扇骨 pʰai³²⁴ʃan⁻⁵⁵kuit²肋骨

小肚子 siɔɯ⁻³¹tu⁻³¹tsɯ²¹⁴小腹

尿肚子 nɔɯ³⁵tu⁻³¹tsɯ²¹⁴膀胱

肚脐眼 tʰu⁻³¹tsi⁻³¹ŋan²¹⁴脐眼

肚 tʰu²¹⁴胃（贬称）

胃 vi³⁵胃

腰 iɔɯ⁵¹腰

背脊 pɔi³¹ʧat²脊背

背龙骨 pɔi³¹liuŋ³²⁴kuit⁻⁵脊骨

脑顶 nɔɯ⁻³¹tiaŋ²¹⁴发旋

胭 lo³²⁴圆形指纹

寒毛 hɔn³²⁴mɔɯ⁻⁵⁵寒毛

寒毛眼【孔】hɔn³²⁴mɔɯ⁻⁵【kʰuŋ⁻³¹】寒毛孔

痣 ʧi³¹痣、疣

筋 ken⁵¹筋

血管 fiet²kɔn²¹⁴血管

脉 mak²脉

肺 fie³¹肺

胆 tam²¹⁴胆

腰子 iɔɯ⁵¹tsɯ²¹⁴肾、猪腰

大肠 tʰai³⁵ʧʰɔŋ³²⁴大肠、猪大肠

小肠 siɔɯ⁻⁵¹ʧʰɔŋ³²⁴小肠、猪小肠

爆尾 pɔɯ³¹mei⁻²⁴大肠末端

屎 ʃi²¹⁴屎

尿 nɔɯ³⁵尿

𥑪 man³⁵汗泥

（十二）疾病医疗

有病 ieɯ⁻⁵⁵pʰiaŋ³⁵生病

请郎中 tsʰiaŋ⁻⁵⁵lɔŋ³²⁴ʧuŋ⁻⁵⁵请医生

医病 i⁵⁵pʰiaŋ³⁵治病

整病 ʧaŋ⁻⁵⁵pʰiaŋ³⁵治病

抓脉 tsa⁻⁵⁵mɯk²号脉

开单子 kʰɔi⁻⁵⁵tan⁵¹tsɯ²¹⁴开药方

点【戥】药 tiam⁻⁵⁵【tsep²】iɔk⁵抓药（中药，药材）

点茶 tiam⁻⁵⁵tsʰa³²⁴抓药（中药，药材，较委婉）

座【熬】药 tsʰo³⁵【ŋɔɯ³²⁴】iɔk⁵煎药

座茶 tsʰo³⁵tsʰa³²⁴抓药（较委婉说法）

报渣 pɔɯ³¹ tsa⁵¹ 煎二道药

药罐子 iɔk⁵ kɔn³¹ tsɯ²¹⁴ 药罐

膏药 kɔɯ⁻³¹iɔk⁻²膏药

药膏（子）iɔk⁵ kɔɯ⁻³¹（tsɯ²¹⁴）药膏

药末（子）iɔk⁵mɔt²（tsɯ²¹⁴）药粉

搽药膏 tsʰa³²⁴ iɔk⁵ kɔɯ⁻³¹ 搽药膏

上药 ʃɔŋ⁻⁵⁵iɔk⁵ 上药

罨药 ɔp²iɔk⁵ 上药

敷药 fu⁻⁵⁵iɔk⁵ 上药

清火 tsʰin⁻⁵⁵fo²¹⁴ 去火

打针 ta⁻⁵⁵ʧem⁵¹ 扎针

啄针 tuk⁵ʧem⁵¹ 打针

打啐筒 ta⁻⁵⁵ tsʰit² tʰuŋ³²⁴ 拔火罐

泻肚 sia³¹/siet²tʰu⁵¹泻肚

有滚 ieɯ⁻⁵⁵kun²¹⁴发烧

发烧 fat²ʃɔɯ⁵¹发烧

发滚 fat²kun²¹⁴发烧

作寒 tsɔk²hɔn³²⁴发冷

作冷 tsɔk²lɯŋ⁵¹发冷

咳嗽 ket²seɯ³¹咳嗽

咳嗽 kʰet⁵/kʰet⁻²seɯ³¹乾咳

牵痰气 ʧʰan⁻⁵⁵ha³²⁴ʃi⁻⁵⁵哮喘

火重 fo⁻³¹ʧʰuŋ⁻²⁴上火

膨膨胀胀 pʰaŋ³²⁴ pʰaŋ⁻⁵⁵ʧɔŋ³¹ʧɔŋ³¹消化不良

心窝子痛 sim⁻³¹vo⁻³¹tʰuŋ³¹胸口疼

心（脯）前痛 sim⁵¹（pʰu³²⁴）tsʰien³²⁴tʰuŋ³¹胸口疼

脑盖晕【昏】nɔɯ⁻⁵¹koi³¹vin⁵¹【fen⁵¹】头晕

晕船 vin⁻⁵⁵ʃɔn³²⁴晕船

昏船 fen⁻⁵⁵ʃɔn³²⁴晕船

晕车 vin⁻⁵⁵ʧʰa⁵¹晕车

昏车 fen⁻⁵⁵ʧʰa⁵¹晕车

脑盖痛 nɔɯ⁻⁵¹kɔitʰuŋ头疼

作呕 tsɔk²eɯ²¹⁴恶心

反胃 fan⁻⁵⁵vi³⁵倒胃口

气鼓卵 ʧʰi³¹ku²¹⁴lɔn⁻³¹疝气

打摆子 ta⁻⁵⁵pai⁵¹tsɯ²¹⁴疟疾

细婆婆 sie³¹pʰo³²⁴pʰo⁻⁵⁵麻疹

水婆婆 ʃui⁻³¹pʰo³²⁴pʰo⁻⁵⁵水痘

大婆婆 tʰai³⁵pʰo³²⁴pʰo⁻⁵⁵天花

黄病 vɔŋ³²⁴pʰiaŋ⁻⁵⁵黄疸

黄肿病 vɔŋ³²⁴ʧuŋ⁻⁵⁵pʰiaŋ⁻³¹黄疸

黄肿 vɔŋ³²⁴ʧuŋ⁻⁵⁵黄疸

肝炎 kɔn⁻⁵⁵iam³²⁴肝炎

肺炎 fie³¹iam³²⁴肺炎

胃病 vi³⁵pʰiaŋ³⁵胃病

阑尾炎 lan³²⁴mei⁻⁵⁵iam³²⁴阑尾炎

伤症 ʃɔŋ⁵¹ʧɯŋ³¹肺结核

跌着呃 tiet²ʧʰɔk⁻²ei⁻³¹跌伤

撞着呃 tsʰɔŋ³¹ʧʰɔk⁻²ei³¹碰伤

□烂皮 kʰat⁵lan⁻³¹pʰi³²⁴擦破皮

擦烂皮 tsʰat²lan⁻³¹pʰi³²⁴擦破皮

出血 ʧut²fiet²出血

簇血 tsʰu³⁵ fiet² 瘀血

青 tsʰiaŋ⁵¹ 瘀血、瘀青

鼓脓 ku²¹⁴nuŋ³²⁴ 溃脓

疤 pa⁵¹ 疤

结疤【疤】ʧat² pi³¹【pa⁵¹】结痂

蛤蟆牯 ham⁻²⁴ma⁻⁵⁵ku²¹⁴ 腮腺炎

生疮 saŋ⁵¹ tsʰɔŋ⁵¹ 长疮（动宾）

生疔 saŋ⁵¹ tiaŋ⁵¹ 长疔（动宾）

燥癞子 tsɔɯ⁵¹lai³¹tsɯ²¹⁴ 疥疮

癣 sien²¹⁴ 体癣

盐癣 iam³²⁴ sien⁻⁵⁵ 癣（长在脸上）

热痱 nat⁵pi⁻³¹ 痱

朦 pʰuk⁵ 蚊子咬的包

瘭 pʰiɔɯ³¹ 磨起的血泡、水泡

乌蝇斑 vu⁵¹iɯŋ³²⁴pan⁻⁵⁵ 雀斑

酒粒 ʦiu⁻⁵¹lip² 粉刺

狐骨臊 fu³²⁴kuit⁻⁵sɔɯ⁵¹ 狐臭

嘴臭 ʧɔi³¹ʧʰeɯ³¹ 口臭

鼻公白塞 pʰi³⁵kuŋ⁻³¹pʰak⁵sɯk² 鼻子不通气

独眼龙 tʰuk⁵/tʰiut⁵ ŋan⁻³¹liuŋ³²⁴ 独眼者

瞎子【佬】hat² tsɯ²¹⁴【lɔɯ²¹⁴】瞎子

近视眼 ʧʰen³⁵ʃi⁻³¹ŋan²¹⁴ 近视眼

老花眼 lɔɯ⁻³¹fa⁻³¹ŋan²¹⁴ 老花眼

豉眼 ʃi³¹ŋan²¹⁴ 红眼病

倒眼白 tɔɯ³¹ŋan²¹⁴pʰak⁵ 斗鸡眼儿（内斜视）

猪婆癫 ʧie⁵¹pʰo³²⁴tien⁻⁵⁵ 癫痫

发癫 fat² tien⁵¹ 发疯

癫佬 tien⁵¹lɔɯ²¹⁴ 疯子

癫 tien⁵¹ 疯

风掉呃 fuŋ⁻³¹tʰiɔɯ⁻³¹ei³¹ 中风

风掉呃 fuŋ⁻³¹tʰiɔɯ⁻³¹ei³¹ 瘫痪

跛【瘸】子 pai²¹⁴【ʧʰo³²⁴】tsɯ⁻⁵⁵ 瘸子

瘸脚子【佬】ʧʰo³²⁴ʧɔk⁻⁵tsɯ⁻³¹【lɔɯ⁻³¹】瘸子

跛脚子【佬】pai²¹⁴ʧɔk⁻⁵tsɯ⁻³¹【lɔɯ⁻³¹】瘸子

驼背 tʰo³²⁴pɔi⁻⁵⁵ 驼背

驼背子【佬】tʰo³²⁴ pɔi⁻⁵⁵tsɯ⁻³¹【lɔɯ⁻³¹】驼背

聋牯 luŋ⁵¹ku²¹⁴ 聋子

哑子【佬】a⁻⁵¹lɔɯ²¹⁴【lɔɯ²¹⁴】哑巴者

愚牯【佬】ŋo³¹ku²¹⁴【lɔɯ²¹⁴】傻子

据手 ʧʰa³²⁴ʃieu⁻⁵⁵ 手残者

麻 ma³²⁴ 带麻味

缺牙齿 ʧʰat²ŋa³²⁴ʧi⁻⁵⁵ 缺门牙的人

缺嘴耙 ʧʰat²ʧɔi⁻³¹pʰa³²⁴ 豁唇的人

六手指 liuk²ʃieu²¹⁴ʧi⁻³¹ 六指

（十三）衣服穿戴

穿着 ʧʰɔn⁵¹ʧɔk² 穿戴

打扮 ta⁻⁵¹pan³¹ 打扮

衫裤 san⁵¹fu³¹ 衣服

制服 ʧi³¹fuk⁵ 制服

西装 si⁻³¹tsɔŋ⁻³¹ 西装

孟衫 maŋ⁻³¹sam⁻³¹ 长衫

袄子 ɔɯ⁵¹tsɯ²¹⁴ 棉衣

皮袄 pʰi³²⁴ɔɯ⁻⁵⁵ 皮袄

大衣 tʰai³⁵i⁻³¹ 大衣

褂子 ka³¹tsɯ²¹⁴ 衬衫

面衫 mien³¹sam⁻²⁴ 外衣

领子 liaŋ⁵¹tsɯ²¹⁴ 领子

风领 fuŋ⁻³¹liaŋ⁻³¹ 领子

背心 pɔi³¹sim⁻²⁴ 背心

汗褂子 hɔn³⁵ka³¹tsɯ²¹⁴ 背心

大巴衫 tʰai³⁵pa⁻³¹sam⁻³¹ 大襟

对襟 tɔi³¹ʧem⁻²⁴ 对襟

衫袖 sam⁻³¹tsʰiu⁻³¹ 袖子

袖子 tsʰiu³⁵tsɯ²¹⁴ 袖子、套袖

长袖 ʧʰɔŋ³²⁴tsʰiu⁻⁵⁵ 长袖

短袖 tɔn⁻³¹tsʰiu⁻³¹ 短袖

裤 fu³¹ 裤

裤子 fu³¹tsɯ²¹⁴ 裤

水裤子 ʃui⁻³¹fu³¹tsɯ²¹⁴ 裤衩

西装短裤 si⁻³¹tsɔŋ⁻³¹tɔn⁻³¹fu³¹ 短裤

开裆裤 kɔi⁻³¹tɔŋ⁻³¹fu³¹ 开裆裤

兜裆裤 teɯ⁻³¹tɔŋ⁻³¹fu³¹ 死裆裤

裤裆 fu³¹tɔŋ⁻²⁴ 裤裆

裤腰 fu³¹iɔɯ⁻²⁴ 裤腰

皮带 pʰi³²⁴tai⁻⁵⁵ 腰带

裤带（子）fu³¹tai³¹（tsɯ²¹⁴）

腰带（绳子）

裤脚 fu³¹ʧɔk² 裤腿

袋子 tʰɔi³⁵tsɯ²¹⁴ 衣袋

布扣子 pu³¹kʰeɯ³¹tsɯ²¹⁴ 纽扣
（中式）

扣子 kʰeɯ³¹tsɯ²¹⁴ 纽扣（塑料
扣子）

扣襻 kʰeɯ³¹pan⁻²⁴ 扣襻

扣眼 kʰeɯ³¹ŋan²¹⁴ 扣眼

鞋（子）hai³²⁴（tsɯ⁻⁵⁵）鞋

拖鞋 tʰo⁵¹hai³²⁴ 拖鞋

棉花鞋 mien³²⁴fa⁻⁵⁵hai⁻³¹ 棉鞋

皮鞋 pʰi³²⁴hai⁻⁵⁵ 皮鞋

靴子 ʃo⁵¹tsɯ²¹⁴ 皮鞋、马靴

布鞋 pu³¹hai³²⁴ 布鞋

鞋底 hai³²⁴tie⁻⁵⁵ 鞋底

鞋面 hai³²⁴mien⁻⁵⁵ 鞋的其他
部件

鞋带（子）hai³²⁴ hai⁻⁵⁵
（tsɯ⁻³¹）鞋带

袜底（子）mɔt²tie²¹⁴（tsɯ⁻³¹）
鞋垫

遢底（皮）tʰɔŋ³¹tie²¹⁴（pʰi⁻³¹）
鞋垫

水鞋 ʃui⁻³¹hai³²⁴ 雨鞋

拖板子 tʰai⁻³¹pan⁻³¹tsɯ²¹⁴ 木屐

屐鞋 ʧʰat⁵hai³²⁴ 木屐

袜子 mɔt²tsɯ²¹⁴ 袜

丝光袜（子）sɯ⁻³¹kɔŋ⁻³¹
mɔt²（tsɯ²¹⁴）丝袜

帽子 mɔɯ³⁵tsɯ²¹⁴ 帽

有子 ieɯ⁵¹tsɯ²¹⁴ 帽（避讳的说法，常指小孩的帽子）

麦笠子 mak⁵lip²tsɯ²¹⁴ 草帽

笠婆 lip²pʰo³²⁴ 斗笠

手镯 ʃieɯ⁻³¹tsʰɔk⁻² 镯

戒指 kai³¹ʧi²¹⁴ 戒指

项链 hɔŋ³⁵lien⁻³¹ 项链

米筛子 mi⁻³¹ sai⁻³¹ tsɯ²¹⁴ 百家锁

茉莉针 mɔt⁵li³¹ʧem⁻³¹ 簪

耳饰 ni⁵¹sɯk² 耳环

胭脂 ian⁻³¹ʧi⁻³¹ 胭脂

（水）粉（ʃui⁻⁵¹）fen²¹⁴ 粉

抹裙 mɔt²ʧʰen³²⁴ 围裙

屎垫子 ʃi⁻⁵¹tʰiap²tsɯ²¹⁴ 尿布

手帕子 ʃieɯ⁻⁵¹ pʰak² tsɯ²¹⁴ 手绢

围巾 vi³²⁴ʧen⁻⁵⁵ 围巾

手罩 ʃieɯ⁻⁵¹tsɔɯ²¹⁴ 手套

眼镜 ŋan⁻⁵¹ʧaŋ³¹ 眼镜

伞 san²¹⁴ 伞

蓑衣 so⁻³¹i⁵¹ 蓑衣

雨衣 vi⁻³¹i⁻³¹ 雨衣

草鞋 tsʰɔɯ⁻³¹hai³²⁴ 草鞋

（十四）饮食

食物 ʃɯk⁵ vet² 食物

食个 ʃɯk⁵ kei³¹ 食物

零食 liaŋ³²⁴ʃɯk⁵ 零食

夜宵 ia³⁵ siɔɯ⁻³¹ 夜宵

食夜宵 ʃɯk⁵ ia³⁵ siɔɯ⁻³¹ 吃夜宵

果子 ko⁻³¹tsɯ²¹⁴ 糖果、点心

饭 pʰan³⁵ 米饭、饭

食饭 ʃɯk⁵ pʰan³⁵ 吃饭

饲饭 tsʰɯ³⁵pʰan³⁵ 喂饭

扒饭 pʰa³²⁴pʰan³⁵ 扒饭

旧饭 ʧʰeɯ³⁵ pʰan⁻³¹ 剩饭（隔天的）

长饭 ʧʰɔŋ³⁵ pʰan⁻³¹ 剩饭（当天的或隔天的）

馊掉呃 seɯ⁻³¹ tʰiɔɯ⁻³¹ ei³¹ 馊了

喷 pʰen⁵¹ 饭汤溢出

潽 pʰu⁵¹ 饭汤溢出

烧掉呃 ʃɔɯ⁻³¹ tʰiɔɯ⁻³¹ ei³¹ 煳了

煳掉呃 fu³²⁴tʰiɔɯ⁻⁵⁵ ei³¹ 煳了

饭瘌 pʰan³⁵lat² 锅巴

镬巴 vɔk⁵pa⁻³¹ 锅巴

巴瘌 pʰa⁵¹lat² 锅巴

点心 tiam⁻³¹sim⁻³¹ 稀饭

粥 ʧuk² 粥

羹 kaŋ⁵¹ 米糊（吃的，混有菜叶等）

糕子 kɔɯ⁵¹tsɯ²¹⁴ 米糊（吃的）

米糕子（mi⁻³¹）kɔɯ⁻³¹ tsɯ²¹⁴ 米糊（吃的）

米糊 mi⁵¹fu³²⁴ 米糊（吃的）

粽子 tsuŋ⁵¹ tsɯ²¹⁴ 粽

面粉 mien³⁵fen²¹⁴ 面粉

面（条）mien³⁵（tʰiɔɯ³²⁴）面条

粉干 fen^{-31}kɔn^{-31}米粉

粉丝 fen^{-31}sɯ$^{-31}$粉丝

粉条（子）fen^{51}tʰiɔɯ^{324}（tsɯ^{214}）薯粉丝

馒头 man^{324}tʰeɯ$^{-55}$馒头

包子 pɔɯ^{51}tsɯ^{214}包子

油条 ieɯ^{324}tʰiɔɯ$^{-55}$油条

炕饼 kʰɔŋ^{31}piaŋ^{214}烙饼（名词）

饺子 ʧɔɯ$^{-51}$tsɯ^{214}饺子

清汤 tsʰin^{-31}tʰɔŋ$^{-31}$馄饨

蛋糕 tʰan^{35}kɔɯ$^{-31}$蛋糕

淅末丸子 siak^2 mɔt^5 vien^{324} tsɯ$^{-55}$元宵

饼 piaŋ^{214}月饼

月饼 nat^{5}piaŋ^{214}月饼

饼干 piaŋ$^{-31}$kɔn^{-31}饼干

酒饼 tsiu^{-31}piaŋ$^{-31}$酵母

饼 piaŋ^{51}酵母

肉皮 nuk^2 pʰi^{324}肉皮

米末猪肉 mi^{-31} mɔt^5 ʧie^{-31}nuk^{2}米粉肉

寸子 tsʰun^{31}tsɯ^{214}猪肘

猪脚爪 ʧie^{51}ʧɔk^{2}tsɔɯ^{214}猪蹄

溜肉 liu^{51}nuk^{2}里脊

猪舌头 ʧie^{-31}ʃat^{-2}tʰiu^{324}猪舌

猪赚子 ʧie^{-31} tsʰam^{-31} tsɯ^{214}猪舌

牛舌头 neɯ^{324}ʃat^{5}tʰiu^{-31}牛舌

牛赚子 neɯ^{324} tsʰam^{-55} tsɯ$^{-31}$牛舌

猪耳朵 ʧie^{-31} ni^{-31} tɔɯ^{214}猪耳朵

顺风 ʃun^{35}fuŋ^{51}猪耳朵

肺子 fie^{31}tsɯ^{214}肺、猪肺

猪肺 ʧie^{51}fie^{31}猪肺

排骨 pʰai^{324} kuit^{-5}肋骨、猪排骨

百叶肚 pɯk^2/pak^2 iap^5 tu^{-31}牛肚（毛状）

光胘肚 kɔŋ^{51}ʃan^{324} tu^{-55}牛肚（光滑的）

猪肝 ʧie^{-31}kɔn^{-31}猪肝

猪腰子 ʧie^{-31}iɔɯ$^{-31}$tsɯ^{214}猪腰

鸡杂 ʧai^{-31}tsʰap^{-2}鸡杂

鸡肫子 ʧai^{-31} ʧʰun^{-31} tsɯ^{214}鸡肫

猪血 ʧie^{51}fiet^{2}猪血

鸡血 ʧai^{51}fiet^{2}鸡血

荷包蛋 ho^{324} pɔɯ$^{-55}$ tʰan^{-31}荷包蛋

划嘎嘎 fak^2 ka^{35}ka^{-24}搅鸡蛋

蒸蛋 ʧɯŋ$^{-31}$tʰan^{-31}蛋羹

炒嘎嘎 tsʰɔɯ$^{-55}$ka^{35}ka^{-24}炒鸡蛋（动宾）

煎嘎嘎 tsien^{-55} ka^{35}ka^{-24}炒鸡蛋（动宾）

炸嘎嘎 tsʰat^5 ka^{35}ka^{-24}煮蛋（带壳混在猪食里煮）

炸 tsʰat^{5}清水煮或在猪食里煮

灌肠 kɔn^{31}ʧʰɔŋ^{324}香肠

煨 vɔi^{51}烧烤

淘 tʰɔɯ³²⁴以汤泡饭

烧 ʃɔɯ⁵¹油炸

榜饭 piɔŋ⁵⁵ pʰan³⁵下饭

斋菜 tsai⁵¹tsʰɔi³¹素菜

荤菜 kʰun⁵¹/fen⁵¹tsʰɔi³¹荤菜

擦菜 tsʰat²tsʰɔi³¹腌菜（动宾、名词）

豆干 tʰiu³⁵¹kɔn⁻³¹豆腐

豆腐皮 tʰiu³⁵¹fu⁻³¹pʰi³²⁴豆腐皮

腐竹 fu³⁵ʧuk²腐竹

豆腐干 tʰiu³⁵¹ fu⁻³¹ kɔn⁻³¹ 豆腐干

煎豆腐 tsien⁻³¹ tʰiu⁻³¹ fu⁻³¹ 豆腐泡

浮豆腐 pʰɔɯ³²⁴ tʰiu⁻⁵⁵ fu⁻³¹ 豆腐泡

脑子 nɔɯ⁻⁵¹tsɯ²¹⁴豆腐脑

豆浆 tʰiu³⁵tsiɔŋ⁻³¹豆浆

霉豆腐 mei³²⁴ tʰiu⁻⁵⁵ fu⁻³¹ 豆腐乳

粉丝 fen⁻³¹sɯ⁻³¹粉丝

粉条子 fen⁻⁵¹tʰiɔɯ³²⁴tsɯ⁻⁵⁵薯粉丝

粉皮 fen⁻⁵¹pʰi³²⁴粉皮

米冻 mi⁻⁵¹tuŋ⁻³¹凉粉（大米制作）

豆豉 tʰiu³⁵ʃi⁻³¹豆豉

藕粉 eɯ⁻³¹fen²¹⁴藕粉

番薯粉 fan⁵¹ʃa²¹⁴fen⁻⁵⁵淀粉

耳子 lɯ⁻⁵¹tsɯ²¹⁴木耳

白木耳 pʰak⁵ muk² lɯ²¹⁴/ɯ²¹⁴

银耳

海带 hɔi⁻⁵¹tai³¹海带

味道 vi³⁵tʰɔɯ⁻³¹趣味、甜头、味道

食味 ʃɯk⁵vi⁻³¹味道

气色 ʧʰi³¹sɯk²气味

蠚人 tsʰuk²nen³²⁴呛嗓

颜色 ŋan³²⁴sɯk⁻⁵颜色

色道 sɯk²tʰɔɯ³⁵颜色

荤油 kʰun⁵¹/fen⁵¹ieɯ³²⁴荤油

蠚糟油 vo⁻³¹ tsɔɯ⁻³¹ ieɯ³²⁴ 荤油

清油 tsʰin⁵¹ieɯ³²⁴素油

伶俐油 liaŋ³²⁴¹tʰi⁻⁵⁵ieɯ⁻³¹素油

落更油 lɔk⁵ kaŋ⁻³¹ ieɯ³²⁴ 花生油

木子油 muk²tsɯ²¹⁴ieɯ⁻³¹茶油

菜油 tsʰɔi³¹ieɯ³²⁴菜油

麻油 ma³²⁴ieɯ⁻⁵⁵芝麻油

酱油 tsiɔŋ³¹ieɯ³²⁴酱油

茄椒浆 ʧʰo³²⁴ tsiɔɯ⁻⁵⁵ tsiɔŋ⁵¹辣椒酱

醋 tsʰu³¹醋

红糖 fuŋ³²⁴tʰɔŋ⁻⁵⁵红糖

白砂糖 pʰak⁵sa⁻³¹tʰɔŋ³²⁴白糖

石子糖 ʃak⁵tsɯ⁻³¹tʰɔŋ³²⁴冰糖

落更糖 lɔk⁵ kaŋ⁻³¹ tʰɔŋ³²⁴ 花生糖

米糖 mi⁻³¹tʰɔŋ³²⁴麦芽糖

享料 ʃaŋ⁻³¹liɔɯ³⁵作料

八角 pat²kɔk²八角

桂皮 kui³¹pʰi³²⁴桂皮

花椒 fa⁻³¹tsiɔɯ⁻³¹花椒

胡椒粉 fu³²⁴tsiɔɯ⁻⁵⁵fen²¹⁴胡椒粉

烟叶 ian⁻³¹iap⁻²烟叶

烟丝 ian⁻³¹sɯ⁻³¹烟丝

香烟 ʃɔŋ⁵¹ian⁻³¹香烟

黄烟 vɔŋ³²⁴ian⁻⁵⁵黄烟

水烟筒 ʃui⁻³¹ian⁻³¹tʰuŋ³²⁴水烟具

烟盒 ian⁻³¹hɔp⁻²烟盒

烟灰 ian⁻³¹fɔi⁵¹烟灰

火石 fo⁻³¹ʃak⁻²火石

茶 tsʰa³²⁴茶、汤药

茶叶 tsʰa³²⁴iap⁵茶叶

泡茶 pʰɔɯ³¹tsʰa³²⁴沏茶

酾茶 sai⁻⁵⁵tsʰa³²⁴斟茶

烧酒 ʃɔɯ⁵¹tsiu²¹⁴白酒

水酒 ʃui⁻⁵¹tsiu²¹⁴江米酒

酒娘 tsiu⁻⁵¹nɔŋ³²⁴米酒（未兑水的酒浆）

酾酒 sai⁻⁵⁵tsiu²¹⁴斟酒

（十五）红白大事

亲事 tsʰin⁻³¹sɯ⁻³¹亲事

做媒人 tso³¹mɔi³²⁴nen⁻⁵⁵做媒

媒人 mɔi³²⁴nen⁻⁵⁵媒人

媒婆 mɔi³²⁴pʰo⁻⁵⁵媒人

看女子 kʰɔn³¹nie⁻⁵¹tsɯ²¹⁴相亲

见面 tʃan³¹mien³¹相亲

生相 saŋ⁵¹siɔŋ⁻³¹相貌

面相 mien³¹siɔŋ³¹相貌

年纪 nan³²⁴tʃi⁻⁵⁵年龄

岁 sie³¹年龄

岁数 sie³¹su³¹年龄

定事【亲】tʰin³⁵sɯ³⁵【tsʰin⁵¹】订婚

结婚东道 tʃat²fen⁻²⁴tuŋ⁻³¹tʰiɔɯ⁻³¹结婚酒

结婚酒 tʃat²fen⁻²⁴tsiu⁻³¹结婚酒

行嫁 haŋ³²⁴ka³¹出嫁

嫁老公 ka³¹lɔɯ⁻³¹kuŋ⁻³¹出嫁

嫁人 ka³¹nen³²⁴出嫁

嫁女 ka³¹nie²¹⁴嫁闺女

归亲 kui⁻⁵⁵tsʰin⁵¹结婚（男方）、娶亲（男方）

归门 kui⁻⁵⁵men³²⁴结婚（女方）

花轿 fa⁻³¹tʃʰɔɯ⁻³¹花轿

拜堂 pai³¹tʰɔŋ³²⁴拜堂

新人 sin⁵¹nen³²⁴新娘

新人间 sin⁵¹nen³²⁴kan⁻⁵⁵婚房

搞新人 kɔɯ⁻⁵⁵sin⁵¹nen³²⁴闹洞房

回门 fei³²⁴men³²⁴回门

有好事 ieɯ⁻⁵⁵hɔɯ⁻³¹sɯ⁻³¹怀孕

病好事 pʰiaŋ³⁵hɔɯ⁻³¹sɯ⁻³¹怀孕

大肚 tʰai³⁵tʰu⁵¹怀孕

大肚妇娘 tʰai³⁵tʰu⁻³¹pu⁻³¹nɔŋ³²⁴孕妇

好事妇娘 hɔɯ⁻³¹sɯ⁻³¹pu⁻³¹nɔŋ³²⁴孕妇

来呃身上 lei³²⁴ e⁻⁵⁵ ʃien⁻³¹ hɔŋ⁻³¹月经

打小产 ta⁻⁵⁵siɔɯ⁻⁵¹tsʰan²¹⁴小产

犯【流】掉 fam³⁵【liu⁻³¹】tʰiɔɯ⁻³¹小产

供子 tʃuŋ³¹tsɯ²¹⁴生孩子

供细人 tʃuŋ³¹sie³¹nen³²⁴生孩子

接生 tsiap²/tsiep²saŋ⁵¹接生

胞衣 pɔɯ⁻³¹i⁻³¹胎盘

做月月 tso³¹nat⁵nat⁻²坐月子

头胎 tʰiu³²⁴tʰɔi⁻⁵⁵头胎

初生 tsʰu⁻³¹saŋ⁻³¹头胎

开怀 kʰɔi⁻⁵⁵fai⁻³²⁴头胎

双生 sɔŋ⁻³¹saŋ⁻³¹双胞胎

打胎 ta⁻⁵⁵tʰɔi⁵¹打胎

刮好事 kat²hɔɯ⁻³¹sɯ³¹打胎

种草 tʃuŋ⁻⁵¹tsɔɯ²¹⁴（基因，遗传）

吻＝嘴 met²tʃɔi³¹抿嘴

遗屎 lai³²⁴ʃi²¹⁴遗屎

遗尿 lai³²⁴nɔɯ³⁵尿床

食奶 ʃɯk⁵nan³¹吃奶

吮奶 tsʰɔn⁻⁵⁵nan³¹吸奶

奶嘴 nan³¹tʃɔi³¹奶嘴

断奶 tɔn⁻⁵⁵nan³¹断奶

摘奶 tsak²nan³¹断奶

过火 ko³¹fo²¹⁴搬家、迁居

出世 tʃʰut²ʃai³¹出生

安号 ɔn⁻⁵⁵miaŋ³²⁴取名字

安名 ɔn⁻⁵⁵hɔɯ³⁵取名字

生日 saŋ⁵¹/sɯŋ⁵¹net²生日

过生日 ko³¹sɯŋ⁵¹net²做生日

做生日 tso³¹sɯŋ⁵¹net²做生日

寿星公公 ʃieɯ³⁵sin⁻³¹kuŋ⁻³¹kuŋ⁻²⁴寿星

死掉呃 si⁻³¹tʰiɔɯ³⁵ei³¹死了

过呃身 ko³¹ei⁻⁵⁵ʃien⁵¹死了（老人家）

老呃 lɔɯ⁻³¹ei³¹死了（老人家）

打短命 ta⁻⁵⁵tɔn⁻³¹miaŋ⁻³¹死了（年轻人）

头世 tʰiu³²⁴ʃai⁻⁵⁵前生

一世 iet²ʃai³¹一生

世下 ʃai³¹ha³⁵阴间

阴间 iem⁻³¹kan⁻³¹阴间

板 pan²¹⁴棺材

寿床 ʃieɯ³⁵tsʰɔŋ³²⁴棺材（避讳的说法）

入棺 iap⁵kɔn⁵¹入殓

灵堂 lin³²⁴tʰɔŋ⁻⁵⁵灵堂

守灵 ʃieɯ⁻⁵⁵lin³²⁴守灵

做七 tso³¹tsʰit²做七

孝子 hɔɯ³⁵tsɯ²¹⁴孝子

孝孙 hɔɯ³⁵sun⁵¹孝孙

烧纸 ʃɔɯ⁵¹tʃi²¹⁴纸钱

墓脑 mu³¹nɔɯ²¹⁴墓、坟地

地 tʰi³⁵墓、坟地；地面

里 ti³¹/ti⁵¹/tɯ³¹/tɯ⁵¹ 表修饰谓词

碑石 pi⁻³¹ʃak⁻²其他丧葬物品

墓碑 mu³¹pi⁻³¹其他丧葬物品

墓碑石 mu³¹pi⁻³¹ʃak⁵其他丧葬物品

埋人 mai³²⁴nen³²⁴埋葬（或引申为抱怨、不满等）

倒灶 tɔɯ⁻⁵⁵tsɔɯ⁻³¹灶台倒了（倒霉、抱怨或不满等）

挂清 ka³¹tsʰiaŋ⁵¹上坟

跳河 tʰiɔɯ³¹ho³²⁴投水

吊颈 tiɔɯ³¹ʧaŋ²¹⁴上吊

金 ʧem⁵¹尸骨

死佬 si⁻⁵¹lɔɯ²¹⁴死去的人

天老爷 tʰien⁻³¹lɔɯ⁻³¹ia³²⁴老天

灶君公公 tsɔɯ³¹ʧen⁻²⁴kuŋ⁵¹kuŋ⁻³¹灶神

佛 fɔt⁵佛

菩萨 pʰu³²⁴sat⁵菩萨

观音菩萨 kɔn⁻³¹iem⁻³¹pʰu³²⁴sat⁵观音

观音娘娘 kɔn⁻³¹iem⁻³¹nɔŋ³²⁴nɔŋ⁻⁵⁵观音

城隍庙 ʃaŋ³²⁴fɔŋ⁻³¹miɔɯ³⁵城隍庙

东岳庙 tuŋ⁻³¹ŋɔk⁻²miɔɯ⁻³¹东岳庙

寒廷庙 hɔn³²⁴tin⁻⁵⁵miɔɯ³⁵汉帝庙

阎王 iam³²⁴vɔŋ⁻⁵⁵阎王

社公 ʃa⁻³¹kuŋ⁻³¹（村庄）土地神

社（日）ʃa⁵¹（net²）社日

祠堂 sɯ³²⁴tʰɔŋ⁻⁵⁵祠堂

神台 ʃien³²⁴tʰɔi⁻⁵⁵香案

线香 sien³¹ʃɔŋ⁻²⁴香（粗粉制的香子）

香（子）ʃɔŋ⁵¹（tsɯ²¹⁴）香（细粉制的香子）

香炉 ʃɔŋ⁵¹lu³²⁴香炉

烧香 ʃɔɯ⁻⁵⁵ʃɔŋ⁵¹烧香

烛磴子 ʧuk²tun⁻²⁴tsɯ⁻³¹烛磴

红烛 fuŋ³²⁴ʧuk⁻⁵蜡烛（红色，有灯芯草）

蜡烛 lat²ʧuk²蜡烛（红色有灯芯草或后来洋蜡烛）

矿烛 kʰɔŋ³¹ʧuk²洋蜡烛（白色有丝线贯穿中心）

洋蜡烛 iɔŋ³²⁴lat⁻⁵ʧuk²洋蜡烛（白色有丝线贯穿中心）

跌圣玟 tiet²ʃɯŋ⁻³¹kɔɯ⁻³¹打卦

圣玟 ʃɯŋ⁻³¹kɔɯ⁻³¹一阴一阳的卦象

仰玟 ŋɔŋ³¹kɔɯ⁻³¹二阳的卦象

覆玟 pʰuk²kɔɯ⁻³¹二阴的卦象

念经 nam³⁵ʧɯŋ⁵¹念经

念佛 nam³⁵fɔt⁵念经

看风水 kʰɔn³¹fuŋ⁵¹ʃui²¹⁴看风水

算八字 sɔn³¹pat²tsʰɯ³⁵算命

算命 sɔn³¹miaŋ³⁵算命

八字先生 pat²tsʰɯ³⁵sien⁻³¹sɯŋ⁻³算命先生

地理先生 tʰi³⁵li⁻³¹sien⁻³¹sɯŋ⁻³¹风水师

神婆 ʃien³²⁴pʰo⁻⁵⁵巫师

许愿 ʃu⁻⁵⁵nan³⁵许愿

还愿 van³²⁴nan³⁵还愿

食禄 ʃɯk⁵luk²口福好

（十六）日常生活

着衫裤 tʃɔk²sam⁵¹fu³¹穿衣

脱衫裤 tʰɔt²sam⁵¹fu³¹脱衣

粝手【衫】袖 nap²ʃieɯ⁻³¹【sam⁻³¹】tsʰiu⁻³¹挽袖子

量衫裤 liɔŋ³²⁴sam⁵¹fu³¹量衣服

缲边 tsʰiɔɯ⁻⁵⁵pien⁵¹缲边

绱鞋 ʃɔŋ⁻⁵⁵hai³²⁴绱鞋

打鞋底 ta⁻⁵⁵hai³²⁴tie⁻⁵⁵纳鞋底

安扣子 ɔn⁻⁵⁵kʰeɯ³¹tsɯ²¹⁴钉纽扣

绣花 siu³¹fa³¹绣花

补衫 pu⁻⁵⁵sam⁵¹打补丁

洗衫裤 sie⁻⁵⁵ sam⁵¹fu³¹

洗一发水 sie⁻⁵⁵iet²fa²ʃui²¹⁴洗一水（一次）

洗一道 sie²¹⁴iet⁵tʰɔɯ³¹洗一遍（同次中的某一遍）

荡 tʰɔŋ⁵¹涮、投洗

浪 lɔŋ⁵¹涮、投洗

晒衫裤 sa³¹sam⁵¹fu³¹晒衫裤

晾衫裤 lɔŋ³¹sam⁵¹fu³¹晾衫裤

浆衫裤 tsiɔŋ⁻³¹sam⁵¹fu³¹浆衣

烫衫裤 tʰɔŋ³¹sam⁵¹fu³¹熨衣

禁着 tʃem⁻⁵⁵tʃɔk²耐穿

烧火 ʃɔɯ⁻⁵⁵fo²¹⁴生火

做饭 tso³¹pʰan³⁵做饭（统称）

舞【□】饭 vu⁻⁵⁵【pɔi⁻⁵⁵】pʰan³⁵做饭（弄饭）

抓【□】饭 vet²【pɔi⁻⁵⁵】pʰan³⁵做饭（琢磨着做）

打米 ta⁻⁵⁵mi²¹⁴碾米

发面 fat²mien³⁵发面

和面 fo³⁵/fo³²⁴mien³⁵和面

搋面 tsʰai⁻⁵⁵mien³⁵揉面

蒸馒头 tʃɯŋ⁻⁵⁵man³²⁴tʰeɯ⁻⁵⁵蒸馒头

择菜 tʰɔk⁵tsʰɔi³¹择菜

治菜 sɯ³⁵tsʰɔi³¹择菜

炒菜 tsʰɔɯ⁻⁵⁵tsʰɔi³¹做菜

舞【□】菜 vu⁻⁵⁵【pɔi⁻⁵⁵】tsʰɔi³¹做菜（弄菜）

抓【□】菜 vet²【pɔi⁻⁵⁵】tsʰɔi³¹做菜（琢磨着做）

食饭 ʃɯk⁵pʰan³⁵吃饭

载饭 tsɔi³¹pʰan³⁵盛饭

搛菜 tʃam³²⁴tsʰɔi³¹搛菜

打汤 ta⁻⁵⁵tʰɔŋ⁵¹做汤、舀汤

扎汤 tsat²tʰɔŋ⁵¹舀汤

食朝饭 ʃɯk⁵tʃɔɯ⁻³¹pʰan⁻³¹吃早饭

食昼饭 ʃɯk⁵tʃeɯ³¹pʰan⁻³¹吃午饭

食夜饭 ʃɯk⁵ia³⁵pʰan⁻³¹吃晚饭

食零食 ʃɯk⁵liaŋ³²⁴ʃɯk⁵吃零食

斫猪肉 tʃɔk²tʃie⁵¹nuk²买肉

肉冇烂【绵】nuk²mɔɯ³²⁴lan³⁵【mien³²⁴】肉不烂

肉盲烂 nuk²maŋ³²⁴lan³⁵肉不烂

嚼【啮】唔动 tsʰiɔɯ³⁵【ŋat⁵】ŋ³²⁴tʰuŋ⁵¹ 咬不动

嚼【啮】唔进 tsʰiɔɯ³⁵【ŋat⁵】ŋ³²⁴ts in³¹ 咬不动

哽倒呃 kʰaŋ⁻³¹ tɔɯ⁻³¹ ei⁵¹ 噎着了

撑倒呃 tsʰaŋ³⁵ tɔɯ⁻³¹ ei⁵¹ 撑着了

嘴疾淡 ʧʰɔi³¹ tsiak⁵ tʰan⁵¹ 嘴里没味

赚食 heɯ³²⁴ ʃɯk⁵ 嘴馋

打嗝 ta⁻⁵⁵kie³⁵ 打嗝

食烟 ʃɯk⁵ian⁵¹ 抽烟

上床 hɔŋ³¹tsʰɔŋ³²⁴ 起床

洗手 sie⁻⁵⁵ʃieɯ²¹⁴ 洗手

洗面 sie⁻⁵⁵mien⁵¹ 洗脸

荡嘴 tʰɔŋ⁻⁵⁵ʧɔi³¹ 漱口

漱口 su⁻⁵⁵kʰeɯ²¹⁴ 刷牙

梳头发 sɯ⁻⁵⁵tʰiu³²⁴fat⁵ 梳头

梳脑盖 sɯ⁻⁵⁵nɔɯ⁻⁵¹kɔi³¹ 梳头

梳脑 sɯ⁻⁵⁵nɔɯ²¹⁴ 梳头

剪手指甲 tsien⁻⁵⁵ ʃieɯ⁻³¹ ʧi⁻³¹ kap² 剪指甲

耳屎 ni⁵¹ʃi²¹⁴ 耳屎

搂耳屎 leɯ⁻⁵⁵ni⁵¹ʃi²¹⁴ 掏耳朵

抉耳屎 viet²ni⁵¹ʃi²¹⁴ 掏耳朵

洗汤 sie⁻⁵⁵tʰɔŋ⁵¹ 洗澡

抹身 mɔt²ʃien⁵¹ 擦澡

屙尿 o⁻⁵⁵/vo⁻⁵⁵nɔɯ³⁵ 排小便

拉尿 la⁻⁵⁵ 排小便

屙屎 o⁻⁵⁵/vo⁻⁵⁵ʃi²¹⁴ 排大便

拉屎 la⁻⁵⁵ʃi²¹⁴ 排大便

摊凉 tʰan⁻⁵⁵liɔŋ³²⁴ 乘凉

炙日头 ʧak²net²tʰiu³²⁴ 晒太阳

炙火 ʧak²fo²¹⁴ 烤火

驳【点】火 pɔk²【tiam⁻⁵⁵】fo²¹⁴ 点火（煤油灯）

吹乌火 ʧʰui⁻³¹vu⁻³¹fo²¹⁴ 熄火

鎮眼睡 tsʰin⁻⁵⁵ŋan⁻³¹ʧʰai⁻³¹ 打瞌睡

起火烟 ʃi⁻⁵⁵fo⁻³¹ian⁻³¹ 打哈欠

摊床 tʰan⁻⁵⁵tsʰɔŋ³²⁴ 铺床

睡着呃 ʧʰai³⁵ʧʰɔk⁻²ei³¹ 入睡

孔鼻 kʰuŋ³¹pʰi³⁵ 打鼾

睡唔着 ʧʰai³⁵ŋ³²⁴ʧʰɔk⁵ 失眠

睡晏昼眼 ʧʰai³⁵ŋan³¹/an³¹ʧeɯ³¹ŋan²¹⁴ 睡午觉

逆着颈 nɯk⁵ʧʰɔk⁻²ʧaŋ²¹⁴ 落枕

拳筋 ʧʰan⁻³¹ken⁵¹ 抽筋

眠梦 mien³²⁴muŋ³⁵ 做梦

话梦话 va³⁵muŋ³⁵fa⁻³¹ 说梦话

熬夜 ŋɔɯ³²⁴ia³⁵ 熬夜

加夜班 ka⁻⁵⁵ia³⁵pan⁵¹ 开夜车

歇肩 ʃat²ʧan⁵¹ 休息

收工 ʃieɯ⁻⁵⁵kuŋ⁵¹ 收工

去归 ʃie³¹kui⁵¹ 回家

转去 ʧɔn⁻⁵¹ʃie³¹ 回家

走下子 tseɯ²¹⁴ha⁻⁵⁵tsɯ⁻³¹ 散步

□街 sɔɯ³⁵kai⁵¹ 逛街

（十七）讼事

荡街 tʰɔŋ³⁵kai⁵¹ 逛街

打官司 ta⁻⁵⁵pʰei³²⁴ 打官司

告状 kɔɯ³¹tsʰɔŋ³⁵ 告状

杀头 sat²tʰeɯ³²⁴ 杀头

硬头 ŋaŋ⁻⁵⁵tʰeɯ³²⁴ 杀头

斫脑盖 tɔk⁵nɔɯ⁻⁵¹kɔi³¹ 杀头

按手模 ɔn⁻³¹ʃieɯ⁻⁵¹mu³²⁴ 按手印

揢手印 tsen⁻⁵⁵ien⁻³¹tsɯ²¹⁴ 按手印

揢印子 tsen⁻⁵⁵ien⁻³¹tsɯ²¹⁴ 盖章

磕章子 kʰep²ʧɔŋ⁵¹tsɯ²¹⁴ 盖章（非正式的说法）

地契 tʰien³²⁴ʧʰai³¹ 契（屋契）

田契 tʰien³²⁴ʧʰai⁻⁵⁵ 契（田契）

契 ʧʰai³¹ 契（总称）

（十八）交际

客 kʰak² 客人（抽象）

人客 nen³²⁴kʰak⁻⁵ 客人（家中来的客人）

请客 tsʰiaŋ⁻⁵⁵kʰak² 请吃饭

请客 tsʰiaŋ⁻⁵⁵kʰak² 请客

人情 iɯŋ³²⁴tsʰin⁻⁵⁵ 交情、人情关系

来往 lei³²⁴vɔŋ⁻⁵⁵ 来往

上往 ʃɔŋ⁻³¹vɔŋ³¹ 来往

觇病人 tsʰiam⁻⁵⁵pʰiaŋ³⁵nen³²⁴ 看病人

䀹病人 nɔɯ³¹pʰiaŋ³⁵nen³²⁴ 看病人

看【望】病人 kʰɔn³¹【mɔŋ³⁵】pʰiaŋ³⁵nen³²⁴ 看病人

觇 tsʰiam⁻⁵¹ 偷看

做客 tso³¹kʰak² 做客

鋪喏 tsʰim⁻⁵⁵ia⁵¹ 鞠躬、磕头

难为 nan³²⁴vei⁻⁵⁵/mei⁻⁵⁵ 使人为难

多承 to⁵¹ʃɯŋ³²⁴ 赏脸

唔送去ŋ³²⁴suŋ³¹ʃie⁻³¹ 不要送

消停行 siɔɯ⁵¹tʰin³²⁴haŋ³²⁴ 慢慢走

唔要演文 ŋ³²⁴nɔɯ⁻⁵¹ian⁻⁵⁵men³²⁴ 不用客气

做东道 tso³¹tuŋ⁻³¹tʰɔɯ³¹ 置酒席

做酒 tso³¹tsiu²¹⁴ 置酒席

请帖 tsʰiaŋ²¹⁴tʰiap⁻⁵/tʰiep⁻⁵ 请帖

发请帖 fat²tsʰiaŋ³²⁴tʰiap⁵ 下请帖

一断酒席 iet²tʰɔn⁻⁵⁵tsiu⁻³¹sit⁻² 一桌酒席

坐席 tsʰo⁻⁵⁵sit⁵ 入席

坐上棚 tsʰo⁻⁵⁵ʃɔŋ³⁵pʰaŋ³²⁴ 坐上席

上菜 ʃɔŋ⁻⁵⁵tsʰɔi³¹ 上菜

出菜 ʧʰuit²tsʰɔi³¹ 上菜

摆架子 pai⁻⁵⁵ka³¹tsɯ²¹⁴ 摆架子

作俏 tsɔk²ʧʰɔɯ³¹ 摆架子

装扮扮地 tsɔŋ⁵¹pan³¹pan³¹ti⁻⁵¹/tɯ⁵¹ 假装、虚伪

装假 tsɔŋ⁻⁵⁵ka⁵¹ 假装（玩耍时的行为）

倒脸面 tɔɯ⁻⁵⁵ lien⁻⁵¹ mien³¹ 丢脸

癫当人 tien⁵¹ tɔŋ³¹ nen³²⁴ 丢脸

巴结 pa⁵¹ ʧat² 拉近乎

舐屎窟 ʃai⁻⁵⁵ ʃi⁻³¹ fet² 讨好

砸岁钱 tsak² sie³¹ tsʰien³²⁴ 压岁钱

合伙 kɔp² fo²¹⁴ 合伙

捡赢交 ʧam⁻⁵⁵ iaŋ³²⁴ kɔɯ⁻⁵⁵ 捡便宜

捡相应 ʧam⁻⁵⁵ siɔŋ³¹ iɯŋ³¹ 捡便宜

追出去 ʧui⁵¹ ʧʰut⁻² ʃie³¹ 撵出去

猎出去 liat⁵ ʧʰut⁻² ʃie³¹ 撵出去

逐出去 ʧut⁵ ʧʰut⁻² ʃie³¹ 撵出去

摧门 kʰɔk⁵ men³²⁴ 敲门

嘴话子 ʧɔi³¹ va³⁵ tsɯ⁻³¹ 口才

（十九） 商业交通

招牌 ʧɔɯ⁵¹ pʰai³²⁴ 招牌

开店 kʰɔi⁻⁵⁵ tiam³¹ 开铺子

店面 tiam³¹ mien³¹ 铺面

摆摊子 pai⁻⁵⁵ tʰan⁵¹ tsɯ²¹⁴ 摆摊

摆庄子 pai⁻⁵⁵ tsɔŋ⁵¹ tsɯ²¹⁴ 摆摊

做生意 tso³¹ sɯŋ⁵¹ i³¹ 做生意

饭店 pʰan³⁵ tiam³¹ 饭馆

茶馆店 tsʰa³²⁴ kɔn⁻⁵⁵ tiam³¹ 饭馆、小吃店

馆子店 kɔn⁻³¹ tsɯ²¹⁴ tiam³¹ 饭馆、小吃店

上馆子 ʃɔŋ⁻⁵⁵ kɔn⁻³¹ tsɯ²¹⁴ 下馆子

剃脑店 tʰie³¹ nɔɯ³²⁴ tiam³¹ 理发店

剃脑 tʰie³¹ nɔɯ³²⁴ 理发

剃头发 tʰie³¹ tʰiu³²⁴ fat⁵ 理发

剃【刮】面 tʰie³¹【kat²】mien³¹ 刮脸

剃【刮】胡须 tʰie³¹【kat²】fu³²⁴ siu⁻⁵⁵ 刮脸

屠案 tʰu³²⁴ ɔn⁻⁵⁵ 肉案

税屋 ʃɔi³¹ vuk² 租房

开庄 kʰɔi⁻⁵⁵ tsɔ⁵¹ 开业

开庄 kʰɔi⁻⁵⁵ tsɔ⁵¹ 第一桩生意

开价 kʰɔi⁻⁵⁵ ka³¹ 开价

喊价 ham³¹ ka³¹ 开价

还价 van³²⁴ ka³¹ 还价

便宜 pʰien³²⁴ ni⁻⁵⁵ 价低

贵 kui³¹ 贵

□掉 pʰɔt⁵ tʰiɔɯ⁻³¹ 包圆儿

生意旺 sɯŋ⁵¹ i³¹ iɔŋ³⁵ 生意好

生意好 sɯŋ⁵¹ i³¹ hɔɯ³²⁴ 生意好

冇什生意 mɔɯ³²⁴ ʃie⁻⁵⁵ sɯŋ⁵¹ i³¹ 生意不好

生意唔好 sɯŋ⁵¹ i³¹ ŋ³²⁴ nɔɯ²¹⁴ 生意不好

本钱 pen⁻⁵¹ tsʰien³²⁴ 本钱

本脑 pen⁻⁵¹ nɔɯ²¹⁴ 本钱

赚钱 tsʰam³⁵ tsʰien³²⁴ 挣钱

赚钱 tsʰam³⁵ tsʰien³²⁴ 赚钱

折本 ʃat⁵ pen²¹⁴ 亏本

盘缠 pʰɔn³²⁴ ʧʰan⁻⁵⁵ 路费

利钱 li⁻³¹ tsʰien³²⁴ 利息

利息 li⁻³¹sit²利息

行时 huŋ³²⁴ʃi³²⁴发迹

欠 ʧʰan³¹欠

争 tsaŋ⁵¹偏袒、差（一点）

□ naŋ³²⁴短

差 tsʰa⁵¹差（一点）

屣 siuŋ³²⁴质量差

开销 kʰɔi⁻³¹siɔɯ⁻³¹开销

花销 fa⁻³¹siɔɯ⁻³¹开销

打夹账 ta⁻⁵⁵kat²ʧɔŋ³¹（买卖东西私自留钱）

大票子 tʰai³⁵pʰiɔɯ³¹tsɯ²¹⁴整钱

零票子 liaŋ³²⁴pʰiɔɯ⁻⁵⁵tsɯ⁻³¹零钱

票子 pʰiɔɯ³¹tsɯ²¹⁴钱

钱 tsʰien³²⁴钱、重量单位

毫子 hɔɯ³²⁴tsɯ⁻⁵⁵硬币

壳子 kʰɔk²tsɯ²¹⁴铜板

铜壳子 tʰuŋ³²⁴kʰɔk⁻⁵tsɯ²¹⁴铜板

壳子 kʰɔk²tsɯ²¹⁴封面

巴钱 pa⁵¹tsʰien³²⁴铜钱（有孔）

花边 fa⁻³¹pien⁻³¹银圆

银洋 nen³²⁴iɔŋ⁻⁵⁵银圆

现洋 ʃan³⁵iɔŋ³²⁴银圆

一分钱 iet²fen⁵¹tsʰien³²⁴一分钱

一分票子（多）iet² fen⁵¹pʰiɔɯ³¹tsɯ²¹⁴一分钱

一角钱 iet²kɔk²tsʰien³²⁴一角钱

一角票子（多）iet² kɔk²pʰiɔɯ³¹tsɯ²¹⁴一角钱

一块钱 iet²kʰui³¹tsʰien³²⁴一块钱

一块票子（多）iet²kʰui³¹pʰiɔɯ³¹tsɯ²¹⁴一块钱

算盘 sɔn³¹pʰɔn³²⁴算盘

厘戥 li³²⁴tin⁻⁵⁵戥

秤 ʧʰɯŋ³¹秤

磅秤 pɔŋ⁵¹ʧʰɯŋ³¹磅秤

秤盘 ʧʰɯŋ³¹pʰɔn³²⁴秤盘

秤星 ʧʰɯŋ³¹siaŋ⁻²⁴秤星

秤砣 ʧʰɯŋ³¹tʰo³²⁴秤锤

秤纽 ʧʰɯŋ³¹neɯ²¹⁴秤毫

秤索 ʧʰɯŋ³¹sɔk²秤毫

头纽 tʰiu³²⁴neɯ⁻⁵⁵头毫

二纽 ni³⁵neɯ²¹⁴二毫

皮 pʰi³²⁴皮重

鞭 vien²¹⁴皮重

打鸟子 ta⁻⁵⁵tiɔɯ⁵¹tsɯ²¹⁴秤尾高

旺 vɔŋ³⁵秤尾高

离 lai³²⁴秤尾低

旺 iɔŋ³⁵拥挤、热闹

米筒 mi⁻⁵¹tʰuŋ³²⁴量米筒（半升或以下）

筒罐 tʰuŋ³²⁴kɔn⁻⁵⁵量米筒（半升或以下）

箬 saŋ²¹⁴量米筒（一升）

籴米 tʰiak⁵mi²¹⁴买米

铁路 tʰiet²lu³⁵铁路

铁轨 tʰiet²kui²¹⁴铁轨

火车 fo⁻³¹ʧʰa⁻³¹火车

马路 ma⁻³¹lu⁻³¹马路

马路 ma⁻³¹lu⁻³¹公路

汽车 ʧʰi³¹ʧʰa²⁴汽车

三轮车 sam⁵¹lun³²⁴ʧʰa⁻⁵⁵三轮车

大板车 tʰa³⁵pan⁻³¹ʧʰa⁻³¹板车

单车 tan⁻³¹ʧʰa⁻³¹自行车

船 ʃɔn³²⁴船

竹篙 ʧuk²kɔɯ⁻²⁴晾衣竿、篙

鱼婆船 nie³²⁴pʰo⁻⁵⁵ʃɔn⁻³¹篷船

鱼船 nie³²⁴ʃɔn⁻³¹渔船

中桥 ʧuŋ⁵¹ʧʰɔɯ³²⁴桥

（二十）文化教育

学堂 hɔk⁵tʰɔŋ³²⁴学校

进学堂门 tsin³¹hɔk⁵tʰɔŋ³²⁴men⁻⁵⁵开始上小学

去学书 ʃie³¹hɔk⁵ʃie⁵¹上学

学书 hɔk⁵ʃie⁵¹上学

放学 fɔŋ³¹hɔk⁵放学

散学 san³¹hɔk⁵放学

学费 hɔk⁵fi³¹学费

学书钱 hɔk⁵ʃie⁻³¹tsʰien³²⁴学费

放假 fɔŋ³¹ka³¹放假

暑假 ʃu⁻³¹ka⁻⁵⁵暑假

寒假 hɔn³²⁴ka⁻⁵⁵寒假

教室 kɔɯ⁻³¹ʃuk²教室

上课 ʃɔŋ⁻⁵⁵kʰo³¹上课

下课 ha⁻⁵⁵kʰo³¹下课

讲台 kɔŋ⁻³¹tʰɔi³²⁴讲台

讲台桌（子）kɔŋ⁻³¹tʰɔi³²⁴tsɔk⁻⁵（tsɯ⁻³¹）讲台

黑板 huɯk²pan²¹⁴黑板

粉笔 fen⁻⁵¹pit²粉笔

黑板擦（子）huɯk²pan²¹⁴tsʰat⁻⁵（tsɯ⁻³¹）板擦

黑板刷（子）huɯk²pan²¹⁴sɔt⁻⁵（tsɯ⁻³¹）板擦

戒尺 kai³¹ʧʰak²戒尺

书 ʃie⁵¹书、课本

课本 kʰo³¹pen²¹⁴课本

铅笔 vien³²⁴pit⁻⁵铅笔

搓皮 tsʰo⁻³¹pʰi³²⁴橡皮

圆规 vien³²⁴kui⁵¹圆规

钢笔 kɔŋ⁵¹pit²钢笔

毛笔 mɔɯ⁵¹pit²毛笔

汰笔 tʰai³²⁴pit²捺笔

笔筒子 pit²tʰuŋ³²⁴tsɯ⁻⁵⁵笔帽

笔筒（罐）pit²tʰuŋ³²⁴（kɔn⁻⁵⁵）笔筒

磨墨 mo³²⁴muɯk⁵研墨

墨水 muɯk⁵ʃui²¹⁴墨汁（磨的）

墨汁 muɯk⁵ʧet²墨汁（买的成品）

钢笔水 kɔŋ⁵¹pit²ʃui²¹⁴墨水

蘸笔 tsiam⁻⁵⁵pit²蘸笔

书包 ʃie⁻³¹pɔɯ⁻³¹书包

认得字倒个 nen³⁵tuɯk²tsʰɯ³⁵tɔɯ²¹⁴kei⁻⁵⁵识字的人

认字唔倒个 nen³⁵tsʰɯ³⁵ŋ³²⁴tɔɯ²¹⁴kei⁻⁵⁵不识字的人

学书人 hɔk⁵ʃie⁻³¹nen³²⁴读书人

学书 hɔk⁵ʃie⁵¹读书

头名 tʰiu³²⁴miaŋ⁻⁵⁵头名

尾名 mei⁵¹miaŋ³²⁴末名

落尾 lɔk⁵mei⁵¹末名

（二十一）文体活动

风筝 fuŋ⁻³¹tsɯŋ⁻³¹风筝

揞蒙 em⁻⁵⁵miaŋ⁵¹捉迷藏（蒙住眼睛找）

屏蒙 piaŋ³¹miaŋ⁵¹捉迷藏（找躲藏者）

踢燕子 tʰit²ian³¹tsɯ²¹⁴踢毽子

打石子 ta⁻⁵⁵tʃʰeɯ³²⁴抓子儿

嘚珠子 tɯk⁵tʃu⁵¹tsɯ²¹⁴弹球

打踢踢皮 ta⁻⁵⁵tʰɔŋ³¹tʰɔŋ³¹pʰi³²⁴打水漂

跳房子 tʰiɔɯ³¹fɔŋ³²⁴tsɯ⁻⁵⁵跳房子

翻绳子 fan⁻⁵⁵ʃɯŋ³²⁴tsɯ⁻⁵⁵翻绳

划拳 fa³²⁴tʃan³²⁴划拳

猜拳 tsʰai⁻⁵⁵tʃan³²⁴划拳

猜谜 tsʰai⁻⁵⁵mei³⁵猜谜

炮竹（指鞭炮）pʰɔɯ³¹tʃuk²爆竹

公鞭（指鞭炮）kuŋ⁻³¹pi-en⁻³¹鞭炮

炮响 pʰɔɯ³¹ʃɔŋ²¹⁴爆竹（单个的大爆竹）

打炮竹 ta⁻⁵⁵pʰɔɯ³¹tʃuk²放鞭炮

打公鞭 ta⁻⁵⁵pʰɔɯ³¹tʃuk²放鞭炮

打炮响 ta⁻⁵⁵pʰɔɯ³¹ʃɔŋ²¹⁴打爆竹（单个的大爆竹）

象棋 siaŋ³⁵tʃʰi³²⁴象棋

作棋 tsɔk²tʃʰi³²⁴下棋

拔河 pʰat⁵ho³²⁴拔河

捞绳 paŋ⁻⁵⁵ʃɯŋ³²⁴拔河

台球 tʰɔi³²⁴tʃʰeɯ⁻⁵⁵乒乓球

嘎嘎球（子）ka³⁵ka⁻³¹tʃʰeɯ³²⁴（tsɯ⁻⁵⁵）乒乓球

翻卷头 fan⁻⁵⁵tʃan³¹tʰiu³²⁴翻跟头（侧翻）

翻连卷 fan⁻⁵⁵lien³²⁴tʃan³¹tʰiu³²⁴打车轮子（侧翻）

挖卷头 vat²tʃan³¹tʰiu³²⁴翻跟头（前后翻）

挖连卷头 vat²lien³²⁴tʃan³¹tʰiu³²⁴打车轮子（前后翻）

起梁柳 tʃʰi⁻⁵⁵liɔŋ³²⁴liu⁻⁵⁵倒立

骑马嘟嘟 tʃʰi³²⁴ma⁵¹tu²¹⁴tu⁻⁵⁵骑马肩

钻【挖】泅汋 tsɔn⁻⁵⁵（vat²）tsiu³¹mei³⁵潜水

打狮脑 ta⁻⁵⁵sɯ⁵¹nɔɯ²¹⁴舞狮

打高脚士 ta⁻⁵⁵kɔɯ⁵¹tʃʰɔk²sɯ³⁵踩高跷

吊脑子戏 tiɔɯ³¹nɔɯ²¹⁴tsɯ⁻³¹ʃi³¹木偶戏

大花面 tʰai³⁵fa⁻³¹mien³¹其他脸型头型

花旦 fa⁵¹tan³¹花旦

魃面颊 tʃi⁵¹mien³¹tʃap²纸面具

钩筒 keɯ⁵¹tʰuŋ³²⁴二胡

锯钩筒 kie³¹keɯ⁵¹tʰuŋ³²⁴拉

二胡

　　□子 tsʰia⁵¹ tsɯ²¹⁴铙钹

　　雷箍辘圈 lui⁻⁵⁵ ku⁻³¹ lu³¹ tʃʰan⁻³¹滚铁环

　　雷雷公雷 lui⁻⁵⁵ lui⁻³¹ kuŋ⁻³¹ lui⁻³¹滚铁环

　　混揽跤 ven³⁵ lam⁵¹ kɔɯ⁻³¹摔跤（两人之间摔打）

　　抍揽跤 tsʰen⁻⁵⁵ lam⁵¹ kɔɯ⁻³¹摔跤（两人之间摔打）

　　吹打 tʃʰui⁵¹ta²¹⁴唢呐

　　嘭筒 pɔŋ³⁵tʰuŋ³²⁴说唱

　　记认 tʃi³¹nɯŋ³⁵记号

（二十二）动作

　　蹲 tsʰun²¹⁴蹲（肚子被踢伤而下蹲）

　　跍= ku²¹⁴蹲

　　□tsʰen²¹⁴到达顶点（病或烤焦的程度）

　　跌倒呃 tiet²tɔɯ²¹⁴ei³¹摔倒了

　　坍倒呃 tan⁻³¹tɔɯ²¹⁴ei³¹摔倒了

　　爬上来 pʰa³²⁴hɔŋ⁻⁵⁵lei⁻³¹爬起来

　　鍖脑 tsʰim³¹nɔɯ²¹⁴点头

　　撼脑盖 ŋan³⁵nɔɯ⁻⁵¹kɔi³¹点头

　　仰脑盖 ŋɔŋ⁻³¹nɔɯ⁻⁵¹kɔi³¹抬头

　　勾倒脑盖 keɯ³²⁴tɔɯ⁻⁵⁵nɔɯ⁻⁵¹kɔi³¹低头

　　鍖倒脑盖 tsʰin³²⁴tɔɯ²¹⁴nɔɯ⁻⁵¹kɔi³¹低头

　　纇倒脑盖 kem²¹⁴tɔɯ⁻⁵⁵nɔɯ⁻⁵¹kɔi³¹低头

　　犁倒脑盖 lie³²⁴tɔɯ⁻⁵⁵nɔɯ⁻⁵¹kɔi³¹低头

　　反转脑盖 fan²¹⁴tʃɔn⁻⁵⁵nɔɯ⁻⁵¹kɔi³¹回头

　　皱转脑盖 fan²¹⁴tʃɔn⁻⁵⁵nɔɯ⁻⁵¹kɔi³¹回头

　　睁开眼睛 tsɯŋ⁻³¹kʰɔi⁻³¹ŋan⁻³¹tsiaŋ⁻³¹睁眼

　　瞠开眼睛 tsʰɯŋ⁻³¹kʰɔi⁻³¹ŋan⁻³¹tsiaŋ⁻³¹睁眼

　　眯紧眼睛 mi³¹tʃen²¹⁴ŋan⁻³¹tsiaŋ⁻³¹眯眼

　　眨眼睛 tʃat⁵ŋan⁻³¹tsiaŋ⁻³¹眨眼

　　□倒 tem³⁵tɔɯ²¹⁴ᐟ³¹遇见

　　撞倒 tsʰɔŋ³⁵tɔɯ²¹⁴ᐟ³¹遇见

　　出眼汁 tʃʰut²ŋan⁻⁵¹tʃet²流眼泪

　　丫开嘴 ŋa⁻³¹kʰɔi⁻³¹tʃɔi³¹张嘴

　　吻紧嘴 met²tʃen²¹⁴tʃɔi³¹闭嘴

　　嘟嘴 tu³⁵tʃɔi³¹噘嘴

　　卒嘴 tsut²tʃɔi³¹噘嘴

　　鼽嘴 nɔɯ³¹tʃɔi³¹噘嘴

　　翘嘴 tʃʰɔɯ³¹tʃɔi³¹噘嘴

　　举手 tʃʰu⁻⁵⁵ʃeɯ²¹⁴举手

　　迎手 naŋ³²⁴ʃeɯ²¹⁴抬手

　　驿手 iak⁵ʃeɯ²¹⁴招手

　　伸手 ʃien⁻⁵⁵ʃeɯ²¹⁴伸手

　　动手 tʰuŋ³⁵ʃeɯ²¹⁴动手

　　拍巴掌 pʰɔk²/pʰak²pa⁵¹tʃɔŋ²¹⁴拍巴掌

拍巴踵 $p^hɔk^2/p^hak^2$ pa^{51} $\mathfrak{tf}uŋ^{214}$ 拍巴掌

打背手 ta^{-55} $p^hɔi^{35}$ $\int eɯ^{214}$ 背着手

背紧手 $p^hɔi^{35}$ $\mathfrak{tf}en^{-31}$ $\int eɯ^{214}$ 背着手

交手 $k^hɔɯ^{-55}$ $\int eɯ^{214}$ 背着手

背紧手 $p^hɔi^{35}$ $\mathfrak{tf}en^{-31}$ $\int eɯ^{214}$ 叉着手儿（两手交叉在胸前）

笼紧手 $luŋ^{324}$ $\mathfrak{tf}en^{-55}$ $\int eɯ^{-31}$ 笼着手

凌紧手 len^{324} $\mathfrak{tf}en^{-55}$ $\int eɯ^{-31}$ 笼着手

筒紧手 $t^huŋ^{324}$ $\mathfrak{tf}en^{-55}$ $\int eɯ^{-31}$ 笼着手

揞紧【稳】em^{51}【ven^{214}】捂住

罨紧【稳】ep^2 $\mathfrak{tf}en^{214}$【ven^{214}】捂住

罨 ep^2 捂住

揞 em^{51} 捂住

搦紧【稳】拳块脑 nak^5 $\mathfrak{tf}en^{-31}$【ven^{-31}】$\mathfrak{tf}^han^{324}$ k^hui^{-55} $nɔɯ^{-31}$ 攒起拳头

搭紧【稳】拳块脑 k^hak^5 $\mathfrak{tf}en^{-31}$【ven^{-31}】$\mathfrak{tf}^han^{324}$ k^hui^{-55} $nɔɯ^{-31}$ 攒起拳头

顿脚 tun^{31} $\mathfrak{tf}ɔk^2$ 跺脚

□脚 $nɯŋ^{31}$ $\mathfrak{tf}ɔk^2$ 踮脚

踮脚 $tsien^{31}$ $\mathfrak{tf}ɔk^2$ 踮脚

踮倒 $tsien^{31}$ $tɔɯ^{214}$ 蹬倒（凳子）

□倒 $naŋ^{31}$ $tɔɯ^{214}$ 蹬倒（凳子）

撑眼 $ts^haŋ^{324}$ $ŋan^{214}$ 刺眼

撑眼睛 $ts^haŋ^{324}$ $ŋan^{-31}$ $tɕi\,aŋ^{-31}$ 刺眼

□ $tiak^2$ 搀着、扶着、把着

兜 $teɯ^{51}$ 端

兜屎 $teɯ^{-55}$ $nɔɯ^{35}$ 把屎

□屎 $tiak^2$ $\int i^{214}$ 把屎

兜尿 $teɯ^{-55}$ $nɔɯ^{35}$ 把尿

□尿 $tiak^2$ $nɔɯ^{35}$ 把尿

搁脚 $kɔk^2$ $\mathfrak{tf}ɔk^2$ 跷二郎腿

跷脚 $\mathfrak{tf}^hɔɯ^{31}$ $\mathfrak{tf}ɔk^2$ 跷二郎腿

缩脚 suk^2 $\mathfrak{tf}ɔk^2$ 蜷腿

迎脚 $naŋ^{324}$ $\mathfrak{tf}ɔk^2$ 抬脚

鸟脚 $tiɔɯ^{214}$ $\mathfrak{tf}ɔk^2$ 抬脚

盘脚 $p^hɔn^{324}$ $\mathfrak{tf}ɔk^2$ 盘脚

屈脚 k^hut^5 $\mathfrak{tf}ɔk^2$ 盘脚

□脚 $nɔŋ^{-55}$ $\mathfrak{tf}ɔk^2$ 抖腿

踢脚 t^hit^2 $\mathfrak{tf}ɔk^2$ 踢腿

弯腰 van^{-55} $iɔɯ^{51}$ 弯腰

颖腰 kem^{214} $iɔɯ^{51}$ 弯腰

勾倒背 $keɯ^{214}$ $tɔɯ^{-55}$ $pɔi^{31}$ 弯腰

伸懒腰 $\int ien^{-55}$ lan^{-31} $iɔɯ^{-31}$ 伸腰

撑腰 $ts^haŋ^{-31}$ $iɔɯ^{51}$ 叉腰

撑手 $ts^haŋ^{-55}$ $\int eɯ^{214}$ 叉腰

翘屎窟 $\mathfrak{tf}^hɔɯ^{31}$ $\int i^{-55}$ fet^2 撅臀

孔屎窟 $k^huŋ^{31}$ $\int i^{-55}$ fet^2 撅臀

捶背 $\mathfrak{tf}^hui^{324}$ $pɔi^{31}$ 捶背

送鼻 $suŋ^{31}$ p^hi^{35} 擤鼻

鼾鼻 sut^5 p^hi^{35} 吸溜鼻涕

缩鼻 suk^2 p^hi^{35} 吸溜鼻涕

打□□ta⁻⁵⁵hat⁵tsʰei³¹打喷嚏

嫌ʃam³²⁴嫌弃

嫌躁ʃam³²⁴tsau⁻⁵⁵嫌弃

嚎vɔɯ³²⁴哭

超天ʧʰɔɯ⁻⁵⁵tʰien⁵¹聊天

□luk²骗

超ʧʰɔɯ⁵¹（以谎言）骗

走tseɯ²¹⁴跑、奔波、离去

掺tsʰam⁻⁵⁵掺入

凑tsʰeɯ²¹⁴勾兑、掺、再（吃一碗）

凑tsʰeɯ³¹凑份子、再（吃一碗）

捡ʧam²¹⁴捡、收拾

捡拾ʧam⁻³¹ʃap²捡、收拾

择tʰɔk⁵挑选

拣kan²¹⁴挑选

提tʰia³²⁴提

认得nɯŋ³⁵tɯk²认识

认得倒nɯŋ³⁵tɯk²tɔɯ²¹⁴认识

唔认得ŋ³²⁴nɯŋ³⁵tɯk²不认识

认唔倒nɯŋ³⁵ŋ³²⁴tɔɯ²¹⁴不认识

认字neŋ³⁵tsʰɯ³⁵认字

捡上来ʧam⁻⁵¹hɔŋ³⁵lei³²⁴捡起来

宕tʰɔŋ³⁵落（因忘而把东西遗放在某处）

跌tiet²丢失

寻倒呃tsʰim³²⁴tɔɯ⁻⁵⁵ei³¹找到了

层上来tsʰɯŋ³²⁴hɔŋ⁻⁵⁵lei³²⁴码起来

叠上来tʰiet⁵hɔŋ⁻³¹lei³²⁴码起来

会vei³⁵会了

记性ʧi³¹sin³¹记忆力

记才ʧi³¹tsʰɔi³²⁴记忆力

猜tsʰai⁵¹估量

估ku²¹⁴估量

估计ku⁻³¹ʧi³¹估量

想主意siɔŋ⁻⁵⁵ʧu⁻⁵¹i³¹想主意

想办法siɔŋ⁻⁵⁵pan³¹fat²想主意

信sin³¹信、消息

猜tsʰai⁵¹猜想

怀疑fai³²⁴ni⁻⁵⁵怀疑

料liɔɯ³⁵料定

料倒liɔɯ³⁵tɔɯ²¹⁵料定

小意siɔɯ⁵¹i³¹当心、留神

好正hɔɯ⁵¹ʧaŋ³¹当心、留神

招架ʧɔɯ⁵¹ka³¹当心、留神

小意siɔɯ⁻⁵¹i³¹仔细、细心

吓倒呃hak²tɔɯ⁻²¹⁴ei³¹受惊吓

着革ʧʰɔk⁵ʧɯk²犯愁

革ʧɯk²犯愁

挂意ka³¹i³¹担心、挂念

担心tam⁻⁵⁵/tam⁻³¹sim³¹担心

念nam³⁵挂念、朗读

放心fɔŋ³¹sim⁵¹放心

倚恃（多）i⁻³¹ʃi³¹指望

望mɔŋ³⁵/muŋ³⁵指望

指望ʧi⁻³¹mɔŋ⁻³¹/muŋ⁻³¹指望

唔得渠ŋ³²⁴tɯk⁻⁵ʧie⁻³¹巴不得

唔得 ŋ³²⁴tɯk⁻⁵巴不得

唔得 ŋ³²⁴tɯk²不够

记得 ʧi³¹tɯk²记得

踢遗 tʰit²lai⁻³⁵忘记

记到呃 ʧi³¹tɔɯ⁻²¹⁴ei³¹想起

心烧 sim⁻³¹ʃɔɯ⁻³¹忌妒

恨 hen³⁵恨

偏心 pʰien⁻⁵⁵sim⁵¹偏心

怄气 eɯ³¹ʧʰi³¹怄气

怨 vien³¹抱怨

着气 ʧʰɔk⁵ʃi³¹生气

发脾气 fat²pʰi³²⁴ʧʰi⁻⁵⁵生气

傲 ʧʰaŋ³⁵爱惜

惜 siak²疼爱

喜欢 ʃi⁻⁵¹fɔn⁻²⁴喜欢

打惯 ta⁻⁵⁵kan³¹娇惯

搭嘴 tap²ʧɔi³¹插嘴、搭话

唔声唔气 ŋ³²⁴ʃaŋ⁵¹ŋ³²⁴ʃi³¹不说话

话还 va³⁵fan⁻³¹告诉

还嘴 van³²⁴ʧɔi³¹顶嘴

聱嘴 ŋɔɯ³⁵ʧɔi³¹顶嘴

讲口 kɔŋ⁻⁵⁵heɯ²¹⁴吵架

梗仗 kaŋ³⁵ʧɔŋ³¹吵架

赖死 lai³⁵si²¹⁴要赖

□死 ʧa³⁵si²¹⁴要赖

骂 ma³¹骂

承骂 ʃɯŋ³²⁴ma³¹挨骂

承打 ʃɯŋ³²⁴ta²¹⁴挨打

叮嘱 tin⁵¹ʧuk²嘱咐

交带 kɔɯ⁵¹tai³¹嘱咐

事记多 sɯ³⁵ʧi³¹to⁵¹吹毛求疵、唠叨

喃喃 □□nam³²⁴ nam⁻⁵⁵ kʰap² kʰap²喃喃自语

皱人 tsiu³⁵ nen³²⁴拧人（旋转拧）

扭人 neɯ⁻⁵⁵nen³²⁴拧人（上下揪）

并（阴去）pin³¹合并

并（阳去）pʰin³⁵使靠拢

并（阳去）pʰɯŋ³⁵靠着

吊 tiɔɯ³¹悬挂

绾 van³¹悬挂

摄 kʰan³¹挎

驮 tʰo³²⁴驮

熻 hep²闷

熻 hep⁵（长期地困难地）待在外地

澄 ʧʰɯŋ³⁵/kʰɯŋ³⁵沉淀

扁 pien²¹⁴扁

边 pien²¹⁴传染、沾染

㓥水 ken³¹ʃui²¹⁴淬火

㿡 ken³¹小山脊（由高往低）

炕 kʰɔŋ³¹在锅上烤

烘 fuŋ³¹烘烤

朵 to³⁵坠

晏脚 an³¹ʧɔk²硌脚

瘔 hem³¹发炎（内毒、外毒所致）

整伞 ʧaŋ⁻⁵⁵san²¹⁴修伞

搦 nak⁵用力抓

长 ʧʰɔŋ³⁵ 剩下

奄 tap⁵ 奄拉

拱 kkuŋ²¹⁴/uŋ³¹ 拱起（不单说）

筑 tsiuk² 塞、压

畜 ʧʰuk² 蓄养（禽畜、头发）

策 tsʰɯk²（倒下）砸中

墈 kʰam⁵¹（倒下）压住

擘 pak² 撕裂

梗 kaŋ⁵¹ 搅

梗 kaŋ³¹ 绊住

捷 lien⁵¹ 搬

撖 lap²（㧻起来）搬

捷 lien⁵¹ 搬

踊 lien³⁵ 踩（反复踩）

踩 nuk² 踩

搣 maŋ³⁵ 扔、抛

麦 mak⁵ 扔、抛

挌 mɔk² 端、掌掴

揘 faŋ³¹ 掌掴

搣 maŋ³⁵/mak⁵ 掌掴、甩击（脸）

扫 sɯ³¹（横）掴

扇 ʃan³¹ 掌掴

搨 tap⁵ 轻掴

□ ʃo³¹ 用巴掌打、掌掴

扫 sɯ³¹ 棒击、掌掴

扇 ʃan³¹ 扇风

泼 pʰɔt² 扇风

泼 pʰɔt² 浇水

□ pʰɔt⁵ 全买下

焯 ʧʰɔk² 焯

敦 tun³¹ 竖立

抍 tsʰen⁵¹ 扑、按

抍 tsʰen⁵¹ 按

跨 ʧʰa³⁵ 跨过

佘 tsʰɔn⁵¹ 佘

东 tuŋ⁵¹（用布等）盖住

蒙 maŋ³²⁴（用布等）盖住

敦 tun³¹ 竖起

坉 tun²⁴ 拦住（水、血、人等）

短 tɔn⁵¹（中途）拦住（人）

奋 fin³¹ 甩手

蹉 ʧʰo³¹ 滑（倒）、倒（水）

蹉水 ʧʰo³¹ ʃui²¹⁴（炒菜）倒水

踢 tʰɔŋ³¹ 滑

□ tsʰio⁵¹ 形容词词缀（修饰颜色词"乌"）

错 tsʰo³¹ 搓

挼 no³²⁴ 揉搓

□ tsʰun³¹ 搓（汗泥、皮屑）

挼 no²¹⁴ 揉、搓

挼 nɔi²¹⁴ 揉

濱 ien³¹ 洇湿

掘 ʧʰat⁵（用爪子）刨土

□ lie⁵¹ 伸舌头、舔

□ lai⁵¹ 舔

舐 ʃai⁵¹ 舔

剽 pʰi³²⁴ 削皮

搣 miet² 用手捻去

掉 tʰiɯ³⁵ 摆动、摇动；击打；

表完结

掉 tʰiɔɯ³⁵（用拳头）击打

□ tam³⁵ 垂、垂下

舞 vu²¹⁴ 做、摆弄

猋 piɔɯ⁵¹ 跳

俵 piɔɯ³¹ 分发

□ pɔi⁵¹ 做、摆弄、捉弄

㷭 iam³⁵ 撒

萦 iaŋ⁵¹ 缠绕、驱赶

拘 kʰa⁵¹ 用虎口（部分）卡住

搭 kʰak⁵ 用虎口（完全）卡住

搔痒 seɯ³⁵iɔŋ⁵¹ 挠痒

櫂痒 tʃʰa³¹iɔŋ⁵¹ 挠痒

捋 lɔt⁵ 捋（直着顺、抹）

捋 lɔt² 捋（横着顺、抹）

屏 piaŋ³¹ 藏、躲藏、隐瞒

陂 pi³¹ 滗

箍 ku⁵¹ 搂

混 ven³⁵ 紧紧抱着

研 ŋa³⁵ 往缝里塞

伏倒 pʰuk⁵tɔɯ²¹⁴ 伏着

劙 liak⁵ 切（豆腐等）

盍 kʰep² 盖住

殿 lut² 滑落

□ lun³¹ 慢慢吐出、偷偷溜走

□ lu⁵¹ 慢慢吐出

揢 via²¹⁴ 抓

熰 eɯ³¹ 烧热、焐热

沤 eɯ³¹ 沤（粪肥等）

洺 am³¹ 腌酸菜或沤粪肥

捋 tsʰiam³²⁴ 拔（毛）

捞 paŋ⁵¹ 拔

承 ʃɯŋ³²⁴ 垫高、承担

承 ʃɯŋ³⁵ 身体摔倒、受重而受伤

砑 tsak² 压

压 ŋat² 挤入

紧 tsin²¹⁴（本该停，但）一直做

抵光 tie⁻⁵⁵kɔŋ⁵¹ 挡光

躲光 to⁻⁵⁵kɔŋ⁵¹ 挡光

检漏 tʃam⁻⁵⁵leɯ³⁵ 修漏

精耳朵 tsiaŋ³¹ni⁵¹tɔɯ²¹⁴ 刺耳

敲 kʰɔɯ³¹ 敲

搂 tʃɔk² 用棍子等打

□lɔɯ³⁵/lo³⁵ 用棍子等打

楔 siap²/siep² 垫着

櫼 tsiam⁵¹ 楔子、挤入（人群）、打入（楔子）

掐人 kʰap²nen³²⁴（用指甲）掐人

掐蕹菜 kʰap²fuŋ³¹tsʰɔi³¹ 掐（空心菜）

□蕹菜 nɯk²fuŋ³¹tsʰɔi³¹ 掐（空心菜）

捻 nun³²⁴ 捻

残 tsʰan³²⁴（玻璃、刺儿等）刺入

系 tʃai⁵¹ 系（鞋带等）

捞 lɔɯ³²⁴ 捞起

摎 lɔɯ⁵¹ 往里或往回扒拉、揽聚

摷 sɔɯ³²⁴ 用笊篱等捞

谑 ʃɔk² 哄小孩

滤 lie³⁵ 过滤

凌 lem³²⁴ 掏

搜 seɯ⁵¹ 掏

□ lem⁵¹ 浸入水中又迅速拎起来

彻人 ʧʰat² nen³²⁴（鞋子小）使人不舒服

逼脚 pit² ʧɔk² 挤脚

牵藤 ʧʰan⁻⁵⁵ tʰɯŋ³²⁴ 牵藤（植物伸延藤茎）

探 tʰan⁵¹ 伸手往前够

爆芽 pɔɯ³²⁴ ŋa³²⁴ 发芽

泌嘴 pit² ʧɔi³¹ 小鸡破壳

挖 vat² 牛角顶人

㧎 liɔɯ³¹ 牛角顶人

斗 teɯ³¹ 斗（凑、拼接）

斗 teɯ²¹⁴ 斗（量词）

冇 mɔɯ³²⁴ 缺乏、没、没有

盲 maŋ³²⁴ 没

捧 pʰuŋ⁵¹ 扬起

倾 kʰuŋ⁵¹ 倒出、倒掉

□ ŋie³⁵（无意）蹭、擦

□ kʰie⁵¹ 用力蹭边

捱 ŋai³²⁴ 拖延

鹐 tsam⁵¹ 鸡啄

啄 tuk⁵ 刺、啄

捞 lɔɯ⁵¹ 谋取利益

打暗摸 ta⁻⁵⁵ ŋam³¹ ma³⁵ 开玩笑、胡说

拉天 la⁻⁵⁵ tʰien⁵¹ 吹牛

演天 ian⁻⁵⁵ tʰien⁵¹ 吹牛

唔闲得 ŋi³²⁴ han³²⁴ tɯk⁵ 繁忙

搂 leɯ⁵¹ 抠、谋取利益

掀 fien⁵¹ 揭开（布匹等）、翻找

（二十三）位置

上高 ʃɔŋ³⁵ kɔɯ⁻³¹ 上面

底下 ti²¹⁴ ha⁻⁵⁵ 这会儿

底下 tie⁻³¹ ha³¹ 底下

脚下 ʧɔk² ha⁻⁵¹ 底下

豚下 tuk² ha³⁵ 底下

下高 ha³¹ kɔɯ⁻³¹ 下面

地下 tʰi³⁵ ha³¹ 地上

地上 tʰi³⁵ hɔŋ³¹ 地上

天上 tʰien⁻³¹ hɔŋ³¹ 天上

山上 san⁻³¹ hɔŋ³¹ 山上

岭上 liaŋ⁻³¹ hɔŋ³¹ 山上

路上 lu³⁵ hɔŋ³¹ 路上

街上 kai⁻³¹ hɔŋ³¹ 街上

墙上 tsʰiɔŋ³²⁴ hɔŋ⁻⁵⁵ 墙上

壁上 piak² hɔŋ³⁵ 墙上

门上 men³²⁴ hɔŋ⁻⁵⁵ 门上

桌（子）上 tsɔk²（tsɯ²¹⁴）hɔŋ³¹ 桌上

椅子上 i⁻³¹ tsɯ³¹ hɔŋ³¹ 椅子上

舷上 ʃan³²⁴ hɔŋ⁻⁵⁵ 边儿上

边上 pien⁻³¹ hɔŋ³¹ 边儿上

心里 sin⁵¹ ti²¹⁴ 心里

肚里 tʰu⁵¹ ti²¹⁴ 心里

大门口 tʰai³⁵ men³²⁴ heɯ²¹⁴ 大门外

门口 men³²⁴ heɯ²¹⁴门儿外

门头 men³²⁴ tʰiu³²⁴门儿外

墙背 tsʰiɔŋ³²⁴pɔi³¹墙外

车上 ʧʰa⁻³¹hɔŋ³¹车上

山前 san⁻⁵⁵tsʰien³²⁴山前

岭背 liaŋ⁻⁵⁵pɔi³¹山后

屋背 vuk³²⁴pɔi³¹屋后

内高 nan³⁵kɔɯ⁻³¹表在内

外高 ŋɔi³⁵kɔɯ⁻³¹外面

前高 tsʰien³²⁴kɔɯ⁻⁵⁵前面

背高 pɔi³¹kɔɯ⁻²⁴后面

东 tuŋ⁵¹东

西 si⁵¹/sie⁵¹西

南 nam³²⁴南

北 pɯk²北

路边 lu³⁵pien⁻³¹路边儿

路舷上 lu³⁵ʃan³²⁴hɔŋ⁻⁵⁵路边儿

床脚下 tsʰɔŋ³²⁴ʧɔk⁻⁵ha³¹床底下

床底下 tsʰɔŋ³²⁴tie⁻⁵⁵ha³¹床底下

楼下 leɯ³²⁴ha⁻⁵⁵楼底下

楼脚下 leɯ³²⁴ʧɔk⁻⁵ha³¹楼底下

脚底下 ʧɔk²tie²¹⁴ha³¹楼底下

打背 ta⁻⁵⁵pɔi³¹日后、后来

打背 ta⁻⁵⁵pɔi³¹后来

了尾 liɔɯ⁻⁵⁵mei⁵¹后来

脚下 ʧɔk²ha³⁵脚下

碗豚 vɔn⁻⁵¹tuk²碗底儿

镬豚 vɔk⁵tuk²锅底儿

缸豚 ham⁵¹tuk²缸底儿

侧岸 tsɯk²ŋan²⁴旁边

侧边 tsɯk²pien⁻²⁴旁边

行当进 haŋ³²⁴tɔŋ⁻⁵⁵tsin³¹往里走

行当出 haŋ³²⁴tɔŋ⁻⁵⁵ʧʰut²/ʧʰet²往外走

向东走 ʃɔŋ³¹tuŋ⁵¹tseɯ²¹⁴往东走

向西走 ʃɔŋ³¹si⁵¹tseɯ²¹⁴往西走

打倒 □ta⁻⁵⁵tɔɯ⁻³¹sɔɯ³⁵往回走

行当转 haŋ³²⁴tɔŋ⁻⁵⁵ʧɔn²¹⁴往回走

行当前 haŋ³²⁴tɔŋ⁻⁵⁵tsʰien³²⁴往前走

向前走 ʃɔŋ³¹tsʰien³²⁴tseɯ⁻³¹往前走

到处 tɔɯ³¹ʧu⁻²⁴到处

到哪 tɔɯ³¹na²¹⁴到处

交 kɔɯ⁻³¹（找、走等）遍

□车 laŋ⁻⁵⁵ʧʰa⁵¹周围

面前 mien³¹tsʰien³²⁴前面

（二十四）代词

别人 pʰiet⁵nen³²⁴外人、别人

人家 nen³²⁴ka⁻⁵⁵外人、别人

别人【梁】家 pʰiet⁵nen³²⁴（liɔŋ³²⁴）ka⁻⁵⁵外人、别人

大家 tʰai³⁵ka⁻³¹大家

（大）齐家（tʰai³⁵）tsʰie³²⁴ka⁻⁵⁵大家

顶 tin²¹⁴顶替

几多里 tɕi⁻⁵⁵ to⁻³¹ti³¹ 多少

（二十五）形容词

差不【唔】多 tsʰa⁵¹ pet² 【ŋ³²⁴】to⁵¹ 差不多

唔会忒【太】过 ŋ³²⁴ mei⁻⁵⁵ tʰɯk² 【tʰai³¹】ko³¹ 差不多

脵 na³²⁴（干活、吃东西等）腻

臁 nɔŋ³¹（肉）肥腻

糯人 no³⁵ nen³²⁴（油炸品、肉等）油腻

话唔张 va³⁵ ŋ³²⁴ tʃɔ⁵¹ 说不听

话唔正 va³⁵ ŋ³²⁴ tʃaŋ³¹ 谈不成

产 tsʰan³¹ 调皮

□产 lan³¹ tsʰan³¹ 调皮

称【生】tɕʰɯŋ⁵¹【sɯŋ⁵¹】调皮

郎当 laŋ³²⁴【taŋ⁻⁵⁵】调皮

韧皮 nen³⁵ pʰi³²⁴ 调皮

顽皮 ŋan³²⁴ pʰi³²⁴ 调皮

当 taŋ³²⁴ 悬下、垂下

朦朣 muŋ³⁵ tɕʰuŋ³¹ 糊涂

死古咧 □si⁻³¹ ku³¹ lie³⁵ kʰie³⁵ 固执

笨胀 pʰen³⁵ tʃɔ³¹ 固执

快性 kʰai³¹ siaŋ³¹ 快点

快滴【多】子 kʰai³¹ tiat⁵ 【to⁻²⁴】tsɯ⁻⁵⁵ 快点

萎 nai⁵¹ 性子慢、精神不振

摸 mo⁵¹/mia⁵¹ 性子慢

缩 hɯŋ³²⁴ 缩（绳子拉紧，气满）

十一 ʃap⁵ iet² 十一

二十一 ni³⁵ ʃap⁻² iet² 二十一

二一 ni³⁵ iet² 二十一

一百一十 iet² pak² iet² ʃap⁵ 一百一十

一百一 iet² pak² iet² 一百一十

一百二十 iet² pak² ni³⁵ 一百二十

一百二 iet² pak² ni³⁵ ʃap⁻² 一百二十

两斤 liɔŋ⁻³¹ tʃen⁻³¹ 二斤（两斤）

二两 ni³⁵ liɔŋ⁻³¹ 二两

两钱 liɔŋ⁻⁵¹ tsʰien³²⁴ 二钱

两分 liɔŋ⁻³¹ fen⁻³¹ 二分

两厘 liɔŋ⁻⁵¹ li³²⁴ 二厘

两丈 liɔŋ⁻³¹ tʃʰɔ³¹ 两丈（二丈）

两里 liɔŋ⁻³¹ li⁻³¹ 二里（两里）

两担 liɔŋ⁻³¹ tam⁻³¹ 两担（二担）

顶 tim²¹⁴/tin²¹⁴ 这么

顶地【样】tin²¹⁴ ti⁵¹/tɯ⁵¹（iɔŋ⁻⁵⁵/nɔŋ⁻⁵⁵）这样、这么

做什么 tso³¹ ʃem³²⁴ mu⁻⁵⁵ 为何

做什 tso³¹ ʃie³²⁴ 为何

倕个 ŋai⁵¹ kei³¹ 我的

倕两个 ŋai⁻⁵⁵ liɔŋ⁵¹ kei³¹ 我们俩

侬两个 nuŋ⁵¹ liɔŋ⁵¹ kei³¹ 我们俩、咱们俩

你两个 ni⁵¹liɔŋ⁵¹kei³¹ 你们俩

佢两个 nuŋ⁵¹liɔŋ⁵¹kei³¹ 他们俩

两公婆 liɔŋ⁻³¹ kuŋ⁻³¹ pʰo³²⁴ 夫妻

两娘子 liɔŋ⁻³¹ nɔŋ³²⁴ tsɯ²¹⁴ 母子或母女

两爷子 liɔŋ⁻³¹ ia³²⁴ tsɯ²¹⁴ 父子或父女

两子嫂 liɔŋ⁻³¹ tsɯ⁻³¹ sɔɯ²¹⁴ 妯娌俩

两兄弟 liɔŋ⁻³¹ fiaŋ⁻³¹ tʰie⁵¹ 兄弟俩

两姊妹 liɔŋ⁻³¹ tsi⁻³¹ mɔi³¹ 姐妹俩、兄妹俩、姐弟俩

闹热 nɔɯ³⁵iat⁻² 热闹

攘相 iɔŋ³⁵ siɔŋ³¹ 热闹

标致 piɔɯ⁵¹ tʃi³¹ 美

靓（少说）liaŋ³¹ 美

屐 siuŋ³²⁴ 丑

硬 ŋaŋ³⁵ 硬、硬是

梆硬 paŋ³⁵ ŋaŋ³⁵ 很硬

鈋 ŋo³²⁴ 不锋利、钝

利 li³⁵ 锋利

软 nɔn⁵¹ 软

软谑 nɔn⁵¹ ʃɔk² 很软

伶俐 liaŋ³²⁴tʰi⁻⁵⁵ 干净

争宁 tsɯŋ⁵¹ nɯŋ³²⁴ 讲卫生、身上等干净

咸 ham³²⁴ 咸

淡 tʰam⁵¹ 味淡

□淡 tsiak⁵ tʰam⁵¹ 很淡

香 ʃɔŋ⁵¹ 香

喷香 pʰen⁻⁵⁵ ʃɔŋ⁵¹ 很香

臭 tʃʰeɯ³¹ 臭

喷臭 pʰen⁻⁵⁵ tʃʰeɯ³¹ 很臭

酸 sɔn⁵¹ 酸

□酸 tsiu³⁵ sɔn⁵¹ 很酸

遮酸 tʃa⁻⁵⁵ sɔn⁵¹ 很酸

涩 tʃap² 涩

甜 tʰian³²⁴/tʰien³²⁴ 甜

津甜 tsin³⁵ tʰian³²⁴/tʰien³²⁴ 很甜

苦 kʰu²¹⁴ 苦、穷

辣 lat⁵ 辣

清 tsʰin⁵¹ 稀、清澈

及 tʃʰap⁵/tʃʰat⁵ 稠

□lɔɯ³¹ 稀疏

疏朗 sɯ⁵¹lɔŋ³¹ 稀疏

夭 iɔɯ⁵¹ 夭（软，水分多）

健 tʃʰan³⁵ 干（硬，水分少）

壮 tsɔŋ³¹ 肥胖（指人）

肥 pʰei³²⁴ 肥胖（指动物；指人时含贬义）

瘦 seɯ³¹ 瘦

腈 tsiaŋ³¹ 瘦（肉）

面小 mien³¹siɔɯ²¹⁴ 腼腆

听话 tʰiaŋ⁻⁵⁵va³⁵ 乖、可爱

乖 kai⁵¹ 可爱、听话

小气鬼 siɔɯ⁻³¹ tsʰi³¹ kui²¹⁴ 吝啬鬼

尖腻鬼 tsian⁻³¹ ni³¹ kui²¹⁴ 吝啬鬼

小气 siɔɯ⁻⁵¹tʃʰi³¹ 吝啬

尖腻 tsian⁻³¹ni³¹ 吝啬

大方 tʰai³⁵foŋ⁻³¹ 大方

完 van³²⁴/vien³²⁴ 完成、完、整

（个）

一 iet² 全部

全 tsʰien³²⁴ 全部

拱 kuŋ³⁵ 搅

凸 tut⁵ 击打

凸 tiet⁵ 凸

拱 kuŋ²¹⁴/kuŋ³¹ 凸

饱 pɔɯ²¹⁴ 凸

鼓 ku²¹⁴ 凸

穮 iap² 凹

窝 tiet⁵ 凹

屈 vet⁵（眼眶等）下陷

凉快 liɔŋ³²⁴kʰai⁻⁵⁵ 凉快

撼撼动 ŋam³⁵ŋam⁻³¹tʰuŋ⁵¹ 不稳

摇摇动 iɔɯ³⁵iɔɯ⁻³¹tʰuŋ⁵¹ 不结

实、不稳固

齐斩 tsʰie³²⁴tsam⁻⁵⁵ 整齐

满意 mɔn⁻⁵⁵i³¹ 合心意

遂意 siu³⁵i³¹ 合心意

中意 tʃuŋ⁻⁵⁵i³¹ 合心意

纵意 tsiuŋ³¹i³¹ 合心意

晏 an³¹ 迟

迟 tʃʰi³²⁴ 迟

深 ʃiem⁵¹ 深

浅 tsʰian³²⁴/tsʰien³²⁴ 浅

欮 kʰam⁵¹ 水位低、浅

高 kɔɯ⁵¹ 高

低 tie⁵¹ 低

矮 ai²¹⁴ 低、矮

正 tʃɯŋ³¹ 正、不歪

皱 tsiu³⁵ 扭、拧

皱 tseɯ³¹ 皱

皱 tsiu³¹ 歪

聱 ŋɔɯ³²⁴ 歪

斜 tsʰia³²⁴ 斜

筥 tsʰia³¹ 斜

蓝 lan³²⁴ 蓝

□白 siet⁵pʰak⁵ 很白

□白 sia³¹/sia⁻⁵⁵pʰak⁵ 很白

灰 fɔi⁵¹ 灰

青 tsʰiaŋ⁵¹ 瘀血、瘀青、青

紫 tsɯ²¹⁴ 紫

摸 mo⁵¹/mia⁵¹ 摸

□乌 tʃʰo⁵¹/tsʰio⁵¹vu⁵¹ 很黑

□乌 tʃʰo⁻⁵⁵/tsʰio⁻⁵⁵vu⁵¹ 很黑

墨【摸】乌 mɯk⁵【mia⁻⁵⁵】vu⁵¹ 很黑

强横 tʃʰɔŋ³²⁴vaŋ⁻⁵⁵ 蛮横

正 tʃɯŋ³¹ 地道、端正、正直

（二十六）副词介词

正 tʃaŋ³¹ 刚、才

□码地 kʰɯŋ³¹ma³⁵ti³¹ 刚好（刚好十块钱）、刚巧（刚巧我在那儿）

□码地 kʰɯŋ³¹ma³⁵ti³¹ 刚巧（刚巧我在那儿）

刚好 kɔŋ⁵¹hɔɯ²¹⁴ 刚好、刚巧

净 tsʰiaŋ³⁵ 净、一味

有滴【□】子 ieɯ⁵¹tit⁵【tsit⁵】

tsɯ⁻³¹有点儿（天有点儿冷）

有多子 ieɯ⁵¹ to⁻²⁴ tsɯ⁵⁵有点儿（天有点儿冷）

有点子 ieɯ⁵¹ tian⁻³⁵ tsɯ⁻³¹有点儿（天有点儿冷）

光巴 kɔŋ³¹ pa³¹恐怕

嗨猜 hai³¹ tsʰai⁻³¹恐怕、也许

顷内 tsʰin³²⁴ nan³⁵立刻

争滴【□】子 tsɯŋ⁵¹ tit⁵【tsit⁵】tian⁻³⁵ tsɯ⁻³¹差点儿（差点儿摔了）

争多子 tsɯŋ⁵¹ to⁻²⁴ tsɯ⁵⁵差点儿（差点儿摔了）

争点子 tsɯŋ⁵¹ tian⁻³⁵ tsɯ⁻³¹差点儿（差点儿摔了）

差滴【□】子 tsʰa⁵¹ tit⁵【tsit⁵】tian⁻³⁵ tsɯ⁻³¹差点儿（差点儿摔了）

差多子 tsʰa⁵¹ to⁻²⁴ tsɯ⁵⁵差点儿（差点儿摔了）

差点子 tsʰa⁵¹ tian⁻³⁵ tsɯ⁻³¹差点儿（差点儿摔了）

好得 hɔɯ²¹⁴ tɯk⁵幸亏

好在 hɔɯ²¹⁴ tsʰɔi⁻⁵⁵幸亏

当面 tɔŋ⁵¹ mien³¹当面

片背 pʰien³¹ pɔi³¹背地

做下 tso³¹ ha³⁵一起

一个人 iet² kei³¹ nen³²⁴独自

自家 tsʰɯ³⁵ ka⁻³¹自己

顺带 ʃun³⁵ tai³¹顺带

顺便 ʃun³⁵ pʰien⁻³¹顺带

成事 tʃʰɯŋ³²⁴/tʰɯŋ³²⁴ sɯ⁻⁵⁵故意

特事 tʰɯk⁵ sɯ⁻³¹故意

好店店地 hɔɯ⁻⁵¹ tian³¹ tian³¹ ti⁵¹好好儿地（平白无故地）

好好地 hɔɯ⁻⁵⁵ hɔɯ⁻³¹ ti³¹好好儿地（平白无故地）

到底 tɔɯ³¹ ti²¹⁴到底

究竟 tʃeɯ⁻³¹ tʃɯŋ³¹到底

成 ʃɯŋ³²⁴平（四十）（接近四十：这人已经平四十了）

挨边 ai⁻⁵⁵ pien⁵¹平（四十）（接近四十：这人已经平四十了）

边地 pien⁻³¹ ti⁻³¹/tɯ⁻³¹平（四十）（接近四十：这人已经平四十了）

共下 tʃʰuŋ³⁵ ha³⁵总共

一下 iet² ha³⁵总共

做下 tso³¹ ha³⁵总共

唔要 ŋ³²⁴/ŋ⁻⁵⁵ nɔɯ⁻⁵¹不要

白 pʰak⁵白（不要钱：白吃）

白兮 pʰak⁵ ʃi³¹白（不要钱：白吃）

冤枉 vien⁻³¹ vɔŋ⁻³¹白（空：白跑一趟）、冤枉

就 tʃʰu³⁵硬是、偏

偏 pʰien⁵¹偏、偏僻

先 sien⁵¹先

先 sien⁵¹预先

来 lei³²⁴来

对 tui³¹对（你对他好，他就对你好）

对紧【倒】tui³¹/tɔi³¹ tʃen²¹⁴【tɔɯ²¹⁴】对着

向紧【倒】ʃɔŋ³¹ ʧen²¹⁴【tɔɯ²¹⁴】对着

到 tɔɯ³¹ 到达、允许

打 ta²¹⁴ 表起始空间

从 tsʰiuŋ³²⁴ 表起始空间

自从 tsʰɯ³⁵ tsʰiuŋ³²⁴ 表起始时间

从 tsʰiuŋ³²⁴ 表路线

像 tsʰiɔŋ³⁵ 表依照对象

照 ʧɔɯ³¹ 照射

按 ɔn³¹ 按

用 iuŋ³⁵ 使用

拿 na⁵¹ 表使用对象、拿

蔗 ʧa³¹ 沿着

向 ʃɔŋ³¹ 表方向、表所求对象、表行为对象

跟【陪】ken⁵¹【pʰei³²⁴】替（你替我写封信）、和

帮【分】pɔŋ⁵¹【pen⁵¹/pɯŋ⁵¹】替（你替我写封信）

等【英】tuŋ⁵¹/tɯŋ⁵¹【iuŋ⁵¹/iɯŋ⁵¹】替（你替我写封信）、和

间【替】kan³¹【tʰie³¹】替（你替我写封信）、和

间背 kan³¹【ken⁵¹】pɔi³¹ 和

等【英】背 tuŋ⁵¹【iuŋ⁵¹】pɔi³¹ 和

跟背 ken⁻⁵⁵pɔi³¹ 跟着、和

喊 ham³¹ 指使、叫

安做 ɔn⁵¹ tso³¹ 表称呼对象

蛮 man³²⁴ 程度高、很、非常

恶 ɔk² 很、非常；坏、凶恶

就□ʧʰu³⁵na⁻³¹ 只、唯独

连撒 lien³²⁴lap⁻⁵ 一连、陆续

□ʧuŋ³¹ 总该（会）

半烂残地 pɔn³¹ lan³²⁴ tsʰan³²⁴ ti⁵¹/tɯ⁵¹ 其他时间副词

时不时 ʃi³²⁴pet⁻⁵ʃi⁻³¹ 不时

来唔赢 lei³²⁴ŋ̩⁻⁵⁵iaŋ³²⁴ 来不及

落 lɔk⁵（睡不）下

尽命 tsʰin³⁵miaŋ⁻³¹ 拼命

死命 si⁻³¹miaŋ⁻³¹ 拼命

过□ko³¹faŋ³¹（做）过头

忒过 tʰɯk²ko⁻²⁴ 太、特

圆 vien³²⁴ 圆、完（比喻义）

（二十七）量词

一把 iet² pa²¹⁴ 一把（椅子）

一条 iet²tʰiɔɯ³²⁴ 一条（凳子）、一道（河）等

一本 iet² pen²¹⁴ 一本（书）

一只 iet² ʧak² 一匹（马）、一头（牛）等

一封 iet²fuŋ⁵¹ 一封（信）

一帖 iet²tʰiap² 一帖（药）

一顶 iet²tiaŋ²¹⁴ 一顶（帽子）

一朵 iet²to²¹⁴ 一朵（花）

一餐 iet² tsʰan⁵¹ 一顿（饭）

一皮 iet²pʰi³²⁴ 一条（毛巾）

一部 iet²pʰu³⁵ 一辆（车）等

一乘 iet²ʃuŋ³²⁴ 一辆（自行车）

一顶 iet²tiaŋ²¹⁴ 一乘（轿子）

一盏 iet² tsʰan²¹⁴ 一盏（灯）

一顶 iet² tiaŋ²¹⁴ 一张（桌子）

一张 iet² tʃɔŋ⁻⁵⁵ 一张（桌子）

一瀸 iet² sɔɯ³⁵ 一场（雨）

一床 iet² tsʰɔŋ³²⁴ 一床（被子）

一身 iet² ʃien⁵¹ 一身（棉衣）

一杆 iet² kɔn²¹⁴ 一杆（枪）

一把 iet² pa²¹⁴ 一杆（枪）

一管 iet² kɔn²¹⁴ 一管（笔）

一茎 iet² haŋ³²⁴ 一根（头发）等

一头 iet² tʰiu³²⁴ 一棵（树）

一皮 iet² pʰi³²⁴ 一片（树叶）

一丘 iet² ʃieɯ⁵¹ 一丘（田）

一畦 iet² ʃai³⁵ 一畦（禾苗，禾）

一瞵 iet² liaŋ³⁵ 一垄（或坼、床菜）

一厢 iet² siaŋ⁵¹ᐟ⁻³¹ 一节（甘蔗）

一裁 iet² tsʰɔi³⁵ 一截（甘蔗）

一磋 iet² tɔn³¹ 一截（甘蔗）

一粒 iet² lip² 一颗（或粒）（米）

一块 iet² kʰui³¹ 一块（砖）

一个 iet² kei³¹ 一口儿（人）

一眼 iet² ŋan²¹⁴ 一家（铺子）

一间 iet² kan⁵¹ 一家（铺子）

一面 iet² mien³¹ 一面（旗）

一股 iet² ku²¹⁴ 一股（香味儿）

一步 iet² pʰu³⁵ 一座（桥）

一渡 iet² tʰu³⁵ 一座（桥）

一盘 iet² pʰɔn³²⁴ 一盘（棋）

一门 iet² men³²⁴ 一门（亲事）

一头 iet² tʰiu³²⁴ 一门（亲事）

一刀 iet² tɔɯ⁵¹ 一刀（纸）

一担 iet² tam⁵¹ 一担（水）

一个 iet² kei³¹ 一位（客人）

一双 iet² suŋ⁵¹ 一双（鞋）

一鐾 iet² tsʰam³⁵ 一拃（大拇指与中指张开的长度）

一寻 iet² sim³²⁴ 一庹（两臂平伸两手伸直的长度）

一餐 iet² tsʰan⁵¹ 一顿

一筒 iet² tʰuŋ³²⁴ 一扇（门）

一扇 iet² ʃan³¹ 一扇（门）、一扇墙

一度 iet² tʰu³⁵ 一堵（墙）

一坊 iet² pʰiaŋ⁵¹ 一坊（痱子）

一栅 iet² sak² 一瓣（花瓣）等

一面 iet² mien³¹ 一瓣（花瓣）等

一泊 iet² pʰɔk⁵ 一团（泥）

一泺 iet² tɔk² 一团（泥）

一堆 iet² tɔi⁻³¹ 一堆（屎，尿）

一培 iet² pʰu³²⁴ 一摊（屎尿）

个把两个 kei³¹ pa²¹⁴ liɔŋ⁻⁵¹ kei³¹ 个把两个

百把个地 pak² pa²¹⁴ kei³¹ ti³¹ 百把来个

成百个 ʃaŋ³²⁴ pak² kei³¹ 百把来个

百似百个 pak² sɯ³⁵ pak² kei³¹ 百

把来个

百打百个 pak² ta²¹⁴ pak² kei³¹ 百
把来个

千把地人 tsʰien⁻³¹ pa⁻³¹ ti³¹
nen³²⁴千把人

成千人 ʃaŋ³²⁴ tsʰien⁻³¹ nen³²⁴ 千
把人

千似千人 tsʰien⁻³¹ sɯ⁻³¹
tsʰien⁵¹ nen³²⁴近千人

千打千人 tsʰien⁻³¹ ta⁻³¹ tsʰien⁵¹
nen³²⁴近千人

万把块钱 van³⁵ pa⁻³¹ kʰui³¹
tsʰien³²⁴万把块钱

成万块钱 ʃaŋ³²⁴ van³⁵ kʰui³¹
tsʰien³²⁴万把块钱

万似万块钱 van³⁵ sɯ⁻³¹ van³⁵
kʰui³¹ tsʰien³²⁴近万块钱

万打万块钱 van³⁵ ta⁻³¹ van³⁵
kʰui³¹ tsʰien³²⁴近万块钱

里把地路 li⁻³¹ pa⁻³¹ ti³¹ lu³⁵ 里
把路

成里路 ʃaŋ³²⁴ li⁵¹ lu⁻³¹里把路
里似里路 li⁻³¹ sɯ⁻³¹ li⁵¹ lu⁻³¹近
一里路

里打里 li⁻³¹ ta⁻³¹ li⁵¹近一里路
里把两里（地）路 li⁻³¹ pa⁻³¹
liɔŋ⁻³¹ li⁻³¹（ti³¹）lu³⁵里把二里路
亩两亩 meɯ⁻³¹ pa⁻³¹ liɔŋ⁻³¹
meɯ⁻³¹亩把二亩

（二十八）百核心词

日头 net² tʰiu³²⁴太阳

月光 nat⁵ kɔŋ⁻³¹月亮
星 siaŋ⁵¹星
云 vin³²⁴云
山 san⁵¹山
岭 liaŋ⁵¹山
土 tʰu²¹⁴土地
路 lu³⁵路
石牯 ʃak⁵ku²¹⁴/kʰu²¹⁴石头
石口 ʃak⁵kʰeɯ²¹⁴石头
沙 sa⁵¹沙子
沙子 sa⁵¹tsɯ²¹⁴沙子
灰 fɔi⁵¹灰
水 ʃui²¹⁴水
烟 ian⁵¹烟
火 fo²¹⁴火
夜晡 ia³⁵ pu⁻³¹晚上
夜晡辰 ia³⁵ pu⁻³¹ ʃien³²⁴晚上
树 ʃu³⁵树
树皮 ʃu³⁵pʰi³²⁴树皮
叶子 iap⁵tsɯ²¹⁴叶子
根 ken⁵¹根（细根）
蔸 teɯ⁵¹根（主根）
种子 tʃuŋ⁻⁵¹tsɯ²¹⁴种子
种 tʃuŋ²¹⁴种子
狗 keɯ²¹⁴狗
鸟子 tiɔɯ⁵¹tsɯ²¹⁴鸟
虱婆 set²pʰo³²⁴虱
鱼 nie³²⁴鱼
鱼子 nie³²⁴tsɯ⁻⁵⁵鱼
（鸡）嘎嘎（tʃai⁵¹）ka³⁵ ka⁻²⁴
鸡蛋

角 kɔk² 角

毛 mɔɯ⁵¹ 羽毛

尾巴 mei⁻³¹pa⁻³¹ 尾巴

爪子 tsɔɯ²¹⁴tsɯ⁻⁵⁵ 爪子

脚爪 ʧɔk² tsɔɯ²¹⁴ 爪子

名字 miaŋ³²⁴tsʰɯ⁻⁵⁵ 名字

号 hɔɯ³⁵ 名字

人 nen³²⁴ 人

男子人 nam³²⁴ tsɯ⁻⁵⁵ nen⁻³¹ 中年男人

男子 nam³²⁴tsɯ⁻⁵⁵ 中年男人

妇娘（人）pu⁵¹nɔŋ³²⁴（nen⁻⁵⁵）中年女人

婆太人 pʰo³²⁴ tʰai⁻⁵⁵ nen⁻³¹ 中年女人

皮 pʰi³²⁴ 皮肤

肉 nuk² 肌肉

血 fiet² 血

骨头 kuit²tʰiu³²⁴ 骨

油 ieɯ³²⁴ 油

心 sim⁵¹ 心

心肝 sim⁻³¹kɔn⁻³¹ 心

肝 kɔn⁵¹ 肝

脑盖 nɔɯ⁻³¹kɔi³¹ 头

眼睛 ŋan⁻³¹tsiaŋ⁻³¹ 眼

鼻公 pʰi³⁵kuŋ⁻³¹ 鼻

嘴 ʧɔi³¹ 嘴

牙齿 ŋa³²⁴ʧi⁻⁵⁵ 牙

舌头 ʃat⁵tʰiu³²⁴ 舌

耳朵 ni⁵¹tɔɯ²¹⁴ 耳

颈 ʧaŋ²¹⁴ 颈

手 ʃeɯ²¹⁴ 手

奶子（阳声）nan³¹tsɯ²¹⁴ 乳房

肚笟（多）tʰu⁵¹lo³²⁴ 肚子

屎肚 ʃi⁻⁵¹ tu²¹⁴ 肚子（贬义）

脚 ʧɔk² 脚

膝头【跪】脑 tsʰit² tʰiu³²⁴

【kʰui²¹⁴】nɔɯ⁻⁵⁵ 膝盖

食 ʃuk⁵ 吃

食 ʃuk⁵ 喝（~酒）

啜 ʃɔt² 喝（~酒）

话 va³⁵ 说

睡 ʧʰai³⁵ 睡觉

睡眼 ʧʰai³⁵ŋan²¹⁴ 睡觉

离 lai³²⁴ 躺

睡 ʧʰai³⁵ 躺、睡

浮冷水汤 feɯ³²⁴liaŋ⁻³¹/luŋ⁻³¹ ʃui⁻³¹tʰɔŋ⁻³¹ 游泳

咬 ŋɔɯ⁵¹ 咬

啮 ŋat⁵ 咬

看 kʰɔn³¹ 看

望 mɔŋ³⁵/muŋ³⁵ 看

觑 nɔɯ³¹ 看

听 tʰiaŋ⁵¹ 听

晓得 ʃɔɯ²¹⁴tɯk⁻⁵ 知道

晓（少说）ʃɔɯ²¹⁴ 知道

行 haŋ³²⁴ 行走

徛 ʧʰi⁵¹ 站

来 lei³²⁴ 来

坐 tsʰo⁵¹ 坐

飞 fi⁵¹ 飞

烧 ʃɔɯ⁵¹ 烧

杀 sat² 宰杀

死 si²¹⁴ 死

𠊎 ŋai⁵¹ 我

𠊎当人 ŋai⁵¹tɔŋ⁻²⁴ nen⁻⁵⁵ 我们

𠊎多 ŋai⁵¹ to⁻²⁴ 我们

𠊎多人 ŋai⁵¹ to⁻²⁴ nen⁻⁵⁵ 我们

侬（多）nuŋ⁵¹（to⁻²⁴）我们（包括式）

你 ni⁵¹ 你

什（阳声韵）人 ʃie³²⁴nen⁻⁵⁵ 谁

哪个 na²¹⁴ kei⁻⁵⁵ 谁

什（阴声韵）ʃie³²⁴ 什么

什（阳声韵）么 ʃie³²⁴ mu⁻⁵⁵ 什么

底 ti²¹⁴ 这（调值有时与阳平一样）

嗰 kei²¹⁴ 那（调值有时与阳平一样）

面 mien²¹⁴ 那（调值有时与阳平一样）

好 hɔɯ²¹⁴ 好

过劲 ko³¹ʧɯŋ³¹ 好

孏 tsan³¹（成绩、评价）好

过劲 ko³¹ʧɯŋ³¹/²¹⁴ 了不起

新 sin⁵¹ 新

满 mɔn²¹⁴ 满

大 tʰai³⁵ 大

小 siɔɯ²¹⁴ 小

细 sie³¹ 小

孟（多）mɔŋ⁵¹ 长

长 ʧʰɔŋ³²⁴ 长

圆 vien³²⁴ 圆

多 to⁵¹ 多

燥 tsɔɯ⁵¹ 干（~湿）

旱 Hɔn⁵¹ 干（~旱）

作燥（少）tsɔk²tsɔɯ⁵¹ 干（天旱）

热 nat⁵ 热（天气）

滚 kun²¹⁴ 热（水）

冷 lɯŋ⁵¹/liaŋ⁵¹ 冷

寒 Hɔn³²⁴ 冷

红 fuŋ³²⁴ 红

绿 liuk⁵ 绿

黄 vɔŋ³²⁴ 黄

白 pʰak⁵ 白

黑 hɯk² 黑

乌 vu⁵¹ 黑

唔 ŋ³²⁴ 不

一 iet² 全部

全（部）tsʰien³²⁴（pʰu³⁵）全部

一 iet² 一、全部

二 ni³⁵ 二

天 tʰien⁵¹ 天

风 fuŋ⁵¹ 风

雾 Mɯŋ³¹ 雾

雪 siet² 雪

冰 pin⁵¹ 冰

起硬构 ʃi⁻⁵⁵ŋaŋ³⁵keɯ³¹ 结冰

结冰 ʧat²pin⁵¹ 结冰

河 ho³²⁴ 河

江（少）kɔŋ⁵¹河

湖 fu³²⁴湖

海 hɔi³²⁴海

盐 iam³²⁴盐

尘灰 tʃʰen³²⁴fɔi⁻⁵⁵灰尘

灰尘 fɔi⁵¹tʃʰen³²⁴灰尘

年 nan³²⁴年

日 net²日

工 kuŋ⁵¹日

花 fa⁵¹花

草 tsʰɔɯ²¹⁴草

劈 lit²刺

水果 ʃui⁻⁵¹ko²¹⁴水果

头牲 tʰiu³²⁴saŋ⁻⁵⁵家禽（供品，指鸡鸭鹅）

畜生 tʃʰuk² saŋ⁻²⁴家畜

蛇 ʃa³²⁴蛇

肠 tʃʰɔŋ³²⁴肠

肠子 tʃʰɔŋ³²⁴tsɯ⁻⁵⁵肠

翼拍 iɯk⁻⁵pʰak²翅膀

棍子 kun³¹tsɯ²¹⁴棍

绳 ʃɯŋ³²⁴绳子

绳子 ʃɯŋ³²⁴tsɯ⁻⁵⁵绳子

细人子 sie³¹nen³²⁴tsɯ⁻⁵⁵小孩

细人 sie³¹nen³²⁴小孩

爸爸 pa³¹pa⁻²⁴父

爹 tia⁵¹父

姆妈 m̩³¹ma⁻²⁴母

姆婆 m̩³¹mei⁵¹母

姐 tsia²¹⁴母

老公 lɔɯ⁻³¹kuŋ⁻³¹夫

老婆 lɔɯ⁻⁵¹pʰo³²⁴妻

背 pɔi³¹背

脚 tʃɔk²下肢、脚

敆气 tʰeɯ⁻⁵⁵tʃʰi³¹呼吸

娭 hɔi³¹玩耍

娭造 hɔi³¹tsʰɔɯ³⁵玩耍

搞 kɔɯ²¹⁴玩耍

打搞 ta⁻⁵⁵kɔɯ²¹⁴打架（打着玩）

相打 siɔŋ⁻⁵⁵ta²¹⁴打架

吮 tsʰɔn⁵¹吮吸

啐 tsuit²吮吸

□tsip²吮吸

叶 tʰu³¹吐

呕 eɯ²¹⁴呕

吹 tʃʰui⁵¹吹

鼻 pʰi³⁵闻

听 tʰiaŋ⁵¹闻（被动）

笑 siɔɯ³¹笑

唱 tʃʰɔŋ³¹唱

搦 nak²拿

拿 na⁵¹拿

抓 tsa⁵¹抓

戢 tsep²抓

捉 tsɔk²抓

批 tsɯ⁵¹抓

掝 via²¹⁴抓

打 ta²¹⁴拷打

缚 pʰɔk⁵绑

缉 tʰiak²绑

绑（少）pɔŋ²¹⁴绑

捆 kʰun²¹⁴绑

捞 paŋ⁵¹拉

拉 lai⁵¹拉

扠 tsʰuŋ²¹⁴推

转 tʃɔn³¹/tʃʰɔn³⁵转

钉 tiaŋ⁵¹扔

拂 fit⁵扔

孟 maŋ³⁵扔

拍（孟入声）mak⁵扔

㧾 vɔi⁵¹扔

造 tsʰɔɯ³⁵扔

钢 kɔŋ³¹擦

捽 tsʰuit⁵擦

揩 kʰai⁵¹擦

□kʰie⁵¹擦

□ŋie³⁵擦（非主动）

斫 tʃɔk²砍

砍 = ŋaŋ⁵¹砍

剁 to³¹砍

斫（t 母）tɔk⁵砍

挖 vat²/via⁵¹挖

改 kɔi²¹⁴挖

擘 pak²撕

□seɯ³⁵撕

□suɯ³⁵撕

繗 lien³²⁴缝（动词）（对象为
衣服）

組 tan³¹缝（动词）（对象为被
子）

篸 tsam⁵¹缝（动词）（对象为

被子）

洗 sie²¹⁴洗

猎 liap⁵驱赶

跌 tiet²掉（掉落、丢失）

浮 feɯ³²⁴/pʰɔɯ³²⁴漂浮

流 liu³²⁴流

烂 lan³⁵腐烂

肿 tʃuŋ²¹⁴肿大

想 siɔŋ²¹⁴想

恬 min³¹想（沉思）

怕 pʰa³¹害怕

左边 tso⁻⁵¹pien⁻²⁴左边

右边 ieɯ³⁵pien⁻²⁴右边

渠 tʃie⁵¹他

渠多（人）tʃie⁵¹to⁻²⁴（nen⁻⁵⁵）
他们

渠当人 tʃie⁵¹tɔŋ⁻²⁴nen⁻⁵⁵他们

哪里 na²¹⁴ti⁻⁵⁵哪里

哪党岸 na²¹⁴tɔŋ⁻⁵⁵an³¹哪里

哪多【点】子 na²¹⁴to⁻⁵⁵（ti-
am⁻⁵⁵）tsɯ⁻³¹哪里

哪坊【滴】子 na²¹⁴pʰiaŋ⁻⁵⁵
（tiat⁵）tsɯ⁻³¹哪里

底多【点】子 ti²¹⁴to⁻⁵⁵（ti-
am⁻⁵⁵）tsɯ⁻³¹这里

底党岸 ti²¹⁴tɔŋ⁻⁵⁵an³¹这里

底坊【滴】子 ti²¹⁴pʰiaŋ⁻⁵⁵
（tiat⁵）tsɯ⁻³¹这里

啯多【点】子 kei²¹⁴to⁻⁵⁵（ti-
am⁻⁵⁵）tsɯ⁻³¹那里

啯坊【滴】子 kei²¹⁴pʰiaŋ⁻⁵⁵

（tiat⁵）tsɯ⁻³¹那里

　嗰当岸 kei²¹⁴tɔŋ⁻⁵⁵an³¹那里

　面多【点】子 mien²¹⁴ to⁻⁵⁵

（tiam⁻⁵⁵）tsɯ⁻³¹那里

　面坊【滴】子 mien²¹⁴ pʰiaŋ⁻⁵⁵

（tiat⁵）tsɯ⁻³¹那里

　面当岸 mien²¹⁴tɔŋ⁻⁵⁵an³¹那里

　面坊【滴】子 mien²¹⁴ pʰiaŋ⁻⁵⁵

（tiat⁵）tsɯ⁻³¹那里

　让儿地 nɔŋ³⁵ni³¹ti⁻⁵¹怎么

　屁 siuŋ³²⁴（质量）次

　哟 io³¹（质量）次

　凝 ŋɯŋ³²⁴愚蠢

　木 muk²愚蠢

　愚 ŋo³¹愚蠢

　係 hei³⁵正确

　□naŋ³²⁴短

　短（少，只出现在"屈短"
里）tɔn³²⁴短

　厚 heɯ⁵¹厚

　薄 pʰɔk⁵薄

　阔 kʰɔt²宽

　狭 hap⁵窄

　直 ʧʰɯk⁵直

尖 tsiam⁵¹尖

重 ʧʰuŋ⁵¹重（重量）

少 ʃɔɯ²¹⁴少

远 vien³²⁴远

近 ʧʰen⁵¹近

湿 ʃep²湿

邋遢 lap² tap²肮脏（不讲卫
生）

鏖糟 vo³¹/o³¹tsɔɯ⁻³¹肮脏

生个 saŋ⁵¹ kei³¹活的

活个 fɔt⁵ kei³¹活的

老 lɔɯ²¹⁴年老

係 hei³⁵在（表所在空间）

係 hei³⁵在（表所在时间）

係嗰 hei³⁵ kei²¹⁴在（表进行）

若【一】管 iɔk²（iet²）
kɔn²¹⁴如果

假生 ka⁻³¹sɯŋ⁻³¹如果

因为 ien⁵¹ vi³²⁴因为

因 ien⁵¹因为

数 su³¹数（名词）

三 san⁵¹三

四 si³¹四

五 ŋ̍²¹⁴五

第 四 章

宁都方言语法

方言语法包括方言中具有自身特色以及同共同语一样的两类语法现象。方言语法需要比较方言和共同语来考察。本章分析宁都方言语法的主要特点。

第一节　词法的主要特点

本节考察宁都方言的名词、动词、形容词、数量词、代词和副词、介词、语气词等各类词语的特点。

一　名词

（一）名词前缀

1. 第

在用法上和普通话基本一样，如"第一、第二、第三……第十"。

2. 初

用法上也和普通话基本一样，如"初一、初二、初三……初十"。

3. 老

"老"的用法与普通话有同也有异。相同之处是都可以用在姓氏前说"老王、老张"，另外"老虎、老鼠、老师、老大"也与普通话相同；相异之处是宁都的"老"还能放在亲属称谓前说"老弟弟弟、老妹妹妹、老伯哥哥"。

（二）名词后缀

1. 子

"子"是和普通话相同的名词后缀。宁都方言中有一些与普通话相同的以“子”为后缀的名词，如“桌子”“杯子”等，“子”一般读本调；同时也有一些普通话所没有的词语。属于人名称呼的，如：

齉鼻子老流鼻涕的人	嚎数子爱哭的人	嗲宝子爱撒娇的小孩
哑子哑巴	□ŋo³¹子傻子	瘸子瘸腿的人

有属于表动物名词的，如：

鸟子鸟儿	蠛子蠓蠛	乌翼子乌鸦
鸡子鸡	鸭子鸭	灶鸡子灶蟋蟀

有属于表物名词的，如：

酒子酒娘	毫子硬币	果子饼干等零食
桷子椽子	枋子木板	甑子蒸饭的甑

“子”还可以附于某些名词的重叠式后，构成具有表小意味的名词。如：

棍棍子棍子	虫虫子木板	勺勺子勺子
眼眼子眼儿	鸟鸟子小鸡鸡	头头子头儿

2. 头

“头”也是和普通话相同的名词后缀。宁都方言中有一些与普通话相同的以“头”为后缀的名词，如“斧头”等，也有一些普通话所没有的词语。如：

搭头凑足斤两的东西	镬头锅	菜头萝卜
食头吃头	布头布碎	日头太阳

3. 脑

用于少数名词后，意义已经虚化，指那些圆形的、粗大的事物。例如：

脚趾脑脚趾	膝块脑膝盖	手指脑手指
灶脑灶	屋脑屋顶	墓脑墓地

4. 老

这是一种特殊的后缀“老”（训读），附于某些成分之后有表小称的意味。它的用法有时用于单音名词叠音式 NN 之后，为名词，有小称意味，也略有轻蔑或不愿直说的意味。例如：

渣渣老渣	脚脚老液体剩余物	眼眼老眼儿
梗梗老梗	蔸蔸老主根	壳壳老外壳

舷舷老_{边沿}	洞洞老_洞	巴巴老_{锅巴}
疕疕老_痂	角角老_{角落}	脑脑老_{事物的头部}

有时用于单音动词叠音式 VV 之后，为名词，有小称意味，略有一时忘记称说的意味。例如：

提提老_{提手}	把把老_{把手}	撮撮老_{撮箕}

5. 佬、鬼、客、觜坨

"佬"一般附于男性人称名词之后，可分为四类。（1）附于一般人名后，可用于面称。（2）附于地名后，指某地人。（3）附于某些形容词、名词之后，指称某类人。（4）附于某些表职业的名词后，指从事某种职业的人，常含鄙视的意味。这种用法两地都有。例如：

（1）小华佬、海明佬、水生佬、春发佬

（2）四川佬、美国佬、德国佬、广东佬

（3）癫佬、死佬、□ŋo³¹佬_{傻子}、跛脚佬

（4）作田佬、猪牯佬、打铁佬、撑船佬

"鬼"最初实义是指人死后的灵魂，但在用来骂人的时候，意义有所虚化，指称有某些不良嗜好或行为特点的人。例如，烟鬼、酒鬼、饿死鬼、癫鬼、短命鬼、称＝调＝鬼_{顽皮的人}。

"客"常指某一类人，有的为中性，例如"女客_{姑娘}"，更多带贬义，例如"赖死客、老烟客"。"客"的能产性较低。

"觜坨"一般附于男孩单字名称后，具有亲昵色彩。如"三生"可称为"三觜坨"，"爱平"可称为"平觜坨"。

6. 牯、公、婆、牯佬

"牯""公""婆"是宁都方言中表示动物性别的名词后缀。其中"公"与普通话相同，但语序不一样，宁都方言的"公"做后缀。

宁都方言中"牯""公"构成雄性动物名称，"牯"主要用于畜类，"公"主要用于禽类。

牛牯_{公牛}	猪牯_{公猪}	狗牯_{公狗}
鸡公_{公鸡}	鸭公_{公鸭}	鹅公_{公鹅}

有些不常见或不需辨别性别的畜类，表示雄性动物名称时通常用"牯"，但也会受普通话影响而用"公"。如：

羊牯_{公羊}	羊公_{公羊}	猫牯_{公猫}	猫公_{公猫}

"婆"构成雌性动物名称,用于畜类和禽类。

牛婆母牛　　　　　　　猪婆母猪　　　　　　　狗婆母狗

鸡婆母鸡　　　　　　　鸭婆母鸭　　　　　　　鹅婆母鹅

"牯""婆"有时会延伸指人的性别。通常"牯"表男性,"婆"表女性。如:

贼牯男性小偷　　　　　聋牯男性聋子　　　　　□ŋo³¹牯男性傻子

贼牯婆女性小偷　　　　聋婆女性聋子　　　　　□ŋo³¹婆女性傻子

"牯" "婆"还有不表自然性别的用法。性别界限也已模糊。但"牯"多指具有"阳刚"特点的事物,"婆"指具有阴柔、圆润特点的事物。

拳头牯拳头　　　　　　膝头牯膝盖　　　　　　石牯石头

狗婆蛇蜥蜴的一种　　　虱婆虱子　　　　　　　笠婆斗笠

有时表男性的"牯"和上面的"佬"构成复合词缀,常指幼年男性。如:伢牯佬、□ŋo³¹牯佬、明牯佬。

(三) 方位词的构成

方位词表示方向、位置。根据结构特点,方位词可以分为单纯方位词和合成方位词。宁都方言中的单纯方位词有:

a. 东、南、西、北

b. 上、下、前、后、左、右、里(t母)、外

c. 边、背、口、头

c组的"口""头"组词能力较差。

合成方位词主要是在上面一些单纯方位词后加"边""高""上""下"等。a组单纯方位和b组的"左""右""外"后加"边"构成"东边""西边""南边""北边""左边""右边"。b组的"上""下""前""后""外"和c组的"背"单纯方位词后加"高",构成"上高""下高""前高""后高""外高""背高"。c组的"边"和b组的"上"构成"边上"。

另外还有一些合成方位词,如:豚下、底下、脚下、中间、当中、内nan³⁵高、舷上、脑上、侧边、侧岸、面前。

二 动词

宁都方言动词的语法特点主要从动词的"体"方面考察，同时讨论几个有特点的动词的用法。

（一）几个有特点的动词

1. 助动词"有本事""有本""冇本事""冇本""敢""……得"

宁都方言中有与普通话词形和用法基本一样的一些助动词。其中表示可能的"可能""会"，表示允许的"可以"，表示意愿的"敢""愿意""肯"，表示事实或情理需要的"该""应该""应当"。下面主要考察几个与普通话构成和用法不一样的助动词。

（1）"有本事""有本""冇本事""冇本"

"有本事""有本"表示"能够、能"的意思。

①渠有本事爬上去。他能爬上去。

②一箸米有本做到五斤饭。一升筒米能做成五斤饭。

"有本事""有本"的否定形式为"冇本事""冇本"。

③外高係啯落雨，冇本事做操。外面在下雨，不能做操。

④两工子人工冇本结完猪栏。两天时间不能砌完猪圈。

（2）"敢"

这里主要讲述与普通话不同用法的"敢"。宁都方言"敢"可以表示"能、能够、可以"的意思。

⑤唔敢动偓个书哈。不能动我的书啊。

⑥底多子敢进来，冇什人管。这里能进来，没有谁管。

⑦唔敢嚎，外高有马面虎子。不能哭，外面有马熊。

（3）补语"得"

"得"放在动词后，表示"能……"，如"食得能吃""留得能留""卖得能卖"。

2. 允任义动词

允任义动词是指表允许、听任的动词。这里要简析"尽 tsin²¹⁴""随 tsʰɯ³²⁴/tsʰi³²⁴""随如 iu³²⁴"三个词。

⑧唔要织₌啊，饭尽你食。不用担心啊，饭任你吃。

⑨偓冇偷₌来，尽你搜都做得。我没偷，来呀，任你搜都行。

⑩随渠咁地，唔会跌下来。任它那样，不会掉下来。

⑪你看你，咧咧些些不严肃，什么都随与渠。

（二）动词的"嵌 l"形式

宁都方言的单音节动词前可以嵌入一个由"l"声母和该动词韵母构成的衍音音节，然后再重复该组合，形成 BVBV（V 为动词，B 为衍音）形式。新音节的声调通常和原动词的一致，少数会变成高升调或高的入声调。动词的"嵌 l"式常带贬义色彩。例如：

lɔn³¹窜 lɔn⁵³窜（到处窜）　　　　　lɔɯ³⁵摇 lɔɯ³⁵摇（大摇大摆）

lai²¹⁴跛 lai²¹⁴跛（一摇一跛）　　　lak⁵划 lak⁵划（双手划动）

lo⁵¹拖 lo⁵¹拖（拖拖拉拉）　　　　　lɔŋ³¹昂 lɔŋ³¹昂（昂首挺胸）

lɛɯ³⁵扭 lɛɯ³⁵扭（做作的样子）　　luŋ³⁵耸 luŋ³⁵耸（毛毛糙糙）

少数动词的"嵌 l"式可以逆转为 VBVB。如"lɔɯ³⁵掉 lɔɯ³⁵掉（一摇一晃）"，可逆转为"掉 lɔɯ³⁵掉 lɔɯ³⁵（一摇一晃）"。

（三）动词的体

"体"是一种语法范畴，它表示动作或过程在一定时间内处于何种状态的动词形式。下面将就完成体、已然体、将然体、进行体、持续体、经历体、重行体、起始体、继续体等进行描述。

1. 完成体、已然体和将然体

完成体表示动作和行为的完成。已然体表示动作、行为所产生的状况或事件的状态已经成为事实。将然体表示事态将出现变化。

（1）呃

宁都方言的"呃"，读 [ei·l]，轻声，在语流中可有 [vei □ ~ iei □ ~ kei □] 的变体。它可以用于完成体，相当于普通话的"了₁"，也可以用于已然体，相当于普通话的"了₂"。此处把相当于"了₁"的标为"呃₁"，把相当于"了₂"的标为"呃₂"。

⑫𠊎食呃₁昼饭。我吃了午饭。

⑬百生开头□ₙᵤɯ₃₁吼呃₁几句，背高呃又冷牯肃静。百生开始吼了几声，后面又不吱声了。

⑭前几工𠊎到岭上斫呃₁柴，底回唔去去。前几天我到山上砍了柴，这回不去了。

⑮队底个账算正呃₂。生产队里的账算好了。

⑯渠从城底转来呃$_2$。他从城里回来了。

⑰嗰多菜全部食呃$_2$。那些菜全部卖掉了。

（2）去

宁都方言的“去”，读［ʃie[51]］，阴平。它可以用于已然体，相当于普通话的“了$_2$”，也可以用于将然体。此处把已然体的标为“去$_1$”，把将然体的标为“去$_2$”。

⑱妹子去呃$_1$三工去$_1$。妹妹去了三天了。

⑲追唔倒去$_1$，来去归。追不上了，回去吧。

⑳明朝照去斫柴去$_2$？明天要不要去砍柴了？

㉑来落雨去$_2$。快下雨了。

2. 进行体和持续体

进行体表示动作正在进行。宁都方言的进行体一般用“係嗰在那儿”表示。

㉒渠係嗰做事，唔要喊渠。她在干活，别喊她。

㉓打都转去唔了去，外高係嗰落雨。这下回去不了了，外面在下雨。

持续体表示动作产生的状态的持续。宁都方言的进行体一般用“呃”“紧”“稳”“住”“倒”表示。表持续的“呃”标为“呃$_3$”。

㉔门上贴呃$_3$一副对联。门上贴着一副对联。

㉕偓做紧事，唔闲得。我在干活，没空。

㉖你坐稳来，我有多子事先行。你坐着，我有点事先走。

㉗徛住下，偓去换烂底张票子来。站着（等一会儿），我去把这张钞票换开。

㉘遃＝倒河塝来行。沿着河岸走。

宁都方言里，有时不需要用体标志也能表示动作的持续，而只需重复三次该动词。如：

㉙话话话就到呃。说着说着就到了。

3. 经历体和重行体

经历体表示动作、行为曾进行过，但这个动作、行为并未持续到现在。重行体表示重复已发生过的动作。经历体、重行体标志都为“过”字。经历体的“过”我们标为“过$_1$”，重行体的“过”标为“过$_2$”。

㉚底本书偓看过$_1$呃。这本书我看过了。

㉛北京啊渠去过$_1$。

㉜底个菜咸掉呃，炒过$_2$碗。这碗菜太咸了，重炒一碗。

㉝嘓只题目做错掉呃，做过$_2$。那个题目做错了，重做一遍。

4. 起始体、继续体

起始体表示动作、行为的开始。继续体表示动作、行为继续进行。宁都方言起始体用“上来呃”；带宾语则为“上N来（呃）”，其中的“上”可以换为“起、倒、紧、稳”等“N来（呃）”。继续体用“下去”或“得去”。

㉞底几工又热上来呃。这几天又热起来了。

㉟渠又开始鸟上脚来。他又开始悬起脚来。

㊱再顶地落下去，田底个禾全部会浸掉。（雨）再这样下下去，田里的稻子全都会淹没。

㊲顶地食得去，唔要过三工都冇食。这样吃下去，不用过三天就没吃的了。

三　形容词

宁都方言形容词的语法特点主要从形容词的构成方式方面进行描述。

（一）形容词的生动形式

1. “XA”式

宁都方言许多单音节形容词前面都可以加上一个描写性的语素构成“XA”格式，此格式词语比相应的单音节形式具有更强的程度。例如：

a. 笔直　飘轻　溜滑　墨黑　雪白　涸浊

b. 坡松　揪韧　津甜　喷香　荡青　轮尖

　遮酸　蜡湿　伯滚　泻白　习嫩　晃红

　蹉乌　荚青　梆硬　瘪软　壳糟　啰长

a组中的“X”都具有实在的意义，b组中的“X”有音无义。

2. “XXA”式

宁都方言上述形容词的“XA”格式一般都能重叠而构成相应的“XXA”格式。“XXA”在生动的程度上比“XA”格式更深。例如“坡松”是很松软的意思，则“坡坡松”是极松软、非常松软的意思。“喷喷香、轮轮尖、蜡蜡湿、伯伯滚、蹉蹉乌、荚荚青、邦邦硬、啰啰长、跳跳踮、习习薄”。

3. "AX" 式

宁都方言有些单音节形容词后面都可以加上一个描写性的语素构成
"AX" 格式，此格式词语比相应的单音节形式具有更强的程度 "X" 对形
容词具有一定的补充性。例如：

软谑　　韧青　　硬嘀　　滚刺　　直溜　　早气

4. "AXX" 式

白谢谢　轻飘飘　硬邦邦　硬壳壳　青荚荚　软瘪瘪　乌蹉蹉　红
掫掫

5. "X 古 XA" 式

揪古揪韧　津古津甜　轮古轮尖　遮古遮酸　蜡古蜡湿　习古习嫩
晃古晃红　蹉古蹉乌　荚古荚青　梆古梆硬　瘪古瘪软　飘古飘轻

(二) 形容词的特别格式

1. "ＡＡ试地" 式

这种格式的形容词生动形式和原来的单音节形容词相比，表示的程度
有所弱化。这种格式的词语包含一定的主观评估和感受的成分，并且说话
人在表达自己的评估和感受时可以直接说出，不需遮掩。能进入这种格式
的词较少，这些词通常是一些消极意义或中性意义的词。"地" 音为 "ti、
tɯ"，轻声。(下同) 例如。

白白试地　旧旧试地　远远试地　懒懒试地　红红试地　轻轻试地
聋聋试地

2. "ＡＡ似地" 式

这种格式的形容词生动形式也表示程度的弱化，也含有一定的主观评
估和感受。但是和 "ＡＡ试地" 格式相比，说话人在使用这种格式时通
常有所顾忌，不能那么痛快地说出。大部分单音节形容词能进入这种格
式，也通常是一些消极意义或中性意义的词。例如：

白白似地　聋聋似地　早早似地　大大似地　青青似地　聋聋似地
晏晏似地　斜斜似地　冷冷似地　热热似地　痛痛似地　酸酸似地　臭臭
似地　狭狭似地

3. "ＡＡ地" 式

这种格式的形容词生动形式也表示程度的弱化，含有一定的主观评估
和感受，但比起 "ＡＡ试地" "ＡＡ似地" 格式来，主观性更弱。大部分

单音节形容词能进入这种格式，通常是一些消极意义或中性意义的词。例如：

红红地　腥腥地　软软地　细细地　黑黑地　欹欹地

萎萎地_{无精打采}　慢慢地　旧旧地　溜溜地_{称物体秤时尾低}　浊浊地

4．"大/细＋量词"式

大只——细只　　大担——细担　　大碗——细碗

大桶——细桶　　大头——细头　　大块——细块

这种格式的形容词生动形式的语法功能是做谓语、补语和定语。

①底只鱼子蛮大只。_{这条鱼很大。}

②大步多子行过去。_{步子迈大一点。}

③偓要嗰张大张个。_{我要那张大的。}

如果重叠"大/细＋量词"格式，构成"大大张、细细张地"一类格式，则表示程度加深，起到进一步强调的作用。通常"细＋量词"格式的重叠，背后需加"地"字。

④菜大大派食进去。_{菜大把大把吃下去。}

⑤沙大大车载得去。_{沙子一大车一大车装去。}

⑥红红生呃细细只地。_{红红（个子）长得小小的。}

5．"嵌 l"式

单音节形容词的"嵌 l"衍音式是"BA 地"。B 为衍音，声母是 l－，韵母为原形容词的韵母，声调通常同于原形容词。"地"音为"ti、tɯ"，轻声。形容词的"嵌 l"式带有消极意义。例如：

liu^{35}皱地（歪斜）　　lai^{214}拐地（歪的）　　lat^{5}杂地（繁杂）

lat^{2}缺底（缺损）　　lai^{214}跛地（不平）　　la^{35}射地（向外突出）

lɔɯ^{324}聱地（歪斜）　　lia^{324}斜地（不平）　　lien^{214}扁地（扁扁的）

四　代词

（一）人称代词

（1）人称代词的单复数形式

宁都方言的人称代词系列如下：

表 4-1   宁都方言的人称代词

人称代词	宁都方言
我	𠊎 [ŋai⁵¹]
我们	𠊎多 [to²¹⁴]、𠊎多人、侬 [nuŋ⁵¹]、侬多、侬多人
你	你 [ni⁵¹]
你们	你多、你多人
他	渠 [ʧ'ie⁵¹]
他们	渠多、渠多人

宁都方言的人称代词单数是"𠊎、你、渠",复数形式通常在单数后加"多",较随意的形式会加"人"。第一人称复数"𠊎多、𠊎多人"既有包括式,也有排除式,而"侬、侬多、侬多人"只有包括式。

①渠话呃,今朝你可以唔要去去。他说了,今天你可以不用去了。

②底本书𠊎会帮你搦等渠。这本书我会帮你拿给他。

③你看,𠊎多个比你多个更大滴子。你看,我们的比你们的更大一点。

④明朝轮到渠多扫地。明天轮到她们扫地。

⑤𠊎多个唔係五楼。我们的比你们的更大一点。

⑥七点钟去,侬多去食饭。七点钟了,咱们去吃饭。

宁都方言的人称代词的读音会互相感染,都读成阴平调。

(2) 人称代词的属格

宁都方言人称代词属格是在人称代词后加后缀"个"。如"𠊎个、你个、渠个""𠊎多个、𠊎多人个、侬个"。

(3) 别称代词、共称代词和自称代词

表 4-2   宁都方言的别称代词、共称代词和自称代词

普通话词汇	宁都方言
别人	人(又音ŋ)家、别人(又音ŋ)家、别郎【梁】家、别人
大家	大齐家、咁多人、大家
自己	自家

(二) 指示代词

宁都方言指示代词通常可分为近指指示代词和远指指示代词两类,按

结构语素分又可分为单纯指示代词和合成指示代词。其中最基本的是两套单纯指示代词（调值有时是324，近阳平）：

近指　　　　　　　　　　　远指

底（训读 ti^{214}）　　　　　　嗰（训读 kei^{214}）

顶（训读 tin^{214}）　　　　　　咁（训读 kan^{214}）

上面两套单纯指示代词可看作是同一对指示代词的两种不同的语法形式。第一套是体词性的，指代时间、处所、事物等。第二套是谓词性的，指代方式、程度等。从语法形式看，它们是通过增加韵尾和改变声调的方式来表达不同的语法意义。

单纯指示代词与其他语素组合构成若干合成指示代词，指代事物、时间、处所、方式、程度等。

宁都方言还有一类中性指示代词"面"（调值有时是324，近阳平），它指的是说话人面对着的人、物等。既可以指近也可以指远。它的各种单纯指示代词形式相同，合成指示代词形式构成方式同于近指和远指代词。

宁都方言指示代词如下表所示。

表4-3　　　　　　　　　　宁都方言指示代词

		近指	中性	远指
单纯指示代词	处所	底	面［mien^{214}］	嗰
	事物	底	面	嗰
	方式、性质和程度	顶	面	咁
合成指示代词	时间	底令间	面令间	嗰令间
	处所	底点（子）、底块子、底坊子、底央子、底坑子、底多子、底当岸、底滴子	面点（子）、面块子、面坊子、面央子、面坑子、面多子、面当岸、面滴子	嗰点（子）、嗰块子、嗰坊子、嗰央子、嗰坑子、嗰多子、嗰当岸、嗰滴子
	事物	底个【只】、底样【种】、底多（子）、底滴（子）、底点（子）	面个【只】、面样【种】、面多、面滴（子）、面点（子）	嗰个【只】、嗰样【种】、嗰多、嗰滴（子）、嗰点（子）
	方式、性质和程度	顶地、顶样、顶让	面地、面样、面让	咁地、咁样、咁让

⑦你个係底，渠个係面，偓个係嗰。你的在这，他的在那（或这），我的在那。

⑧渠撞日底令间早都到呃城里。她昨天这时候早就到了城里。

⑨底多书放打底坊子，面多书放打嗰坊子。这些书放在这儿，那（或这）些书放在那儿。

⑩三生座底多，偓座嗰多。三生分得这些，我分得这些。

⑪看到来，要顶地做，唔係咁地。看着，要这样做，不是那样做。

（三）疑问代词

宁都方言疑问代词包括八类：（1）询问事物类属的。（2）询问人物的。（3）询问处所的。（4）询问数量的。（5）询问程度的。（6）询问时间的。（7）询问性质、状态、方式的。（8）询问目的、原因的。

（1）询问事物类属的

用"什么"音 $[\int em^{324} mu^{-55}]$。例如，嗰个係什么？那个是什么？

（2）询问人物的

用"什 $\int em^{324}/\int ie^{324}$ 人、哪个"。例如，什人係李明？谁是李明？——哪个係李明？谁是李明？

（3）询问处所的

用"哪、哪点（子）、哪块子、哪坊子、哪央子、哪坑子、哪多子、哪当岸、哪滴子"。例如：你去哪多子？你去哪里？

（4）询问数量的

用"几、几多（地）"例如，你有几姐妹？你有几兄妹？几多底票子一斤？多少钱一斤？

（5）询问程度的用"几"。例如，嗰只猪几大地？那个猪多大？

（6）询问时间的

用"哪令间、几时"。例如，渠哪令间去？她什么时候去？

（7）询问性质、状态、方式的

用"糯尼地、让尼地"，"糯尼"音 $[no^{35} ni^{31}]$，"让尼"音 $[n\mathrm{ɔ}\eta^{35} ni^{31}]$。例如，糯尼地做？怎么干？

（8）询问目的、原因的

用"做什 $\int em^{324}$ 么、做什 $\int ie^{324}$、糯尼（地）、让尼（地）"。例如，让尼地唔做事？怎么不干活？

五　数量词

数量词包含数词和量词。宁都方言数量词的语法特点主要从数量词的省略、数词"二""两"的使用、量词的重叠和数量词短语表约数四个方面进行描述。

（一）数词和量词的省略

1. 数词的省略

复合数词有十、百、千、万、亿等两个或两个以上位数词而个位数为零时，宁都方言可以把最后的位数词省略。例如，"130""4500""69000"和"71200"能说成"一百三""四千五""六万九"和"七万一千二"。

两位数的数词如果其系数词为"一"，这个"一"可以省略。例如"17""19"可以说成"十七""十九"。

系数词"一"的后面带有量词，有能省略"一"的说法。第一，当"一"后带某些度量衡量词（包含那些由名词借用的临时量词）并且它后面带有"半"的结构时，"一"可以省略。例如，"1 斤 5 两"能说成"斤半"，"一担半"能说成"担半"，"一箸升筒半"能说成"箸半"。第二，当"一 + 量词 + 名词"结构里的名词无定指时，数词"一"能够省略。例如，"搦张刀等倻拿一把刀给我。"

2. 量词的省略

由数词加度量衡量词构成的两个数量结构连用，后一结构的量词能够省略。例如"5 元 9 角"能说成"五块九"，"3 斤 2 两"能够说成"三斤二"。

（二）数词"二"和"两"的使用

用作序数时，只能用"二"。例如，"第二"不能说成"第两"，"二楼"不能说成"两楼"。

个位数上的基数只说"二"，不说"两"。如，"二""三十二""四百〇二"。

系数词"十"之前、之后都只能用"二"，不能用"两"。不管这些数字是两位数、三位数或三位数以上。如"二十二"不说"两十两"；"二百二十二"不说"二百两十两（或两百两十两）"，可以说成"二百二十二（或两百二十二）"。"三千二百二十二（或三千两百二十二）"不说"三千二百两十两（或三千两百两十两）"。

"二十"或"二十二"置于"万、亿、万亿、亿亿……"之前也都只能用"二"，不能用"两"。

三位数或三位数以上的系数词"百、千、万……"之前既可用"二"，又可用"两"，如"二百二十"可说"二百二十"，也可说"两百二十"。"二千四百"可说"二千四百"，也可说"两千四百"。"二万三千"，可以说"二万三千"，也可说"两万三千"。

但如果"百、千、万……"之后没有别的数字，一般用"两"，如"200、2000、20000"，不说"两百、两千、两万……"只说"二百、二千、二万……"

"×百×十""×千×百""×万×千"这些"十""百""千"倍数的数字，第二个"×"后的"十""百""千"可以省读，当"十""百""千"等省读后，只能用"二"，不能用"两"。如"二千二""八万二"，不说"二千两""八万两"。

与量词组合时，度量衡单位"两"前只能用"二"，其余的度量衡单位前多用"两"，而少用"二"。量词前很少用"二"，如可以说"二两"，不说"两两"，可以说"两斤""两钱"，少说"二斤""二钱"。可以说"两本"，不说"二本"。

（三）"数词＋量词＋子""相邻数词＋量词＋地"和"量词＋把＋地"的使用

1. "数词＋量词＋子"结构

这种结构有表小、表少的意味。含有"只有"的意思。例如：

三斤子只有三斤　五管子　八只子　六桶子　四两子　七间子

二十三本子　九十件子　十担子　两张子　六十茎子　一百块子

2. "相邻数词＋量词＋地"结构

这种结构表示主观的估量。含有"大约"的意思。例如：

一两只地大约一两个　五六十把地　三四个地　六七钱地　两三百地

四五包地　九十盒地　七八本地　八九页地　三四千乘地　七八百枚地

3. "量词＋把＋地"结构

"量词＋把＋地"结构表示数量少。例如：

丘把地_{一块地左右}　缸把地（麻糍）　笼把地　箱把地　镳把地

桌把地　顶把地　地　八九页地　三四千乘地　七八百枚地

（四）数词重叠式

宁都方言的部分量词能够重叠，前面的数词为"一"，后附成分为"子"。表小或表少。例如：

a.（一）截截子_{一小截}　　　　（一）了了子_{一小缕}

（一）培培子_{一小堆、一小摊}　　（一）坊坊子_{一小片}

b.（一）点点子_{一点点}　　　　（一）津津子_{一点点}

a组量词表示物体的性状，b组量词表示数量。它们能够做定语。如"一截截子蔗""一了了子猪肉"。b组量词还能够做补语，同时不必用数词"一"，如"切津津子"。

宁都方言的量词（或一些位数词）能够重叠而带嵌入成分"似_{sɯ35}""打"。嵌"似"的表示"近……"，嵌"打"的表示"近……""几乎……"或"一个（量词）又一个（量词）"等意思。

罂似罂　亩似亩　里似里　丈似丈　百似百

只打只　回打回　钵打钵　磓打磓　万打万

堆打堆　栅打栅　皮打皮　筒打筒　斤打斤

重叠的量词包括名词借用的量词和动量词。

六　副词

副词主要的功能是修饰谓词性成分作状语，表示时间、范围、程度、语气、肯定、否定、方式等意义。本部分主要考察宁都方言的否定副词和程度副词的用法。

（一）否定副词

宁都方言中单音节形式的否定副词有"唔""冇""旷"，分别音〔ŋ³²⁴/m̩³²⁴〕、〔mɔɯ³²⁴〕、〔maŋ³²⁴/mɔŋ³²⁴〕。双音节形式的有"唔要"，音〔ŋ³²⁴ nɔɯ⁻⁵¹〕。

唔：相当于普通话的"不"，表示对行为、意愿、性质等的否定，可以单独回答问题。例如，唔要咁底做_{不要那么做}；唔认得_{不认识}。

冇：相当于普通话的"没、没有、不"，表示对行为意愿、存在等的否定，可以单独回答问题。冇落雨没下雨；冇蚊子没有蚊子；冇平不平整。

盲：相当于普通话的"没、没有、不"，表"不"义时可与"係"组合，为"盲係"。例如，肉盲煮烂肉没煮烂；盲係渠不是他。

唔要：相当于普通话的"不要、不用"。例如，认真上课，唔要动认真上课，不要动；块把地票子渠唔要还块把钱不用还。

（二）程度副词

程度副词修饰性质形容词和部分动词，表示程度的高低。宁都方言的程度副词主要有"蛮""恶""老老""忒过""几 A［V］地""几多"和"唔晓几 A［V］地"。

1. 蛮、恶

宁都方言的"蛮"表示程度高，大致相当于普通话的"很"。例如：

蛮香　　蛮孟长　　　蛮恶　　蛮溜霤利索

蛮想　　蛮食得能吃　　蛮后　　蛮高哉自以为了不起

"恶"的用法、意义基本相当。"蛮"稍微更大众化。

恶臭　　恶高　　　　恶善　　恶萎不利索

恶会　　恶睡得能睡　　恶前　　恶伶俐干净

2. 老老、忒过

"老老"表示程度超过某种度，人们不太能接受。带有消极、抱怨的色彩，大致相当于普通话的"太"。能被"老老"修饰的词语较少。例如：

老老远　　老老贵　　老老早　　老老重

"忒过"也有过度的意思用法。意思近似于"太"。

忒过湿　　忒过懒　　忒过会食　　忒过辣　　忒过勤勤劳过头了

有时对于某些人的恶行、恶言，人们无法用语言来表达或气得无话可说，可以省略"忒过"后的形容词，直接说"忒过掉呃太过分了"。

3. 几 A［V］地、几多、唔晓几

"几 A［V］地"表示程度深，通常依附于别的分句后，含有强调的意味。例如，"你看玲玲几听话地""你看底件衫几标致地""你看别人几会地"。"几 A 地"在某些语境下，可修饰名词。例如，（语境，大树被砍了很可惜）"几大地个树喔"，（语境，某人实在懒惰）"几懒地个人喔"。

上述"几 A［V］地"的第一种用法，基本可以用"几多"代替。

例如，"你看玲玲几多听话""你看底件衫几多标致""你看别人几多会话"。

"唔晓几"的意思是"不知道多……"，修饰谓词性成分，表示程度特别深，并且饱含个人的感情色彩。但是，随着这种说法的泛化，有时它就和普通的程度副词"蛮""恶"用法差不多，叙述较为客观，表示"非常、很"的意思。例如，"广州唔晓几大地！""嗰只湖坑唔晓几臭地！"

七　介词

介词置于名词、名词性的代词和某些短语前，与它们组成介词短语，从而修饰动词、形容词等。

宁都方言中有一部分介词用法同于普通话。这些介词有"从""自从""到""拿""用""对""比""按""照""像"等。例如：

从：从后年算开始。（表示时间）

　　从半岭腰开始行。（表示处所）

自从：自从渠有呃钱再都冇来过。（表示时间）

到：一年做到尾。（表示时间）

拿：拿罂子装。（表示工具）

用：用筒管量。（表示工具）

对：渠蛮有大义_{他很有孝心}，对大人实在好。（表示对象）

比：比蛇都更懒。（表示比较）

按：按倨话个咁地去做。（表示依据）

照：照你顶地话时，侬多有赢啰。（表示依据）

像：像你面地时，狗都会脱毛。（表示依据）

宁都方言中有一些介词用法不同于普通话。主要有：

1. 係

表示处所。相当于普通话的"在"。例如：

係：渠係鹅婆磜住。

　　倨嗰那本书记得放係你嗰那里。

2. 打

表示处所，是一种"使然"的结果，即人们发出某种动作使得它处于某个地方，意思是"在、到"。"打"念 [ta^{214}/ta^{31}]。例如：

打：□_{tut2} 打底_{放在这儿。}

钉打_{扔到河底。}

3. 蔗、蔗倒

"蔗"，意思为"沿着、顺着"，有时可以解释为"趁、趁着"。"蔗倒"意思是"沿着、顺着"。例如：

蔗：猫子蔗_{沿着、顺着}河塝走掉呃。

烧鱼要蔗_趁滚食。

蔗倒：蔗倒_{沿着、顺着}面茎细路来行。

蔗倒_{顺着}风向来骑。

4. 当倒、对倒

"当倒""对倒"做介词，表示对象。意思是"当着""对着"。例如：

当倒：你有本事当倒渠个面来话。

对倒：跪倒来，对倒天来祝誓。

第二节　句法特点

句法是组词造句的规律，包含句子的构成、句子成分和句子类型等内容。本节通过宁都方言与普通话的比较，着重分析宁都方言的有关句式和语序方面的主要语法特点。

一　句式

这部分分析宁都方言的处置句、被动句、双宾句、比较句和"来""去"句。

（一）处置句

普通话的处置句是通常讲的"把"字句，如"雨把路面冲刷干净了"。宁都方言没有严格意义的处置句，但有用法相当的祈使句，"来"字句，说话者命令或祈使听话者去做某些事情。例如：

①关紧窗子来。_{把窗户关上。}

②扫光下地来。_{把地扫干净。}

③盪净下碗来。_{把碗涮干净。}

（二）被动句

宁都方言的被动词是"等"，意思相当于"被"或"给"。被动句格式是"受事＋等＋施事＋动词"。例如：

④猪肉都等狗啮走呃。肉都被（给）狗咬走了。

⑤渠等渠姆妈汗掉一餐。她被她妈妈训斥了一顿。

上述被动句格式里的"施事"是动作的发出者，"受事"是动作的接受者。但这种句式有时会有歧义，即"施事"有时会变成动作的接受者，"受事"变成"与事"。例如：

⑥家门等渠败光呃。把他的家产败光了；家产被他败光了。

⑦光都做下等你挡掉呃。把你的光全挡住了；光全被你挡住了。

⑧饭都等渠食掉呃。把他的饭吃掉了；饭被他吃了。

例⑥⑦⑧三个歧义句，第一种意思优先，即人们看到这样的句子，第一反应会认为里面的人称代词是动作的发出者，而不是承受者。甚至有的时候，这种"等"字句完全只有第一种意思，这时的"等"可以换为"分pen51"例如：

⑨杯子都等偠打烂呃。把我的杯子打碎了。

⑩书都等渠擅烂呃。把我的书撕碎了。

（三）双宾句

双宾句是指谓语后有两个宾语的句子。根据句中动词的不同语义，双宾句可以分为给予、取得、等同三类。宁都方言表示取得、等同的双宾句和普通话相同，句式是"动词＋表人宾语＋表物宾语"。例如：

⑪猫子咬走偠块布。猫叼走我一块布。（取得）

⑫村底人喊渠保长。村里人叫他保长。（等同）

宁都方言没有给予类的双宾句，因为给予类的介词"等""分"把表人宾语和表物宾语分开了，并且给予类介词不能省略。

（四）比较句

这部分只讲差级比较句。甲、乙两个事物相比较，甲超过或不如乙叫差级比较。宁都方言中"甲超过或不如乙"的差级比较句各自有多种句式，见下表：

表4-4 宁都方言的差级比较句式

	甲超过乙	甲不如乙
差级比较	甲+比+乙+更+比较项： 渠比你更重。 树比楂子更高树比灌木更高。	甲+冇+乙+咁+比较项： 二班冇一班咁会学书二班没那么会读书。 今年冇旧年咁多今年没去年那么多。
	甲+比+乙+比较项+（补语）： 小刚比小华高。 小刚比小华高一寸。	甲+冇+乙+比较项（少说）： 㑘冇你能干。 渠冇你会话。
	甲+比较项+乙+补语： 渠细㑘九岁她比我小九岁。 底只硬嗰只十倍这个比那个硬十倍。	甲+冇+比较项+乙+补语： 㑘冇高你蛮多我不比你高多少。 汤碗冇细窑碗蛮多汤碗不比窑碗小多少。
	甲+比较项+过+乙+（补语） 你呀刁过狗你呀比狗还聪明。 渠高过分数线十分。	（1）甲+比较项+唔赢+乙： 弟妇做唔赢大嫂弟媳做不过嫂子。 （2）甲+比较项+乙+唔赢： 老大人行后生人唔赢老人家走不过年轻人。
	甲+更+比较项（乙不出现）： 红红更标致。	甲+当+乙唔倒： 三生当九生唔倒三生比不上九生。

（五）疑问句

宁都方言中疑问句的类型和构成基本上与普通话相同。例如：

⑬底两工渠係屋卡吧？ 这两天她在家里吧？

⑭嗰块黑铁做什么用个呀？ 那块黑铁是干什么用的？

⑮你食番薯还芋子？ 你吃红薯还是芋头？

⑯渠外甥一岁去，会唔会行去啊？ 他外孙一岁了，会不会走路了啊？

例⑬为是非问句，结构像陈述句，即没有表疑问的结构或代词。例⑭是特指问句，它用疑问代词来表明疑问点。例⑮是选择问句，用复句的结构提出不止一种看法供对方选择。例⑯是正反问句，由单句谓语中的肯定形式和否定形式并列的格式构成。

宁都方言的正反问句较为特殊。下面专门讲述。

1. "V唔"和"V唔V"式

在宁都方言里有"V唔"和"V唔V"式，属于"V-neg"和"V-neg-V"式，而前者更为常用。"唔"在这里充当否定词-neg。

⑰你去唔？ 你去不去？

⑱小林看唔？ 小林看不看？

⑲满叔走唔走？ 幺叔走不走？

⑳电影影唔影？ 电影放不放？

如果 V 带宾语，宁都方言有"VO 唔""V 唔 VO"和"VO 唔 V"三种格式，其中第一、二种更为常用。

㉑邻舍你去赶墟唔？ 爸爸你上不上街？

㉒问下你舅舅剥唔剥瓜子？ 问问你舅舅吃不吃瓜子？

㉓渠到底食饭唔食？ 他到底吃不吃饭？

2. "V 盲"式和"V 盲 V"式

㉔细后生，你爸去呃盲？ 小孩，你爸起没起床？

㉕看下老李走盲走？ 看看老李走没走？

这两式中前一式较为常用。"盲"读［maŋ³²⁴］。比起"V 唔"和"V 唔 V"两式来这两式显得更为"老年"化，一般只在年纪较大的人群中使用。如果它们后面接上宾语，则为"VO 盲""V 盲 VO"和"VO 盲 V"，后两种格式很少用，最后一种尤其少。

㉖旧年你嗰多子落雪盲？ 去年你那里下雪没下雪？

㉗三伢子昨日晏昼去盲去城底？ 三伢子昨天中午去没去城里？

㉘底几年伯伯屋卡做屋盲做？ 这几年伯父建没建房子？

3. "要唔要""会唔会"式；"要 V 唔要""会 V 唔会"式；"要唔要 V""会唔会 V"式

"唔"与"要""会"合读成"唔要""唔会"。"唔要"读"［nɔɯ⁵¹］"、唔会读"［mei³⁵］"，"唔会"的"唔"读［m̩³²⁴］。这里我们依照施其生教授的观点，把"唔要""唔会"看成否定词 – neg，这时"要唔要""会唔会"的格式为"V – neg"。如：

㉙饭你要唔要？ 饭你要不要？

㉚星星嗰病会唔会去？ 星星的病好没好？

"唔要""唔会"也可作助动词，与其他动词构成"要 V 唔要""会 V 唔会"和"要唔要 V""会唔会 V"。

㉛明朝要来唔要？ 明天要不要来？

㉜牛子会行唔会？ 小牛会走不会？

㉝小明，电影要唔要影？小明，电影要不要放？

㉞咁冷个天唔晓会唔会落雪？那么冷的天不知会不会下雪？

4. “有冇 V”“V 冇”“V 冇 V”和“有 V 冇”式

宁都方言中有“有冇 V”“V 冇”“V 冇 V”和“有 V 冇”式，其中前者可看作“V_1 – neg – V_2”式，第二种是“V – neg”式，这一式用得较少，第三种是“有 V 冇”式，这一式也用得较少。

㉟路咁滑你有冇跌倒？路那么滑你有没有摔倒？

㊱电视好看你看冇？电视好看你看吗？

㊲坪上你今朝去冇去？坪上村你今天去没去？

㊳广东嗰边寒天有雪落冇？广东那边冬天下不下雪？

如果带上宾语，上面三式可为“有冇 VO”“VO 冇”和“有 VO 冇”式，即“V_1 – neg – V_2O”“VO – neg”式和“V_1 – V_2O – neg”式。

㊴外高蛮暗你有冇带电筒？外面很暗你有没有带手电？

㊵嗰只哑子有子冇？那个哑巴有没有儿子？

㊶渠屋下嗰只老猪婆有落猪子冇？他家那头老母猪产不产小猪了？

5. “既 V”“周”“照”“□$ʧ^hei^{35}$”和“周 V”“照 V”“□$ʧ^hei^{35}$ V”式

（1）“既 V”“周”“照”“□$ʧ^hei^{35}$”式：

“□$ʧ^hei^{35}$”是“既係”的合音，并且合音后变成送气音。正反问句的另一形式是 K – V 式，有“既 V”的格式，“K”的最基本的形式是“既”，“V”为“有”“要”“係”时，“KV”合音成一个音节。如和“有”合成“周”，和“要”合成“照”，和“係”合成“□$ʧ^hei^{35}$”，这些合音可看成是“K – V”，可自己构成正反问句形式。

㊷田底个水周去？田里的水有没有了？

㊸秀花，这多饭脚你照？秀花，这些剩饭你要不要？

“周”“照”带上宾语便是“KV – O”，这时“□$ʧ^hei^{35}$”也具有这种功能。

㊹甑底周饭去？甑里有没有饭了？

㊺地保，你照这乘单车？地保，你要不要这辆自行车？

㊻这多麻糍□$ʧ^hei^{35}$撮？这些麻糍撮不撮？

（2）“周 V”“照 V”“□$ʧ^h ei^{35}$V”式

上小节说了，“周”“照”“□$ʧ^h ei^{35}$”是“KV”的合音，它们能自己构成正反问句形式，但是，这些音节后能再接“V”，即成“KVV”，这时我们把前边的合音看成新的“K”，即“KVV”变成新的“KV”格式。

㊼今朝夜晡个《射雕英雄传》周唱？今天晚上的《射雕英雄传》放不放？

㊽东金，底把锡壶照打？老板，这把锡壶要不要打？

㊾问下你姆妈这多菜□$ʧ^h ei^{35}$食去？问问你妈这些菜吃不吃了？

如果它们带上宾语，便构成“K－O－V”或“K－O－V”式。

㊿唔晓岭上个水库周鱼子打去？不知山上的水库有没有鱼打了？

(51)明朝斫柴照满子去？明天砍柴要不要老幺去？

(52)缸里嗰多□$ʧ^h ei^{35}$鱼子浮？缸里那些是不是鱼在游？

(53)叔子，底几年你周撑船去？叔叔，这几年你有没有撑船了？

(54)疤额子还打嗰搞，照食饭时？疤额子还在那里玩，要不要吃饭了？

(55)你□$ʧ^h ei^{35}$看电视去？倨要熄灯。你看不看电视了？我要关灯。

6. “曾 V”式

宁都客家话的“KV”格式还有“曾 V”形式，这种形式的含义可以包括已然与未然，已然含义就是对 V 的完成性进行正反提问，未然含义就是对 V 的现实性进行正反提问。

(56)今朝个课你曾去上？今天的课你有没有去上？（已然提问）

今朝个课你曾去上？今天的课你去不去上？（未然提问）

(57)舅舅曾睡？舅舅睡没睡？（已然提问）

舅舅曾睡？舅舅睡不睡？（未然提问）

这一格式带上宾语有“曾 VO”和“O 曾 V”，即“K－VO”和“O－KV”式。

(58)宝俫子你曾食饭？宝子你吃没吃饭？或：宝子你吃不吃饭？

(59)嗰多黄糍你曾食？那些黄糍粑你吃没吃？或：那些黄糍粑你吃不吃？

但是，当时间确指过去的时候，句子含义只能是已然含义，句式带宾语时只有“曾 VO”即“K－VO”式，而无“O 曾 V”即“O－KV”式。

(60)向前年过年叔叔屋卡曾杀猪？大前年叔叔家杀没杀猪？

(61)a. 昨日晏昼，打背嗰多菜曾食？昨天中午，后来那些菜吃没吃？（已然提问）

b. 昨日晏昼，打背嗰多菜曾食？昨天中午，后来那些菜吃不吃？（未然提问）

7. "V冇""V呃冇""有冇V"和"有V冇"式

（1）"V冇""V呃冇"式

"冇"也有已然未然含义的对立，但是它们使用的形式不像"曾"字一样集中于同一形式。它的已然形式是"V呃冇"或"V唔"，即"V呃－neg"，未然形式是"V冇"或"V唔"，即"V－neg"，未然形式不用于过去时间。

⑥前日嗰多衫裤洗呃冇？前天那些衣服洗了没有？（已然提问）

⑥偃多今去城底，你去冇？我们现在去城里，你去不去？（未然提问）（少说"冇"可换为"唔"，多说）

（2）"有冇V"和"有V冇"式

"有"作为助动词与V结合为"有V"，施其生（2009）说，"我们认为它的作用在于肯定其后面的谓词性成分所述事态的客观现实性"。而"冇V"则否定V的现实性。刚才我们讲了"冇"有已然未然性，但当它和"有"结合时就只表已然性，即"有冇V"和"有V冇"（"V_1－neg－V_2"和"VO－neg"）只表已然性。

⑥偃想买本书，你有冇带票子？我想买本书，你有没有带钱？

⑥底几年你有去伯伯屋下冇？这几年你去没去伯父家？

8. "周O，周""照O，照""□$\mathrm{tf^h ei^{35}}$O，□$\mathrm{tf^h ei^{35}}$"和"周V，周""照V，照""□$\mathrm{tf^h ei^{35}}$V，□$\mathrm{tf^h ei^{35}}$""曾V，曾"式

（1）"周O，周""照O，照""□$\mathrm{tf^h ei^{35}}$O，□$\mathrm{tf^h ei^{35}}$"式

前面我们讲了，"周""照""□$\mathrm{tf^h ei^{35}}$"是"KV"的合音，它们属于正反问句的省略格式，我们可把它看作新的K。它们后面带上一个宾语，构成"周O，周""照O，照""□$\mathrm{tf^h ei^{35}}$O，□$\mathrm{tf^h ei^{35}}$"，即"K－O－K"形式，表示反复的询问，有时还略带有亲密的色彩，后一个"K"与前面的"K－O"之间稍微停顿一会儿，但间隔时间不长。

⑥明明，篓子里周脚鱼去，周？明明，篓子里有没有甲鱼了？

⑥七秀，你照嗰多硬壳纸去，照？七秀，你要不要那些硬纸了？

⑥桌上嗰只盎罐□$\mathrm{tf^h ei^{35}}$你打烂个，□$\mathrm{tf^h ei^{35}}$桌上那个罐子是不是你打碎的？

（2）"周V（O），周""照V（O），照""□$\mathrm{tf^h ei^{35}}$SV（O），□$\mathrm{tf^h ei^{35}}$""曾V（O），曾"式

我们可以把上小节的 O 换成 V（O），构成"K‐V（O）‐K"形式，中间的宾语可带可不带，其中"□ʧʰei³⁵"的格式为"□ʧʰei³⁵ SV（O），□ʧʰei³⁵"。

⑥⑨公公咁老，今里周打鱼子卖去，周？ _{爷爷那么老了，现在打不打鱼卖了？}

⑦⓪门上个门神老爷照换过照？ _{门上的门神像要不要换啊？}

⑦①后日□ʧʰei³⁵你擂擂茶□，ʧʰei³⁵？ _{后天是不是你家擂擂茶？}

⑦②门背啊多垃圾曾倾掉，曾？ _{门后那些垃圾倒没倒掉？}

（六）疑问语调

语调通常有语段语调和句末语调，本文只讨论句末语调。

1. 疑问语调的语音形式

宁都方言有四种句末语调，如下表：

表 4‐5　　　　　　　　宁都方言四种句末语调

	高平语调	升语调	降语调	零语调
高音	+	－	－	－
上升	－	+	－	－
下降	－	－	+	－

本文参照麦耘教授《广州话语气系统概述》，主要讨论后续叠加的语调。另外也引入覆盖叠加的概念，即表示新的语调把最后一个字的字调覆盖住了。

（1）升语调（以下用↗表示）常升得很高接近 5 度，与字调的关系是后续叠加。

a. 阴平［51］/阳入［5］+↗=［5］+↗继续保持原字调的 5 度，但语速较短促。

b. 阳平［324］+↗=［34］+↗原字调的起点高 1 度，语速也显得短促。

阴入［2］+↗=［3］+↗原字调的起点高 1 度。

c. 上声［214］+↗=［24］+↗原字调语速加快，显得紧凑。

d. 阴去［31］+↗=［3］+↗继续保持原字调的 3 度，但语速较短促。

e. 阳去［35］+↗=［5］+↗整体提高 2 度，但语速更短促。

（2）降语调（以下用↘表示）有时降得很低，与字调的关系为后续叠加。

a. 阴平［51］/阳入［5］+↘=［5］+↘从原字调的 5 度直接往下降。

b. 阳平［324］+↘=［31］+↘原字调变成下降调，并加上降语调。

阴入［2］+↘=［2］+↘直接在原字调后加降语调。

c. 上声［214］+↘=［24］+↘原字调语速加快，加降语调后成为曲折调。

d. 阴去［31］+↘=［31］+↘直接在原字调后加降语调。

e. 阳去［35］+↘=［3］+↘从起点度数处直接加降语调。

（3）高平语调（以下用↑表示）音高近似［55］，如果语气特别强烈时，可以读得比［55］高。它和原字调的关系是覆盖叠加，带语调的音节直接读成高平调，原字调消失。

（4）带零语调（"中性语调"，以下用"·"表示）的音节原字调不变，指不改变原字调的音高和调型，不是指中平调。

2. 无语气助词的句末疑问语调

句末语调包括带语气助词的句末语调和不带语气助词的句末语调。这小节先讲述不带语气助词的句末疑问语调。不带语气助词的句末疑问语调无高平语调，只有升、降、零 3 种。

（1）是非问句一般用升语调。陈述句主要是零语调和降语调，如果带上升语调就成为是非问句。

⑦侬两个走啯边？↗我们两个走那边？

⑦喊渠多来搬东西？↗叫他们来搬东西？

疑问语气副词"难宁难道"在零语调下语气较轻，如果带上升语调则可加强疑问语气，带上降语调则形成反诘口吻。

⑦a. 难宁戏班子明朝唔来？·难道唱戏班明天不来？（一般的询问，语气较轻）

b. 难宁戏班子明朝唔来？↗难道唱戏班明天不来？（一般的询问，语气较重）

c. 难宁戏班子明朝唔来？↘难道唱戏班明天不来？（反诘口吻，语气重）

（2）含有疑问代词的特指问句，用零语调时语气较轻，用升语调表示加强语气，用降语调表示鼓动、催促、追究，语言中以升语调为主。

⑦⑥a. 什人跟偓一下去？谁和我一起去·？（一般的询问，语气较轻）

b. 什人跟偓一下去？谁和我一起去↗？（一般的询问，语气较重）

c. 什人跟偓一下去？谁和我一起去↘？（带鼓动口吻，语气重）

有一种特殊的疑问句，它包孕在一个陈述句或祈使句里。疑问子句可读成零语调，但也可读成升语调，成为疑问子句，但整个句子还是陈述句或祈使句。

⑦⑦你看个书係什事书？↗你看的书是什么书？

⑦⑧偓晓得夜晡影什么电影？↗我知道晚上要放什么电影？

（3）正反问句和选择问句句式本身就带有疑问语气，用零语调时语气较轻，用升语调表示加强语气，用降语调表示鼓动、催促、追究，语言中以升语调为主。

⑦⑨a. 下晡你曾淋菜？·下午你浇没浇菜？（一般的询问，语气较轻）

b. 下晡你曾淋菜？↗下午你浇没浇菜？（一般的询问，语气较重）

c. 下晡你曾淋菜？↘下午你浇没浇菜？（带追究口吻，语气较重）

⑧⓪a. 偍多打球还跑步？·我们打球还是跑步？（一般的询问，语气较轻）

b. 偍多打球还跑步？↗我们打球还是跑步？（一般的询问，语气较重）

c. 偍多打球还跑步？↘我们打球还是跑步？（带催促口吻，语气较重）

（七）"来"字句

这一部分包括"来"字的所有用法，实词和虚词的。实词的，例如：

1. "来"单独做谓语动词

"来"单独做谓语动词，表示动作的趋向。

⑧①舅舅来呃。舅舅来了。

⑧②你屋卡来呃人客。你家里来了客人。

加处所宾语可以构成"来+处所宾语"结构，或构成"到+处所宾语+来"。

⑧③还是你来宁都吧。

⑧③'还是你到宁都来吧。

2. "来"用在其他动词前（动作主体是有生物）

"来"用在其他动词前，构成"来+动词"结构。分两种情况，第一种是叫别人过来做某事或准备让别人做某事。例如：

(84)让渠来撑船。让他来撑船。

(85)唔相信都喊水生来话。不相信就叫水生来说。

另一种是表示自己准备进行某活动或邀约别人一起进行某活动。主语一般是“我”或“我们”。例如：

(86)侬多来屏蒙。我们去捉迷藏吧。

(87)算唔清，倨来算。算不清楚（的话），我来算。

两种情况都能加“去”，例如：

(84)’让渠来去撑船。让他去撑船/让他和我们一起去撑船。

(85)’唔相信都喊水生来去话。不相信就叫水生去说/不相信就叫水生和我们一起去说。

(86)’侬多来去屏蒙。我们一起去捉迷藏吧。

(87)’算唔清，倨来去算。算不清楚（的话），我去算。

但两者稍有差异，(84)’和(85)’加了“去”，首先被叫主体的行动方向发生了改变，由“过来”变成了“去某处”；其次“去某处”的主体一般只是被叫者，叫唤者通常不包括在里面。而(86)’和(87)’通常是叫唤者和被叫者一起“去某处”，或者叫唤者自己去“某处”。

3. “来”用在其他动词前（动作主体是无生物）

“来”用在其他动词前，构成“来+动词”结构，表示将要出现某种情形或状态，通常动作的主体是无生者。“来”已经虚化成为体助词，表将来时，类似于英语的“be going to”。

(88)（天）来落雨去。（天）快下雨了。

(89)墙（就）来倒去。墙（就）要倒了。

(90)开水来开去。开水就要开了。

上述第二小节和第三小节用法其实是相通的。第二小节表示“某人准备干某事”，而第三小节表示“天（或事物）将要出现某种情形或状态”，由于人的动作性强而使得第二小节的“来”意义比较实在，而物体的动作性差或几乎无动作性，使得第三小节的“来”意义虚化，演变成表将来时的体助词。这有点像英语表“去、往”义的“go”演变为表将来时的体助词。

4. “来”用在动词后作趋向补语（向心标记）

“来”字用在动词后作趋向补语，并且也可以叫作向心标记，因为这一运动方向是朝向说话者的。例如：

(91)你唔要去去，渠等倨寄来呃。你不用去了，他给我寄来了。

(92)哪底艟来呃股臭气。哪里飘来一阵臭味。

(93)公公送来呃袋落更。爷爷送来了一袋花生。

5. “来”用于句末表祈使

(94)等倨关紧下门来。（请）帮我关一下门。

(95)坐倒来。（请）坐下。

(96)食掉面碗饭来。（请）把这碗饭吃掉。

这类句子的动词后面带着结果补语“紧、倒、掉”等，“来”居于句末是使令别人进行某动作以便达到说话者的要求。其实这个表祈使的“来”和前面的表“准备做某事、将要出现某种情形或状态”的“来”的用法是一致的，也表示“准备做某事或将要出现某种情形或状态”。例(94)表示“他（或你）准备去关门”“门将要被关紧”；例(95)表示“他（或你）准备坐下”“他（或你）将要坐着”；例(96)表示“他（或你）准备吃面”“面将要被他（或你）吃掉”。

6. “来”做连接词

(97)洗光行李来过年。洗干净家具好过年。

(98)减落菜来张汤。倒下菜好装汤。

(99)戴上眼镜来看书。戴起眼镜好看书。

“来”在语句中成为新事件标志，这时它的作用在于引出一个新（或非预期）的事件，从这个意义上讲，这些词具有了连接词的功能。

7. “来”做目的格助词

(100)让尼地来捫石牯来？怎么来抬石头呢？

(101)用米来滚粉干更划唔来。用大米换米粉不划算。

“来”（第一个）在句子中引出动作行为的目的。

8. “来”做代动词

(102)炉子烧唔着啊，倨来。炉子烧不着呀，我烧。

(103)你荷嗰担，底担让渠自家来。你挑这担，那担让他自己挑。

(104)渠多话你坐掉一工去，你来。她们说你坐了一天了，你干活（了）。

这个"来"具有代替意义具体的动词的作用。其实也可以看作"来"后省略动词，例⑩可看作"来"后省略了"烧"字，例⑩可看作"来"字后省略了"荷"字。例⑩可看作"来"字后省略了"干活"二字。

9. "来"表确认

这种"来"字句是有一定预设的，多是预设对方对某事持有怀疑∕否定∕不知情∕误解∕不甚确定的倾向，要求说话者确认这个事实，以排除上述倾向，即"反预设"。这时的"来"读轻声，音值为3度。

（1）叙述者对事实的确认

陈述句一般是叙述者自己对事实进行确认。例如：

⑩三生去呃难布来。三生去了难布来着。

⑩撞日夜晡落呃雨来。昨天晚上下了雨来着。

⑩渠带头还係嗰赶紧得墟来。他刚才还在那赶集呢。

例⑩如不用"来"就仅是指出一个事实，而用"来"则隐含着预设：有人怀疑（或否定）三生去了难布。说话者要确认与"三生没去难布"形成对照的事实。例⑩的语境可能是：有人认为昨天晚上没下雨；有人认为今早下的雨；有人猜测昨天晚上下过雨，但不确认；有人问地上为什么是湿的，等等。例⑩的语境可能是：有人一上午没找到他，以为他回家了；他和别人说过早点回去，别人以为他早回去了等。

陈述句中需要确认的事情通常是已发生过的事情，因此这类"来"字句可"表示某一情况曾经实现过"（李新魁等，1995：506。转引自麦耘2006），即表"曾然"。而且这些事情往往是邻近时间发生的，也即为"最近过去时"。

（2）要求对方确认事实

"来"字如果用于疑问句中，则要求对方对事实进行确认。如一般疑问、特指疑问、选择问和反复问：

⑩□$\mathrm{t\int^h ei^{35}}$真个係渠偷个来？是否真的是他偷的吗？

⑩田头去宁都有几远地来？田头去宁都有多远呢？

⑩要底只还要嗰只来？要这个还是要那个呢？

⑪你究竟有冇搦渠个笔来？你究竟有没有拿他的笔？

⑫渠姓什么来？她姓什么来着？

不用"来"是一般的疑问，用"来"就有希望得到对方确认（包括否认，即否定性的确认）。例⑩希望对方确认是不是他偷的东西。例⑩希望对方确认田头去宁都的距离，或希望对方赶紧确认他判断距离的能力。也即知道就快说，不知道就别磨蹭了。例⑩希望对方确认他自己究竟要哪一个。例⑪希望对方确认他自己有没有拿别人的笔。例⑫希望对方确认另一人姓什么，或希望对方赶紧确认自己判断另一个人姓什么的能力。知道则快说，不知道就说不知道。

"来"也可用于反问句中。例如：

⑬倕哪令间顶地话呃来？我什么时候这样说了呢？

例⑬是质疑事实的曾经发生（等于否定），而用了"来"，就更提出质疑性的预设，表面上是要求对方确认，实际上认为对方没办法确认，因为所说事实并没有发生。

上述要求对方确认事实的疑问句，有时候所确认的事实并不一定发生在过去，而只是表示想不起来/没听清/不能确定等，这是一种特殊的曾然：不是问事实曾经如何，而是问对话方曾经想过什么（有什么意愿）/说过什么/知道什么/听到什么等。如例⑩、例⑩、例⑫。但有时候所确认的事实是发生在过去，要求对方确认，如例⑩、例⑪，这也可算是表"曾然"。

（3）判断句对事实的确认

宁都方言的判断句的系词是"係"，如"看真来盲定係树菀。仔细看原来是树墩。"句末加"来"就成为确认性的判断。这是严格意义上的判断。再如：

⑭嗰个真个係自家买个来。那个真的是我自己买的来着。

⑮少算点子，渠係九生个老师来。少算点，他是九生的老师来着。

⑯盲係天上有捡个来。不是天上掉下来的来着。

这种判断也带有一种预设，而判断本身是与预设相反对的。如例⑭的预设是对话方原以为那个（东西）是别人送的或拿别人的；例⑮预设原先不知道"渠"是谁，而打算多收"渠"的钱；例⑯的预设是对话方以为现有的东西轻而易举就能得到。

10. "来"表持续态

在宁都方言中，语气词"来"有表示动作/情况正在继续，即持续态用法。例如：

⑰还係嗰落雨来。还在下雨呢。

⑱舅舅係嗰睡眼来。舅舅在睡觉呢。

⑲等住下，渠还係路上来。稍等，他还在路上。

"来"指过去（近过去）的事件/状态，这些事件/状态延续到当前，便是持续态。当然这些"来"字句也表确认。如例⑰预设的是对话方原以为外面不下雨了，想回家去，另一方确认外面还在下雨；例⑱预设对话方原以为舅舅不在睡觉，另一方确认舅舅还在睡觉；例⑲的预设是对话方以为"渠"不来了/来不了了，打算自己先走，另一方确认"渠"快来了，请求对话方等一等。

二 语序

语序指语言里语素、词组合时的位置顺序。宁都方言语序方面的特点主要是状语后置以及某些动词性短语中补语和宾语的位置与普通话有所差异。

（一）状语后置

宁都方言状语后置有下面这些情形：

1. 表增量、减量的成分"多""少"的后置

宁都方言里，用"多""少"一类词来表数量的增减，通常也和普通话一样放在动词之前做状语，比如"多食水""少出去""多背少写"等。动词补语如果含有"点子、多子、滴子、津子、□tsit5 子"等表微量的成分或数量短语的句子，"多""少"通常也置于动词前。例如：

①顶让冷个天，多着津子衫裤来。这么冷的天，多穿点衣服啊。

②你更少，你多分多子。你更少，你多分一点。

③多行几步、少食两口，你身体肯定会好。多走几步、少吃几口，你身体肯定会好。

④渠多考五分就可以上北大。他多考五分就能上北大。

⑤猪肉等偃少称呃三两。猪肉少给我称了三两。

但如果特别强调表微量成分和数量补语时，"多""少"可以放在动词之后。

①'顶让冷个天，着多津子衫裤来。这么冷的天，多穿点衣服啊。

②'你更少，你分多多子。你更少，你多分一点。

强调"多""少"时，"多""少"的停顿时间就长，这样它们的音

步时间等于后面的"点子、多子、滴子、津子、□tsit5 子"或数量短语，这样韵律就谐调。同样地，"多""少"置于动词前时，"多""少"和动词构成一个音步，另外"点子、多子、滴子、津子、□tsit5 子"或数量短语自成一个音步，它们两者韵律也就谐调了。因此，无论"多""少"置于动词前面或后面，韵律的谐调是很重要的。

2. 方位词的后置

方位词"前（高）、背高"，或含有方位成分的"向前、打背"词语，通常可以置于动词后面。例如：

⑥你行前（高），偃行背高。你走前面，我走后面。

⑦公公行向前，孙子行打背。爷爷走前面，孙子走后面。

"行前"以及省略了"行"字的"向前、打背"等表走路先后顺序的词可以虚化，引申指其他动作的先后。比如，盛饭时两人同时到了锅边，其中一人说"你行前、偃打背"，实际上是指盛饭"你先盛，我后盛"。

3. 表"再"义的"凑"的后置

"凑"念 $[\text{t}\text{s}^\text{h}\text{e}\text{w}^{31}/\text{t}\text{s}^\text{h}\text{e}\text{w}^{214}]$。普通话用"再 + V + 数量词"表示再施行某一动作，可以增量也可以减量。宁都方言用"（再）+ V + 数量词 + 凑"，"凑"后置于动词。有时"凑"可以省略。例如：

⑧还蛮多，（再）减点子凑。还很多，再减去一点儿。

⑨今还早，（再）徛（一）闲子凑。现在还早，再待一会儿。

⑩来（再）食杯凑。来再吃一杯。

⑪冇装满，（再）装滴子凑。没装满，再装一点儿。

（二）补语和宾语的位置

宁都方言中，动词与其后的补语和宾语之间的语序有时不同于普通话。当动词带可能补语另又带宾语时，补语和宾语的位置有几种情况。

肯定句中，宾语的位置可以在"得"和补语之间，也可以在整个动补短语之后。例如：

A	B
买得票倒能买到票	买得倒票
猎得渠倒追得上他	猎得倒渠
剥得皮开剥得开皮	剥得开皮

买得屋起_{买得起房子}	买得起屋
打得佢赢_{打得赢我}	打得赢佢
睡得眼着_{睡得着觉}	睡得着眼

B 类语序和普通话一样；A 类语序是宁都方言特有的，而且是常用语序。

在否定句中，宾语和补语的位置也有两种情况。例如：

A	B
买票唔倒_{买不到票}	买唔倒票
猎渠唔倒_{追不上他}	猎唔倒渠
剥皮唔开_{剥不开皮}	剥唔开皮
买屋唔起_{买不起房子}	买唔起屋
打佢唔赢_{打不赢我}	打唔赢佢
睡眼唔着_{睡不着觉}	睡唔着眼

B 类语序和普通话一样；A 类语序是宁都方言特有的，而且是常用语序。

第 五 章

宁都方言标音材料

本章宁都方言标音材料收录歌谣 3 首、谚语 30 条、谜语 1 则。材料按实际读音注音，部分词语略作注释。

第一节　歌谣

本节考察宁都方言的名词、动词、形容词、数量词、代词和副词、介词、语气词等各类词语的特点。

（一）月光光

nat⁵	kɔŋ⁻³¹	kɔŋ⁵¹		siu³¹	tsʰɔi³²⁴	lɔŋ⁻⁵⁵
月	光	光，		秀	才	郎；
tsʰɔi³²⁴	lɔŋ⁻⁵⁵	kuŋ⁵¹		ʃie³¹	tsɔi⁻⁵⁵	tsʰuŋ⁵¹
才	郎	公，		去	栽	葱；
tsʰuŋ⁵¹	fat²	ŋa³²⁴		hɔɯ²¹⁴	tsɔi⁻⁵⁵	tsʰa³²⁴
葱	发	芽，		好	栽	茶；
tsʰa³²⁴	fa⁻⁵⁵	kʰɔi⁵¹		li⁻³¹	fa⁻³¹	kuŋ³²⁴
茶	花	开，		李	花	红；
sat²	tʃak²	tʃai⁵¹	tsɯ²¹⁴	tso³¹	liɔŋ⁵¹	luŋ³²⁴
杀	只	鸡	子	做	两	筒；

kʰai⁵¹ ta⁻³¹ tsi⁵¹ tsi⁻²⁴ men³²⁴ tʰiu³²⁴ ko³¹
荷　打　姊　姊　门　头　过。

tsi⁻⁵¹ tsi⁻²⁴ liu³²⁴ ŋai⁵⁵ tʃʰu³⁵
姊　姊　留　倻　住，

ŋai⁵¹ ŋ̍³²⁴ tʃʰu⁻⁵⁵
倻　唔　住，

ŋai⁵¹ iɔɯ³¹ ʃie³¹ kui⁵¹ tsɔi⁻⁵⁵ siet² tʰiu³⁵
倻　要　去　归　栽　雪　豆。

siet² tʰiu³⁵ iem³⁵ iem³⁵ tsʰiaŋ⁵¹
雪　豆　荫　荫　青，

tʃa⁵¹ ko³¹ san⁻³¹ tsʰin⁻³¹ liaŋ⁵¹
栽　过　三　清　岭。

san⁻³¹ tsʰin⁻³¹ liaŋ⁵¹ tɯ²¹⁴ iet² fo²¹⁴ ŋo³²⁴
三　清　岭　里　一　伙　鹅；

ŋi³⁵ ŋi³⁵ ŋat² ŋat² fi⁵¹ ko³¹ ho³²⁴
□　□　压　压　飞　过　河。

（二）砻谷

luŋ³²⁴ kuk² tsɯ²¹⁴ ʃi⁻⁵⁵ so⁵¹ tsɯ²¹⁴
砻　谷　子，西　嗦　子。

tso³¹ pʰan³⁵ tsɯ²¹⁴ tʃuŋ⁻⁵⁵ pʰo³²⁴ tsɯ⁻⁵⁵
做　饭　子，供　婆　子。

pʰo³²⁴ tsɯ⁻⁵⁵ ʃam³²⁴ mɔɯ³²⁴ tsʰɔi³¹
婆　子　嫌　冇　菜，

ta⁻³¹ lan⁻³¹ aŋ⁵¹ kɔn³¹ tʃɔi³¹
打　烂　罌　罐　嘴。

aŋ⁵¹　　kɔn³¹　　tʃɔi³¹　　ti²¹⁴　　ieɯ⁵¹　　kʰui⁻³¹　　nuk²
罂　　　罐　　　嘴　　　里　　　有　　　块　　　　肉。

hai³⁵　　tɯŋ²¹⁴　　siɔɯ⁵¹　　tsɯ²¹⁴　　ʃɯk⁵　　ei³¹　　vei³⁵　　tʃʰɔŋ³¹　　tʃʰuk²
□　　　等　　　　小　　　　子　　　　食　　　呃　　　会　　　唱　　　　曲。

tʃʰɔŋ³¹　　kei³¹　　ʃem³²⁴　　mu⁻⁵⁵　　tʃʰuk²
唱　　　个　　　什　　　　么　　　　曲？

tʃʰɔŋ³¹　　kei³¹　　nɔɯ⁻⁵¹　　tʰiu³²⁴　　tsʰai⁵¹
唱　　　个　　　脑　　　　头　　　　猜。

ieɯ⁻⁵⁵　　tsiu²¹⁴　　tu⁻⁵⁵　　tʰia³²⁴　　lei⁻⁵⁵　　sai⁵¹
有　　　　酒　　　都　　　提　　　来　　　醣，

mɔɯ³²⁴　　tsiu²¹⁴　　tu⁻⁵⁵　　kai⁻³¹　　hɔŋ³¹　　mai⁵¹
冇　　　　酒　　　都　　　街　　　上　　　买。

（三）一年让尼过

tʃaŋ⁻³¹　　nat⁻²　　hɔɯ²¹⁴　　kʰɔn³¹　　ʃi³¹
正　　　　月　　　好　　　　看　　　戏，

ni³⁵　　nat⁻²　　hɔɯ²¹⁴　　tʃɔk²　　sai³²⁴
二　　　月　　　好　　　　斫　　　柴，

sam⁻³¹　　nat⁻²　　hɔɯ²¹⁴　　tsɔi⁻⁵⁵　　vo³²⁴
三　　　　月　　　好　　　　栽　　　　禾，

si³¹　　nat⁵　　ieɯ⁻⁵⁵　　mak⁵　　mo⁻³¹
四　　　月　　　有　　　　麦　　　磨，

ŋ̍⁻³¹　　nat⁻²　　kʰu²¹⁴　　a⁻⁵⁵　　kʰu²¹⁴
五　　　月　　苦　　　啊　　　苦，

liuk^{2} nat^{5} tsʰaŋ^{35} pɔɯ^{31} tu^{214}

六 月 撑 爆 肚，

tsʰit^{2} nat^{5} ta^{214} iet^{-55} sɔn^{31}

七 月 打 一 算，

pat^{2} nat^{5} ieɯ$^{-55}$ ʃi^{31} kʰɔn^{31}

八 月 有 戏 看，

tʃeɯ$^{-31}$ nat^{-2} kɔt^{2} tʃʰi^{324} vo^{-55}

九 月 割 迟 禾，

ʃap^{5} nat^{-2} kui^{-55} lɔɯ$^{-51}$ pʰo^{324}

十 月 归 老 婆，

ʃap^{5} iet^{2} nat^{5} siet^{2} fi^{51} fi^{-31}

十 一 月 雪 飞 飞，

ʃap^{5} ni^{35} nat^{-2} ta^{-55} vɔŋ^{324} tsʰi^{-55}

十 二 月 打 黄 糍。

（四）十脶

iet^{2} lo^{324} pʰin^{324}， ni^{35} lo^{324} fu^{31}

一 脶 贫， 二 脶 富；

sam^{51} lo^{324} tʃʰan^{-55} tʃʰie^{51} ku^{214}， si^{31} lo^{324} tsɔk^{324} tʰiu^{35} fu^{-31}

三 脶 牵 猪 牯， 四 脶 作 豆 腐；

tsʰit^{2} lo^{324} mɔn^{-31} tuŋ$^{-55}$ tuŋ^{51}， pat^{2} lo^{324} tso^{31} siɔŋ^{31} kuŋ$^{-24}$

五 脶 满 咚 咚， 六 脶 做 相 公；

tsʰit^{2} lo^{324} ta^{-31} si^{-31} nen^{324}， pat^{2} lo^{324} tso^{31} tʃuŋ$^{-31}$ nen^{324}

七 脶 打 死 人， 八 脶 做 中 人；

tʃeɯ⁵¹ lo³²⁴ tʃʰi³²⁴ pʰak⁵ ma⁻³¹, ʃap⁵ lo³²⁴ liɔŋ³²⁴ san⁻⁵⁵ a⁵¹

九　　胴　　骑　　白　　马，　十　　胴　　凉　　伞　　遮。

第二节　谚语

1. iet² vɔn²¹⁴ kun⁻³¹ pʰan⁻³¹ luk⁵ si⁻³¹ nen³²⁴

一　　碗　　滚　　饭　　熳　　死　　人。

2. iet² haŋ³²⁴ tʃuk² kɔɯ⁻²⁴ lɔɯ³⁵ tɔɯ⁻³¹ iet² ʃɔn³²⁴ nen³²⁴

一　　茎　　竹　　篙　　醪横击　倒　　一　　船　　人。

3. tsʰit² nat⁵ ʃap⁵ ŋ̇³²⁴ nan³²⁴ ko³¹ pɔn³

七　　月　　十　　五　　年　　过　　半；

pat² nat⁵ ʃap⁵ ŋ̇³²⁴ kɔn⁻⁵⁵ mia³²⁴ nan³²⁴

八　　月　　十　　五　　赶　　明　　年。

4. nen³²⁴ ʃɔŋ⁻⁵⁵ iet² pak², tsʰit² ku²¹⁴ pat² tʰiak²

人　　上　　一　　百，　七　　古　　八　　缌。

5. hɔɯ⁻⁵¹ i³¹ pian³¹ neɯ³¹ i̇³¹, lan³⁵ pʰan⁻³¹ nam³²⁴ tsɯŋ³¹ pi̇³¹

好　　意　　变　　丑　　意，烂　　饭　　黏　　甑　　箆。

6. kaŋ⁻³¹ kuŋ⁻³¹t ai³¹ tsɯ²¹⁴ vuk² iam³²⁴ ha⁻⁵⁵

更　　公　　带　　子　　屋　　檐　　下，

kaŋ⁵¹ pʰo³²⁴ tai³¹ tsɯ²¹⁴ tsɔɯ³¹ lo³²⁴ ha⁻⁵⁵

更　　婆　　带　　子　　灶　　箩　　下。

7. tsʰo⁻³¹ ta⁻³¹ tʃie⁻⁵⁵ tʰu⁵¹ ti²¹⁴ tu⁻⁵⁵ vei³⁵ tsʰaŋ³⁵ si²¹⁴

坐　　打　　渠　　肚　　里　　都　　会　　撑　　死。

8. ieɯ⁻⁵⁵ nie²¹⁴ ŋ̇³²⁴ ka³¹ tsʰiuŋ³²⁴ vu⁻⁵⁵ pa³¹

有　　女　　唔　　嫁　　松　　湖　　坝，

iet² nan³²⁴ sɯ³¹ tʃi³¹ fan⁵¹ ʃa²¹⁴ tsa⁻⁵⁵

一　　年　　四　　季　　番　　薯　　渣。

9. tʃʰuŋ³⁵ na³¹ ieɯ⁻³¹ io³¹ mai⁵¹ mɔɯ³²⁴ io³¹ mai³⁵

共　　□　　有　　哟　　买　　冇　　哟　　卖。

10. lin³²⁴ ʃa⁻⁵⁵ tso³¹ kɔn⁵¹, tsʰie³²⁴ ka⁻⁵⁵ ʃi⁻⁵¹ fɔn⁻²⁴
    邻 舍 做 官， 齐 家 喜 欢。

11. ʃie⁵¹ nan³²⁴ hɔk⁵, ʃak⁵ nan³²⁴ tsʰɔk⁵
    书 难 学， 石 难 凿。

12. sat² ʧie⁵¹ ʧʰu³⁵ tsʰiɔŋ⁻³¹ tun³¹ ʧie⁻²⁴ iɔŋ⁻³¹
    杀 猪 就 像 顿 猪 样。

13. sien⁻³¹ saŋ⁻³¹ mi³²⁴ mɔɯ⁻⁵⁵ siu⁵¹ kɯŋ³¹ ʧʰɔŋ³²⁴
    先 生 眉 毛 须 更 长。

14. to⁵¹ kei³¹ iɯŋ³²⁴ tsʰiŋ⁻⁵⁵ ʃɔɯ³²⁴ kei³¹ i³¹
    多 个 人 情 少 个 意。

15. vei³⁵ tsɯ²¹⁴ tsɯ⁻⁵⁵ vu²¹⁴ŋ⁻⁵⁵ iaŋ⁻³¹, vei³⁵ va³⁵ va³⁵ li²¹⁴ŋ⁻⁵⁵ iaŋ⁻³¹
    会 走 走 雨 唔 赢， 会 话 话 理 唔 赢。

16. nam³²⁴ iam²sam³¹ kɯŋ⁻³¹, pɯk² iam³¹ tɔi³¹ ʃi³²⁴
    南 焰 三 工， 北 焰 对 时。

17. tuŋ⁵¹ kɔŋ³¹ net²tʰiu³²⁴ sie⁵¹ kɔŋ³¹ vu²¹⁴
    东 虹 日 头 西 虹 雨。

18. fu⁻³¹ ʧɯ⁻³¹ lɔɯ²¹⁴, mai³⁵ tin⁵¹ tsʰɔɯ²¹⁴, mai³⁵ iet² kan²¹⁴, ʃɯk⁵ iet² kan²¹⁴
    抚 州 佬， 卖 灯 草， 卖 一 筒， 食 一 筒。

19. ʧʰɔŋ³²⁴ ʃɯŋ⁻⁵⁵ nen⁻³¹ mai³⁵ aŋ⁵¹ kɔŋ³¹, iɯ⁻⁵⁵ fo³¹ tsin⁻⁵⁵ pai²¹⁴
    长 胜 人 卖 罂 罐， 有 货 紧 摆。

20. tuŋ⁻³¹ ʧen⁻³¹ ʃiɯ²¹⁴ iet² ʧi²¹⁴, siɔŋ³⁵ nen³²⁴ lui³⁵ tsʰɔi⁻³¹ si²¹⁴
    东 金 手 一 指， 匠 人 累 在 死。

21. ta²¹⁴ ŋ⁻⁵⁵ si²¹⁴ kei⁻⁵⁵ lat⁵ vɔŋ³²⁴ ʃan⁻⁵⁵
    打 唔 死 个 腊 黄 鳝。

22. tʰien³²⁴ ʃɯŋ⁻⁵⁵ kʰɔn³¹ ʧɔk² ʧʰɯk⁵ kei³¹ hɔɯ²¹⁴,
    田 塍 坎 脚 直 个 好，
    ʧɔk² tʰiu³²⁴ ʧʰa³¹ tsɯ²¹⁴ vaŋ³²⁴ kei⁻⁵⁵ hɔɯ⁻³¹
    镢 头 櫃 子 横 个 好。

23. liuk² nat⁵ vu³⁵ ʃui⁻⁵¹ ti²¹⁴ ku³⁵
    六 月 芋 水 里 跍。

24. ʧʰu³⁵ na⁻³¹ ieɯ⁻⁵⁵ ʧʰam³¹ tsai³¹ kei³¹ iɯŋ⁵¹ ʃuŋ³²⁴,
　　就　□　有　欠　债　个　英　雄，

　　mɔɯ³²⁴ tsʰiu⁻⁵⁵ tsai³¹ kei³¹ iɯŋ⁵¹ ʃuŋ³²⁴。
　　冇　取　债　个　英　雄。

第三节　歌谣和谚语译文

本节是前面两节歌谣、谚语的译文。歌谣、谚语传颂、传播于民间，人们口耳相传的只是它的方言形式，没有译文相传。因此，本节的译文只是试着翻译歌谣、谚语的普遍性、一般性的含义，翻译它们在语境中的含义。

一　歌谣

（一）月光光

（明亮的）月亮啊，（底下有一个）秀才（公子）；秀才（公子）吧，去种葱；葱发芽了，（然后）好种差；茶花开了，李子花也红了；把一个鸡杀了，分成两段；挑着从姐姐门前路过。姐姐留我住宿，我不住，我要回去种豌豆。豌豆绿油油，一直到三清岭也种满了。三清岭里一群鹅，叽喳声里飞过小河。

（二）砻谷

（用砻）碾米啊，发出窸窣的声音。做好饭菜，养好娇妻。娇妻嫌弃（饭食）没菜，把饭罐打碎了，饭罐里有一块肉。拿给可爱的孩子吃了会唱歌曲。唱的是什么曲子？唱的是"脑头钗"。有酒就拿来倒给我喝，没酒就（赶紧）去街上买。

（三）一年让尼过

正月（的时光）好看戏，二月（的时光）好砍柴，三月（的时光）好插秧、种稻，四月（的时光）好收割麦子、磨麦子做饭，五月（的时光）真是苦啊。六月（收割了稻子）吃得饱饱的。七月计划（下半年的事情），八月（的时光）能看戏，九月是收割晚稻的季节，十月里是娶亲结婚的好时光。十一月里大雪纷飞，十二月（的时光）打好糍粑准备过年。

（四）十胹

一斗（斗型指纹）命里贫穷，二斗命里富有；三斗是猪倌（蓄养种猪），四斗是豆腐摊贩；五斗家境殷实，五谷满仓，六斗是相公的命；七斗争狠斗勇，八斗做裁判官；九斗显达高贵，十斗能做帝王将相。

二　谚语

1. 一碗热饭烫死人。（比喻说话、做事虽是好心，但方式不当）

2. 一根竹竿（横击）击倒一船的人。（比喻说话、做事方式不当，得罪或者打击了一大群人）

3. 到了七月十五一年已过一半，而八月十五就等着过年，赶明年了。

4. 人超过了一百个，就会有稀奇古怪的人。（比喻人多了，什么人都有）

5. 好心变成歹意，烂饭（水分多的饭）黏在饭甑（炊具）的篦子上。（比喻被误会，甚至被赖上了）

6. 鳏寡男人带孩子，经常在房檐下能看见他们的身影。寡妇带孩子，经常在厨房下能看见他们的身影。（比喻鳏寡男人、女人带孩子的方式不一样）

7. 坐在他肚子里，你会被撑死。（比喻一些人愚笨不可教）

8. 有女儿不要把她嫁到松湖坝，那里一年到头吃红薯渣。（指松湖坝出了名的穷）

9. 只有买货的人吃亏，没有卖货的人吃亏。

10. 邻居做了官，大家都高兴。

11. 书难读，石头难凿。（比喻读书很难，就像凿石头一样难）

12. 杀猪就像刺猪一样。（形容手脚笨拙）

13. 眉毛虽然比胡须先长，但是却长不过胡须。

14. 多一份是人情，少一份也是人情。（形容熟人之间不必斤斤计较，只要人情在就行）

15. 走路再快也快不过下雨来临的速度，再会说也不能胜过道理。

16. 南边打闪电预示三天左右会下雨，北边打闪电说明很快就会下雨。

17. 东边挂彩虹预示着晴天，西边挂彩虹预示会下雨。

18. 抚州小贩，卖灯芯草，卖点钱用点钱。（比喻不节俭）

19. 长胜人卖陶器，全都摆上。（比喻只要你有真本领，任你使）

20. 老板一个指令，工匠就得忙得屁颠屁颠的。

21. 腌制的黄鳝再也不怕打了。（比喻懒惰或无耻得无可救药）

22. 田塍要直，锄头的铁板要宽。

23. 六月的芋头需要整天泡着水。（芋头长成时需要大量水分）

24. 欠债不还，债主拿他没办法。

参考文献

北京大学中文系：《汉语方言词汇》（第二版），语文出版社 1995 年版。

曹志耘：《汉语方言地图集》（词汇卷），商务印书馆 2008 年版。

陈保亚：《论语言接触与语言联盟：汉越（侗台）语源关系的解释》，语文出版社 1996 年版。

陈昌仪主编：《江西省方言志》，江西人民出版社 2005 年版。

邓享璋：《闽中、闽北方言分音词的性质与来源》，《语文研究》2007 年第 1 期。

邓晓华：《客家话跟苗瑶壮侗语的关系问题》，《民族语文》1999 年第 3 期。

郭锡良：《汉字古音手册》，北京大学出版社 1986 年版。

侯精一主编：《现代汉语方言概论》，上海教育出版社 2002 年版。

胡松柏：《赣东北方言调查研究》，江西人民出版社 2009 年版。

黄树先：《汉藏语论集》，华中科技大学出版社 2007 年版。

黄小平：《从阶曲线观察方言词汇的亲缘和接触关系》，《方言》2017 年第 4 期。

黄小平：《江西宁都田头客家话两字组连读变调》，《方言》2010 年第 3 期。

黄小平：《宁都客家方言的分音词》，《赣南师范大学学报》2021 年第 3 期。

黄小平：《客赣方言一些同族词的源流探究》，《嘉应学院学报》2013 年第 12 期。

黄小平、李黛岚：《客赣方言毗邻地带几个过渡词的本字考证》，《赣南师范学院学报》2012 年第 4 期。

黄小平、王利民：《宁都客家话疑问语气系统略述》，《赣南师范学院学报》2013 年第 5 期。

黄雪贞：《客家方言的词汇和语法特点》，《方言》1994 年第 4 期。

黄雪贞：《梅县方言词典》，江苏教育出版社 1995 年版。

李荣：《汉语方言的分区》，《方言》1989 年第 4 期。

李如龙主编：《汉语方言特征词研究》，厦门大学出版社 2001 年版。

李如龙、张双庆主编：《客赣方言调查报告》，厦门大学出版社 1992 年版。

李云兵：《现代畲语有鼻冠音声母》，《民族语文》1997 年第 1 期。

练春招：《客家方言词汇比较研究》，博士学位论文，暨南大学，1998 年。

林伦伦：《广东闽粤客方言古语词比较研究》，《汕头大学学报》2000 年第 1 期。

林亦：《从方言词看粤语平话与江西客赣方言的关系》，《方言》2001 年第 1 期。

刘钧杰：《同源字典再补》，语文出版社 1999 年版。

刘纶鑫主编：《客赣方言比较研究》，中国社会科学出版社 1999 年版。

刘泽民：《客赣方言中的侗台语词》，《民族语文》2004 年第 5 期。

刘泽民：《瑞金方言研究》，中国社会科学出版社 2006 年版。

罗美珍、林立芳、饶长溶主编：《客家话通用词典》，中山大学出版社 2004 年版。

罗香林：《客家研究导论》，古亭书屋 1933、1975 年版。

麦耘：《音韵学概论》，江苏教育出版社 2009 年版。

麦耘：《广州话语气系统概说》，《开篇》2006 年第 25 期。

麦耘：《广州话的句末语气词"来"》，《21 世纪汉语方言语法新探索——第三届汉语方言语法国际研讨会论文集》，暨南大学出版社 2008 年版。

潘悟云：《汉语历史音韵学》，上海教育出版社 2000 年版。

［加］钱伯斯、恰吉尔（J. K. Chambers & Peter Trudgil）：《方言学》（第二版），北京大学出版社 2002 年版。

施其生：《汉语方言中语言成分的同质兼并》，《语言研究》2009 年第 2 期。

王福堂：《关于客家话和赣语的分合问题》，《方言》1998 年第 1 期。

王耀东、敏春芳：《"打"字的来源及读音考》，《宁波大学学报》2011 年第 2 期。

温昌衍：《客家方言特征词研究》，博士学位论文，暨南大学，2001 年。

温昌衍：《石城话的"加 l－词"》，《语言研究》2008 年第 2 期。

项梦冰：《新泉方言的"时"》，《韶关大学学报》（社会科学版）1994 年第 1 期。

项梦冰、曹晖：《汉语方言地理学：入门与实践》，中国书籍出版社 2013 年版。

谢留文：《于都方言词典》，江苏教育出版社 1998 年版。

谢留文：《客家方言语音研究》，中国社会科学出版社 2003 年版。

谢留文、黄雪贞：《客家方言的分区（稿）》，《方言》2007 年第 3 期。

徐通锵：《历史语言学》。商务印书馆 1991 年版。

严修鸿：《客家方言与周边方言的关系词》，《汕头大学学报》2001 年第 4 期。

严修鸿：《客家话匣母读同群母的历史层次》，《汕头大学学报》2004 年第 1 期。

颜森：《江西方言的分区（稿）》，《方言》1986 年第 1 期。

曾毅平：《石城龙岗方言语法研究》，博士学位论文，暨南大学，1998 年。

詹伯慧主编：《汉语方言及方言调查》，湖北教育出版社 1991 年版。

中国社会科学院、澳大利亚人文科学院：《中国语言地图集》，香港：朗文出版（远东）有限公司 1987 年版。

朱晓农：《音韵研究》，商务印书馆 2006 年版。

庄初升：《从方言词汇看客家民系的历史形成》，《韶华集》，香港中文大学中国文化研究所，2004 年。

庄初升：《客家方言名词后缀"子""崽"的类型及其演变》，《中国语文》2020 年第 1 期。

后　记

　　本书是我的第一本专著，是记录自己母语的。硕士开始我就学习方言学，后来博士读的也是方言学，多年来一直与方言学有缘。系统的学习使自己具备了一定的方言研究能力。硕士阶段是打基础，学习了较多的基础课程，其中有《音韵学》，它与方言学关系最密切。博士阶段重实践，那时进行了较多的田野调查；专业能力上，博士阶段也比硕士阶段有较大的提高，视野也更开阔了。此外，专业的发展和提升还与学科的整体进步紧密相关。硕士阶段只能用纸笔记音，博士阶段能使用录音笔，也学会了使用语音软件 Praat。毕业后的几年时间里，出现了语音单位自动切分、自动命名且保存的录音软件，这大大提高了方言调查研究的效率，方便快速查找语音材料。以前所有的录音都在一个几小时长的录音里，要查找某个字词很不方便。

　　本书的初稿写于 2014—2016 年间，那个时候有制作同音字汇的软件，词汇也能导出来，因此写作效率提高不少。那时，对于母语的记忆也是敏捷清晰的，因此记录了较为纯正的母语（当然本书的写作还调查询问了亲戚朋友）。之后几年补充了一些语法的内容，这部分内容不是主要的，因此写得略为简单。笔者希望后面能写一本母语语法的专著。

　　另外，要说明的是母语的韵尾 – m、入声尾 – p 的问题，它们是存在的，但又是在变化的。家乡有一位老人家年轻时被分配到县城工作、生活，后来的几十年里，他注意到"钳欶食"（客套话，夹着吃。意为夹菜吃）的语音演变，他说刚到县城时，大家都说 [tsʰam mei sək]，后来渐渐变成了 [tsʰan nei sək]。这说明韵尾 – m 演变为韵尾 – n 的过程，县城在进行，可以想象乡下也在进行。宁都保留 – m、– p 的乡镇已不多了，我在 2016—2017 年负责宁都（县城）语保调查时，县城基本没有 – m、

-p 了，但西门部分老人家还完整地保留这两个音，后来再到旁边的一个乡镇去调查发现也完整地保留 -m、-p。可以说明，十几年或更早以前，宁都有较多的乡镇保留 -m、-p。

在本书即将付梓之际，感谢硕导林亦教授，她教的《音韵学》一直使我受益至今。感谢博导麦耘教授，他拓展了我学术上的视野。他的讲义是《中古汉语语音史》，专题性质的，这让我对汉语语音史有了更深刻的认识。感谢庄初升教授，博士期间以及毕业后，在庄老师处学到了很多。感谢家人亲人们，从大学到博士断断续续地念完，再到毕业任教，人生过了一大半，受了他们的很多恩惠，也亏欠他们很多。也要感谢本书的编辑们，感谢他们的辛勤付出。

写下上述文字作为本书的小记。限于水平，书中不足之处肯定不少，恳请专家和读者批评指正！

黄小平
2023 年 11 月 9 日